*Springers
Angewandte Informatik*

Herausgegeben von Helmut Schauer

Software-Ergonomie

Gestaltung von EDV-Systemen –
Kriterien, Methoden
und Werkzeuge

Manfred Koch
Harald Reiterer
A Min Tjoa

Springer-Verlag Wien New York

Mag. Manfred Koch
Dr. Harald Reiterer
Professor Dr. A Min Tjoa

Institut für Statistik und Informatik, Abteilung für Informationssysteme,
Universität Wien

Gedruckt auf säurefreiem Papier

Mit 59 Abbildungen

ISSN 0178-0069
ISBN-13:978-3-211-82288-3   e-ISBN-13:978-3-7091-9165-1
DOI: 10.1007/978-3-7091-9165-1

Inhalt

1. Einleitung

1.1 Bedeutung der Software-Ergonomie für die Gestaltung von Bürosystemen

Der vermehrte Einsatz von Bürosystemen[1] im Büro- und Verwaltungsbereich[2] läßt die Frage der Akzeptanz dieser Systeme durch die Benutzer immer aktueller erscheinen, zumal die Akzeptanz schon länger als eine wesentliche Voraussetzung für den erfolgreichen Einsatz derartiger Bürosysteme erkannt wurde[3].

Eine Erhaltung bzw. Steigerung der Akzeptanz kann heute nicht mehr nur durch ausschließlich hardware-ergonomische Maßnahmen erreicht werden, sondern muß durch gestalterische Maßnahmen in den Bereichen Software und den organisatorischen Rahmenbedingungen ("Orgware") ergänzt werden[4]. Gestalterische Maßnahmen in den beiden letztgenannten Bereichen, mit dem Ziel der "Schaffung menschengerechter Arbeitsbedingungen", werden heute unter dem Schlagwort "Software-Ergonomie" zusammengefaßt. Den hohen Stellenwert dieser relativ jungen Wissenschaftsdisziplin für die Gestaltung von Bürosystemen zeigt die Abb. 1.1 anhand der Kostenverteilung zwischen den einzelnen Gestaltungsbereichen. Durch die ständig fallenden Hardwarekosten verlieren diese als Kostenkomponente zusehens an Bedeutung, während die Gestaltung der Software und vor allem der "Orgware" immer mehr als entscheidend, für einen erfolgreichen und damit auch wirtschaftlichen Einsatz erkannt werden.

Durch die Verschiebung der Bedeutung der Gestaltungsbereiche entsteht ein erweitertes Aufgabenfeld und damit ein erhöhter Wissensbedarf für alle am Gestaltungsprozeß Beteiligten (z.B. Informatiker, Organisatoren, Benutzer, Anwender). Diesem erhöhten Bedarf an ergonomischen und vor allem methodischen Gestaltungswissen will das vorliegende Buch Rechnung tragen, indem es eine umfassende Darstellung aller wesentlichen ergonomischen Gestaltungprinzipien, der dafür notwendigen Methoden und Werkzeuge und schlußendlich eine praktische Vorgehensweise zur Umsetzung der Prinzipien unter Anwendung der Methoden und Werkzeuge im Gestaltungsprozeß beinhaltet. Wir hoffen damit allen am Ge-

---

[1] Mit dem Begriff Bürosystem ist im folgenden sowohl die Hardware als auch die Software gemeint.

[2] Vgl. Töpfer 1987, Friedrich 1987, Katz 1987, Baethge 1986, Congress U.S. 1985.

[3] Vgl. Müller-Böling 1986, Hirschheim 1986, Picot 1985.

[4] Vgl. Ackermann 1988, Frese 1989.

staltungsprozeß von Bürosystemen Beteiligten ein geeignetes Hilfsmittel in die Hand zu geben.

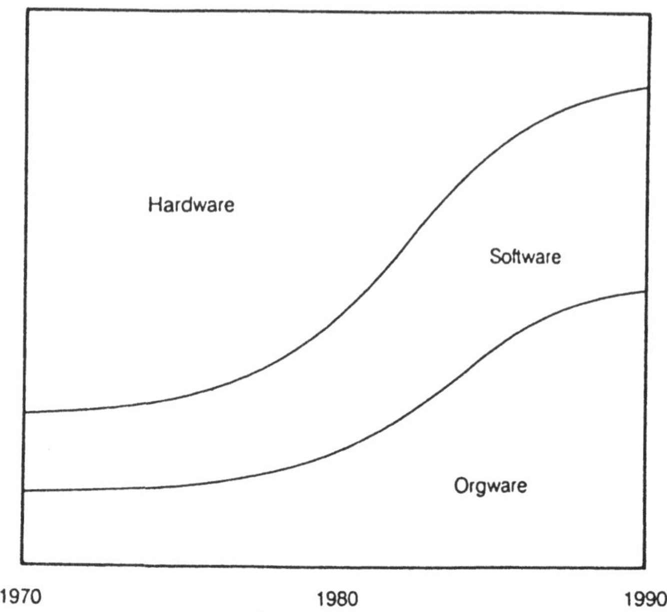

Abb. 1.1. Kosten und Stellenwert der verschiedenen Bereiche
(nach Björn Andersen & Kjaergaard, 1987, S. 239)

1.2 Zielgruppen und Anwendungsbereich des Buches

Die Zielgruppen des Buches sind einerseits Praktiker (z.B. EDV-Spezialisten, Arbeitsorganisatoren, Unternehmensberater) und andererseits Studenten der entsprechenden Fachrichtungen (z.B. Informatiker, Wirtschafsinformatiker, Betriebswirte mit Schwerpunkt Organisation). Aber auch allgemein an der ergonomischen Gestaltung von Bürosystemen interessierte Kreise (z.B. Lehrer, Ausbildner in Schulungsunternehmen) sollen durch dieses Buch angesprochen werden.

Die *Praktiker* werden vor allem an den für einen ergonomischen Gestaltungsprozeß notwendigen Methoden und Werkzeugen und an deren Anwendung im Gestaltungsprozeß interessiert sein.

Den *Studenten* der entsprechenden Fachrichtungen wird ein umfassendes Lehrbuch zu allen wesentlichen Bereichen der ergonomischen Gestaltung von Bürosystemen in die Hand gegeben.

Allgemein an Bürosystemen *interessierten Kreisen*, wie etwa Lehrern oder Ausbildner, kann das vorliegende Buch als Anregung zur Vermittlung von Lehrinhalten dienen.

Die Ausführungen des Buches beziehen sich primär auf den *administrative Bürobereich* unterschiedlichster Branchen, wobei die Durchführung computerunterstützter Aufgaben im Mittelpunkt der Betrachtungen stehen. Auf spezielle Probleme des technischen Bürobereichs (z.B. Computer Aided Design, Produktions-Planungs-Systeme) wird nicht explizit eingegangen[5].

1.3 Inhalt des Buches

Kapitel 2 beschreibt die wichtigsten technischen Charakteristika heutiger Bürosysteme und zeigt, worin sie sich von traditionellen Bürotechniken (z.B. Textautomaten, Schreibmaschine, Taschenrechner, Karteikasten) unterscheiden. Leser die mit den technischen Gegebenheiten heutiger Bürosysteme vertraut sind, können dieses Kapitel überspringen.

Kapitel 3 sollte von allen gelesen werden, da es eine Einführung in die ergonomische Gestaltung von Bürosystemen gibt. Dabei werden zuerst die diesem Buch zugrundeliegende Sicht- und Vorgehensweise beschrieben, die grundlegend für das weitere Verständnis sind. Anschließend folgt eine Darstellung der, bei der Gestaltung von Bürosystemen, zu beachtenden Einflußfaktoren sowie eine Beschreibung der Aufgaben und Rollen, der am Gestaltungsprozeß Beteiligten.

Kapitel 4 beschreibt ausführlich, anhand der ergonomischen Kriterien für die Organisations- und Softwaregestaltung, welche Prinzipien die Schaffung menschengerechter Arbeit ermöglichen sollen und wie sie ihren Niederschlag in unterschiedlichen Definitionen gefunden haben. Dazu wird eine Gegenüberstellung der verschiedenen Begriffsinhalte und Terminologieansätze der ergonomischen Kriterien vorgenommen und die wichtigsten internationalen Normen zu diesem Themenbereich vorgestellt.

Kapitel 5 stellt ein breites Spektrum von Methoden und Werkzeugen, die für eine ergonomische Gestaltung unerläßlich sind, vor. Durch eine praxisgerechte Gliederung, eine knappe Beschreibung des Zweckes der einzelnen Methoden bzw. der entsprechenden Werkzeuge und durch ausführliche Hinweise zu relevanten Quellen, erhält der Leser einen umfassenden Überblick bzgl. der derzeit verfügbaren methodischen und werkzeugmäßigen Unterstützungen des ergonomischen Gestaltungsprozesses.

Kapitel 6 bietet anhand eines von uns vorgestellten Vorgehensmodells eine praktische Anleitung zur Anwendung der in den vorhergehenden Kapiteln dargestellten Prinzipien sowie Methoden und Werkzeuge im Gestaltungprozeß. Dieses Vorgehensmodell ist als Rahmenmodell gedacht, in das sowohl "klassische" als auch "neuere" Modelle der Softwareentwicklung eingebettet werden können. Eine phasenweise Gliederung bietet dem Leser gezielte Einstiegsmöglichkeiten in unterschiedliche Stadien des Entwicklungsprozesses.

Kapitel 7 faßt die wichtigsten Erkenntnisse dieses Buches nocheinmal in knapper Form zusammen. Leser die sich einen schnellen Überblick über den Inhalt dieses Buches verschaffen wollen, können dazu dieses Kapitel heranziehen.

---

[5] Jedoch viele der hier vorgestellten ergonomischen Prinzipien sowie Methoden und Werkzeuge, sind auch im technischen Bürobereich anwendbar.

Abschließend sei auf die umfassende *Bibliographie* verwiesen. Sie ermöglicht jedem interessierten Leser eine tiefergehende Auseinandersetzung mit der hier vorgestellten Thematik.

2. Was ist das "Neue" an heutigen Bürosystemen?

Der überwiegende Teil der im Büro anfallenden Aufgaben hat mit der Bearbeitung, Speicherung und Übermittlung von Informationen zu tun. Diese Informationen liegen entweder in Form von Dokumenten (z.B. Briefe, Formulare, Graphiken, Bildern) vor, oder werden durch Kommunikation (z.B. persönliches Gespräch, Telefon) vermittelt. Zur Unterstützung der Bearbeitung dieser Informationen werden entsprechende (EDV-) Techniken als Arbeitsmittel eingesetzt.

2.1 Integration

Gegenüber den traditionellen Bürotechniken (Textautomaten, Schreibmaschine, Buchungsmaschinen, Taschenrechner, Ordner, usw.) haben Bürosysteme einen entscheidenden Vorteil: sie unterstützen nicht nur eine einzelne Tätigkeit – wie etwa Texterstellung, Rechnen, Ablegen, usw. – sondern sind *ein* Arbeitsmittel, das unterschiedliche Tätigkeiten unterstützen kann. Dadurch können Medienbrüche und Mehrfacherfassungen von Informationen verringert werden und der Büromitarbeiter muß nur die Bedienung eines – allerdings komplexeren – Arbeitsmittels beherrschen. Diesen neuen Möglichkeiten lassen sich am besten am *Beispiel* eines idealtypischen Arbeitsablaufes illustrieren[1]:

Über Teletex erhält ein Sachbearbeiter von einer Außenstelle einen kurzen Bericht, den er für eine Abteilungssitzung überarbeiten soll. Dazu übernimmt er zunächst den Text in sein Textverarbeitungsprogramm. Anschließend läßt er sich benötigte Daten aus der zentralen Datenverarbeitung an seinen Arbeitsplatz übermitteln. Diese Daten nimmt er als Ausgangspunkt für eine Kalkulation, die er mit einem entsprechenden Programmodul durchführt. Das Ergebnis der Kalkulation übernimmt er in sein Graphikprogramm und stellt es in Form eines Diagrammes dar. Anschließend faßt er alles (Text, Graphik, Kalkulation) am Bildschirm zu einem Schriftstück zusammen. Nachdem er dieses Mischdokument überarbeitet hat, verschickt er es mit der elektronischen Post an andere Mitarbeiter und legt es zuletzt im elektronischen Archivsystem ab (vgl. dazu die Abb. 2.1).

---

[1] Vgl. Hartmann 1988.

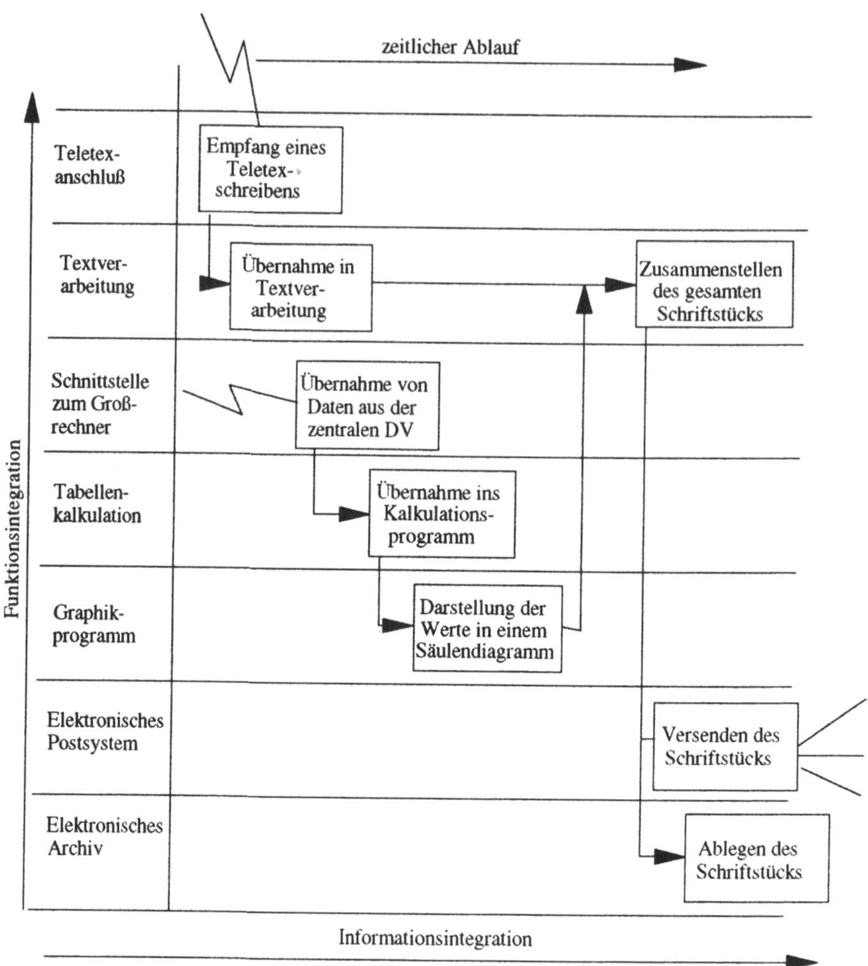

Abb. 2.1. Integration in Bürosystemen. Beispiel eines Arbeitsablaufes
(Quelle: Hartmann 1988)

Das obige Beispiel zeigt das *hohe Maß an Integration* verschiedener informationstechnischer Tätigkeiten. Dabei lassen sich folgende *Dimensionen der Integration* unterscheiden:

- *Informationsintegration.* Dem Benutzer stehen in einem Arbeitsmittel verschiedene Informations- und Kommunikationsmedien zur Verfügung, mit denen er verschiedene Informationsarten (Text, Daten, Sprache, Bild) verarbeiten kann. Diese können ineinander übergeführt bzw. untereinander kombiniert werden. Im Beispiel werden Graphik und Text in einem Mischdokument zusammengeführt (Kombination), die Daten aus der Tabellenkalkulation werden in eine Graphik umgewandelt (Transformation).

- *Funktionsintegration.* Darunter ist die Möglichkeit zu verstehen, verschiedene Teiltätigkeiten der Dokumentenverarbeitung – wie z.B. Erstellen, Speichern, Übermitteln – mit dem gleichen Arbeitsmittel auszuführen. Für jede dieser Teiltätigkeiten werden vom Bürosystem entsprechende Funktionen zur Verfügung gestellt. Im obigen Beispiel werden beispielsweise zur Texterstellung ein Textverarbeitungsprogramm, zum Speichern von Dokumenten ein elektronisches Archiv und zum Übermitteln von Dokumenten ein elektronisches Postsystem im selben Arbeitsmittel zur Verfügung gestellt.
- *Betriebsinterne Integration.* Darunter ist die innerbetriebliche Vernetzung des Bürosystems zu verstehen. Damit wird ein betriebsinterner Informationsaustausch mittels eines Arbeitsmittels möglich, ohne daß der Büromitarbeiter auf ein anderes Medium (z.B. Hauspost, Telefon) zurückgreifen muß. Dies führt zur Vermeidung von Medienbrüchen und Mehrfacherfassungen.
  Gleichzeitig stehen an einem Arbeitsplatz eine Vielzahl von Funktionen zur Verfügung (Funktionsverbund), die auf verschiedensten Arbeitsmitteln verteilt sein können. Die technische Realisierung erfolgt entweder mittels direktem Anschluß an einen Großrechner, mittels Mini – Rechner, mittels eines Lokalen Netzes (LAN[2] oder mittels einer Digitalen Nebenstellenanlage (PABX[3]).
- *Überbetriebliche Integration.* Durch die Integration des Bürosystems in ein überbetriebliches Kommunikationsmedium (z.B. Telex, Telefax, DATEX/P, DATEX/L, ISDN, Btx) kann der EDV-gestützte Informationsaustausch über die Betriebsgrenzen hinaus ausgeweitet werden. Es besteht somit die Möglichkeit Informationen in EDV-gerechter Form (digitalisiert) direkt – z.B. mit einem Geschäftspartner – auszutauschen. Diese Informationen können dann von diesem mittels EDV direkt weiterverarbeitet werden. Weiters können Informationen aus externen Datenbanken (z.B. Börsenkurse) direkt abgerufen, sowie umgekehrt Informationen Externen mittels eigener Datenbank zur Verfügung gestellt werden.

2.2 Vielfältige Ein- und Ausgabemöglichkeiten

Im folgenden wird ein kurzer Überblick über heute gebräuchliche und zukünftig zu erwartende Ein- und Ausgabegeräte von Bürosystemen gegeben[4]. Heutige Bürosysteme ermöglichen den kombinierten Einsatz derartiger Ein- und Ausgabegeräte und erlauben damit dem Benutzer eine optimale Auswahl für seine jeweilige Aufgabenstellung.

---

[2] *Local Area Network.*

[3] *Privat Automatic Branch Exchange.*

[4] Vgl. Balzert 1988a, Newman 1987, Friedrich 1987.

2.2.1 Tastatur

Sie stellt nach wie vor das wichtigste Eingabegerät dar. Neben den Schreibtasten gibt es meist noch eine getrennte Zehner-Tastatur, Funktionstasten und Cursortasten. Es gibt Weiterentwicklungen, bei denen jede Taste der Tastatur mit einer LCD-Anzeige[5] versehen ist. Dadurch kann die aktuelle Tastenbelegung vom Anwendungsprogramm gesteuert werden.

2.2.2 Zeigeinstrumente

Direktes Zeigen auf die Bildschirmoberfläche
- Lichtgriffel: durch Zeigen auf die Bildschirmoberfläche können Aktionen ausgeführt werden
- Berührungsempfindlicher Bildschirm (Touch Screen): durch Zeigen mit dem Finger auf die Bildschirmoberfläche können Aktionen ausgeführt werden

Indirektes Zeigen auf die Bildschirmoberfläche
- Maus: ein kleines handliches Kästchen mit einem, zwei, drei oder fünf Knöpfen auf der Oberfläche und im allgemeinen einer Rollkugel auf der Unterseite, daß durch indirektes Zeigen auf der Bildschirmoberfläche Aktionen ausführen kann
- Rollkugel: eine frei drehbar gelagerte Kugel (Durchmesser: 5-15 cm), die mit den Fingerspitzen bewegt wird und ein indirektes Zeigen am Bildschirm ermöglicht
- Graphiktablett: in der Regel ein rechteckiges Tablett, auf dem mit Hilfe eines Stiftes, einer beweglichen Meßlupe mit Fadenkreuz oder eines Fingers indirekt Eingaben am Bildschirm gemacht werden können
- Steuerknüppel

2.2.3 Handschrifteingabe

Diese Eingabetechnik wird in Zukunft verstärkt an Bedeutung gewinnen, da es sich um die verbreitetste Schreibart des Menschen handelt. Gerade für Führungskräfte haben handschriftliche Kommentare, Notizen und Unterschriften ("elektronische Unterschrift") einen großen Stellenwert. Die Eingabe erfolgt über Graphiktabletts.

Die Eingabe kann mit oder ohne Schrifterkennung erfolgen. Im ersten Fall wird die Handschrift in "maschinenlesbare" (ASCII-) Zeichen umgewandelt und kann EDV-gestützt weiterverarbeitet werden. Im zweiten Fall wird die Schrift nur als Bild (Bitmuster) aufgezeichnet und kann – abgesehen von gewissen Manipulationen – nicht weiterverarbeitet werden.

---

[5] *Liquid Crystal Display.*

2.2.4 Spracheingabe, -erkennung und -ausgabe

Diese Technik wird als Eingabetechnik ebenfalls in Zukunft an Bedeutung gewinnen und zu einer Revolution der Büroarbeit führen. Derzeit findet sie nur in eingeschränkter Form Anwendung (z.B. Sprachkommentare bei Texten). Die Eingabe erfolgt mittels Mirkrophon, die Ausgabe mittels Lautsprecher.

2.2.5 Bildeingabe

Die Eingabe von Bildern kann entweder mittels Videokamera erfolgen (z.B. Bildtelefon, Videokonferenzen) oder es werden Bildvorlagen (z.B. Graphiken, Photos) mittels Scanner abgetastet und digitalisiert. Sie stehen somit für eine weitere Verarbeitung (z.B. Integration und Manipulation von Bildern in Texten) zur Verfügung.

2.2.6 Bildschirm

Stellt heute und wahrscheinlich auch in Zukunft das wichtigste Ausgabegerät dar. Die Entwicklung geht in Richtung hochauflösender Graphik- und Farbbildschirmen mit einer Größe bis zu DIN A3. Derzeit gibt es folgende Bildschirmtechnologien:

Vorteile	Nachteile
Kathodenstrahl-Bildschirm	
· preiswert	· räumliche Tiefe
· schwarz/weiß und farbig	· großer Energiebedarf
· starker Bildkontrast	· empfindlich gegen Erschütterungen
· Negativ- /Positivdarstellung	· hohes Gewicht
· Größe bis zu DIN A3	
Flüssigkristallanzeige (LCD)	
· relativ preiswert	· niedriger Kontrast
· klein und leicht	· geringe Helligkeit
· geringer Energiebedarf (Akkubetrieb möglich)	· enger Betrachtungswinkel
· unempfindlich	· grauweißes Bild
· sehr flach	· schlechte Lesbarkeit
	· nicht entspiegelt
	· langsame Reaktionsgeschwindigkeit
Plasma-Bildschirm	
· gute Lesbarkeit	· nur rot-schwarz Bild
· hohe Auflösung	· hoher Stromverbrauch
· kontrastreiches flackerfreies Bild	· teuer
· leuchtstark	
· unempfindlich gegen mechan. Beanspruchungen	
Elektrolumineszenz-Bildschirm	
· leuchtendes Bild	· hoher Stromverbrauch
· leicht	· teuer
· unempfindlich gegen mechanische Beanspruchung	· nur monochrom

Abb. 2.2. Vor- und Nachteile verschiedener Bildschirmtechnologien (Quelle: Balzert 1988a)

Um die räumliche Tiefe der Kathodenstrahl-Bildschirme zu überwinden, wurden Flachbildschirme (LCD-, Plasma- und Elektrolumineszenz-Bildschirme) entwickelt. Es gibt bereits experimentelle Bildschirmarbeitsplätze, wo der Bildschirm horizontal in den Arbeitstisch integriert wird.

2.2.7 Drucker

Hier gewinnen die nicht-mechanischen bzw. abschlagsfreien (non-impact) Drucker immer mehr an Bedeutung. Vor allem Laserdrucker, die über eine sehr gute Ausgabeauflösung (300 bis 600 Punkte pro Zoll), setzen sich zunehmend durch. Sie sind leiser und wartungsfreundlicher als herkömmliche mechanische Drucker und erlauben ein wesentlich schöneres Schriftbild.

Für die Farbausgabe werden Tintenstrahl-Drucker und Thermo-Transfer-Drucker eingesetzt.

2.2.8 Speichermedien

Hier nimmt die Bedeutung der optischen Speichermedien (z.B. Bildplatte, Compact Disc, Eraseable Optical Disc), aufgrund ihrer hohen Speicherkapazitäten, zu. Damit wird es möglich nicht nur große Datenmengen, sondern auch hochauflösende Graphiken, Bilder und Sprache abzuspeichern.

2.3 Trend zu herstellerunspezifischen Betriebssystemen

Generell können herstellerspezifische und -unspezifische Betriebssysteme unterschieden werden[6]:

- *Herstellerspezifische Betriebssysteme* werden insbesondere von den traditionellen Hardware-Herstellern angeboten. Software, die unter diesen Betriebssystemen läuft, ist meist an eine spezifische Rechnerfamilie gebunden. D.h. der Anwender hat beim Kauf eines Softwareproduktes eine eingeschränkte Wahlmöglichkeit. Er muß einen entsprechenden Rechner gleich mitkaufen. Typische Beispiele für solche herstellerspezifischen Betriebssysteme sind VMS von DEC[7] und VM/CMS von IBM[8].

- *Herstellerunspezifische Betriebssysteme* zeichnen sich dadurch aus, daß sie auf Rechnern verschiedener Hersteller zum Einsatz gebracht werden können. Zur Zeit stehen hier beispielsweise die Betriebssysteme MS-DOS, UNIX und OS/2 zur Verfügung. MS-DOS gelangt im PC-Bereich zum Einsatz, UNIX vorwiegend im Mini-Rechner-Bereich. OS/2 wurde als Nachfolgesystem zu MS-DOS entwickelt und soll sowohl auf Großrechnern wie auch auf PCs verfügbar sein.

---

[6] Vgl. Hartmann 1988.

[7] *Digital Equipment Cooperation.*

[8] *International Business Machines.*

Die herstellerunspezifischen Betriebssysteme zeichnen sich durch weitgehende Hardwareunabhängigkeit und Portabilität der Anwendungsprogramme aus. Dies erhöht die Flexibilität bei der Entscheidung bzgl. der einzusetzenden Hard- und Software und erleichtert den stufenweisen Ausbau von Rechnerkonfigurationen. Obwohl der Trend in Richtung herstellerunspezifische Betriebssysteme geht, ist eine richtige Entscheidung doch stark vom Einzelfall abhängig. So ist etwa auf die vorhandene EDV-Infrastruktur (Betriebssystem) Rücksicht zu nehmen.

2.4 Trend zur Standard-Software

Diese wird in der Regel zur Unterstützung von allgemeinen (Standard-) Büroaufgaben eingesetzt.

Hierbei gibt es eine breite Palette von fertiger Anwendungssoftware (z.B. Textverarbeitung, Graphik, Tabellenkalkulation), die entweder eine (monofunktionale Software) oder mehrere (integrierte Software) Funktionen anbieten. Neben Hardware-Herstellern bieten auch zahlreiche Software-Häuser derartige Standard-Software an. Die wesentlichen Vorteile von Standard-Software sind[9]:

- sie ist billiger als individuell entwickelte Software
- sie steht direkt zur Verfügung und kann sofort eingesetzt werden
- sie kann vor der Auswahl und Entscheidung zumindest im beschränkten Umfang geprüft werden
- es gibt viele "pfiffige" Problemlösungen, die als Eigenentwicklung gar nicht so ohne weiteres möglich gewesen wären

Die folgende Abbildung zeigt typische Einsatzgebiete von Standard-Software.

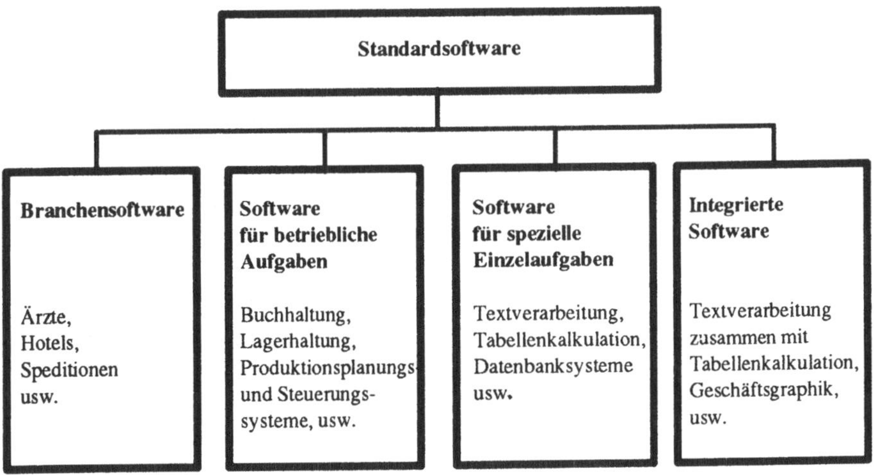

Abb. 2.3. Quelle: (Holl 1989)

---

[9] Vgl. Holl 1989.

Der Trend geht in Richtung integrierte Standard-Software-Produkte mit einer breiten Funktionspalette, die für den konkreten Einsatzzweck angepaßt wird. Somit bekommt jeder Benutzer, in Abhängigkeit von seinen – einzelfall-, sachfall- oder routinefallorientierten – Büroaufgaben, die entsprechende Software-Unterstützung zur Verfügung gestellt.

Dabei spielt hier die *Benutzerprogrammierung* (siehe unten) eine immer wichtigere Rolle, da der Benutzer aus der ihm zur Verfügung gestellten Funktionspalette ("Software-Werkzeugkasten"), individuelle Lösungen für spezielle Aufgabenstellungen entwickeln kann. Dies wird durch die Integration und die, bei entsprechender Beachtung von software-ergonomischen Kriterien, immer einfachere Benutzbarkeit dieser Standard-Software-Produkte ermöglicht. Somit wird der Benutzer im zunehmenden Maße von einer (zentralen) EDV-Abteilung unabhängig und kann sehr flexibel seine individuellen Software-Probleme lösen.

2.5 Trend zur Benutzerprogrammierung[10]

Darunter sind Benutzer zu verstehen, die aus angebotenen Leistungen eines Bürosystems *neue* Leistungen generieren, sei es z.B. zur individuellen Gestaltung der Benutzerschnittstelle (z.B. Anpassen der Bildschirmmaske), oder sei es zur "Automation im Kleinen" (z.B. der Programmierung von benutzerspezifischen Arbeitsabläufen)[11]. Somit kann die Benutzerprogrammierung als die "individuellste" Form der Softwareentwicklung bezeichnet werden, da der Benutzer auch gleichzeitig der Entwickler ist. Von der traditionellen Softwareentwicklung unterscheidet sie sich in folgenden *Merkmalen*[12]:

Merkmale	Traditionelle DV-Anwendungen	Von Benutzern entwickelte Anwendungen
Auslöser	geplante Transaktion	ungeplant, ideenabhängig
Verarbeitungsweise	mehr oder weniger starr vorgegeben	wenig strukturiert flexibel, iterativ
Zyklus	geregelt, häufig	bei Bedarf, sporadisch
Lebensdauer	länger als ein Jahr	nicht vorhersehbar, u. U. einmalig
Änderungen	schwerfällig	viele, kurzfristig
Entwicklungsaufwand	hoch	mittel
Fachqualitäten	sinnvoll, aber nicht zwingend notwendig	zwingend notwendig hoch
Datenart	Einzeldaten, operative Daten	Extrakte, Aggregation, unterschiedliche Herkünfte
Datenmenge	groß	bedarfsabhängig, eher klein
Output	vorgegeben, periodische Listen, Formulare	ohne feste Form, Arbeitsunterlagen, Zwischenresultate

Abb. 2.4. (Quelle: Döbele–Berger 1988)

---

[10] Wird auch "Endbenutzerprogrammierung", "End User Computing" bzw. "Individuelle Datenverarbeitung" genannt.

[11] Vgl. Döbele-Berger 1988.

[12] Vgl. Döbele-Berger 1988.

Voraussetzung für die Benutzerprogrammierung war die Entwicklung von neuen, einfachen Programmiersprachen (sogenannten 4. Generationssprachen bzw. 4. GL) und integrierter Standard-Software (siehe unten). Der erfolgreiche Einsatz der Benutzerprogrammierung ist abhängig von der:

- Arbeitsorganisation: z.B. Aufbau einer Betreuungsinfrastruktur
- Qualifizierung: z.B. Vermitteln zusätzlicher Qualifikationen
- Softwaregestaltung: z.B. Beachtung von software-ergonomischen Kriterien und Standards

2.6 Trend zum "universellen Bürowerkzeug"

Heutige Bürosysteme bieten dem Benutzer eine große Funktionspalette an, aus der er die für seine konkrete Aufgabenstellung relevanten Funktionen auswählen kann. Somit entwicklen sich Bürosysteme immer mehr in Richtung "universeller Bürowerkzeuge", die eine Vielzahl von Funktionen anbieten, die früher nur verteilt in einzelnen Bürogeräten (z.B. Schreibmaschine, Tischrechner, Aktenordner, Notizbuch) verfügbar waren.

Zur *Kategorisierung der Softwarefunktionen* heutiger Bürosystemen können die folgenden Basisanwendungen herangezogen werden[13]:

2.6.1 Dokumentenbearbeitung

Darunter ist das Erstellen und Verändern von Dokumenteninhalten – wie Text, Sprache, Bilder und Daten – zu verstehen. Dazu stehen unter anderem folgende Funktionen zur Verfügung:

- Textverarbeitung
- Graphik- und Bildverarbeitung
- Tabellenkalkulation
- Statistikauswertungen
- Datenbankfunktionen, wie Erfassen, Abfragen, Verknüpfen, usw.
- Sprachspeichersysteme (Voice Mail), zur Speicherung und Verarbeitung von telefonischen Mitteilungen sowie für mündliche Anmerkungen zu geschriebenen Texten

2.6.2 Dokumentenverwaltung

Darunter ist das Ablegen und Wiederfinden von Dokumenten zu verstehen. Dazu stehen unter anderem folgende Funktionen zur Verfügung:

- Datenbank
- Elektronisches Archiv
- Sprachspeicherung

---

[13] Vgl. VDI 5005, Töpfer 1987, Reiterer 1990.

2.6.3 Dokumententransport

Darunter ist das Austauschen von Dokumenten zwischen verschiedenen – nicht zwingend gleichzeitig anwesenden – Benutzern innerhalb oder außerhalb eines Betriebes zu verstehen. Dazu stehen unter anderem folgende Funktionen zur Verfügung:

- Elektronische Post (Electronic Mail)
- Teletex
- Telefax
- Btx
- Datentelefon

2.6.4 Direktkommunikation

Darunter ist die Kommunikation von gleichzeitig anwesenden Kommunikationspartnern zu verstehen. Diese kann etwa in Form des gleichzeitigen Bearbeiten eines Dokumentes vor sich gehen oder durch Telefonieren erfolgen. Dazu stehen unter anderem folgende Funktionen zur Verfügung:

- Videokonferenz
- Fernsprechkonferenz
- Bildtelefon
- Telefon

2.6.5 Organisationshilfen

Unter diesem Begriff werden verschieden Funktionen zusammengefaßt, welche die allgemeine Sekretariatsarbeit, verschiedene Nebentätigkeiten, aber auch anspruchsvolle Koordinations- und Planungsaufgaben unterstützen. Dabei handelt es sich unter anderem um elektronische:

- Taschenrechner
- Notizblock
- Kalender
- Telefon- und Adressenverzeichnisse
- Programme zur Gerätereservierung, Reservierung
  von Konferenzzimmern, usw.
- Planungshilfen (z.B. Projektplanung)

2.7 Trend zu "multifunktionalen Endgeräten"

Die vorhin beschriebenen Softwarefunktionen benötigen zum Teil recht unterschiedliche hardware-technische Unterstützungen (z.B. Ein- und Ausgabegeräte). Dies führte zur Entwicklung sogenannter *"multifunktionaler Endgeräte"* ("Multifunktionsterminals"), die folgende Komponenten in sich vereinen können:

- audiovisuelle Einheit bestehend aus Bildschirm, Videokamera, Mikrofon, Lautsprecher
- Tastatur und Zeigegeräte
- Lokale Intelligenz (Prozessoren, Arbeitsspeicher)
- Lokale Datenträger (Floppy Disk, Festplatte, Magnetbandcassette, optischer Speicher, usw.)
- Spezielle Ein- und Ausgabegeräte (z.B. Scanner, Laserdrucker)

Diese multifunktionalen Endgeräte sind modular aufgebaut und können bzgl. ihrer hardware-technischen Ausstattung den Arbeitsplatzbedürfnissen angepaßt werden.

2.8 Neue Dialogformen und -techniken für die einfachere Benutzung

Die Entscheidung, ob ein Benutzer ein Bürosystem als "benutzerfreundlich" empfindet oder nicht, hängt wesentlich von der Gestaltung des Mensch-Rechner-Dialoges[14] ab. Beim Mensch-Rechner-Dialog gilt es die "Sprache" zu bestimmen und zu gestalten, in der Mensch und Rechner miteinander "kommunizieren" können. Dazu bedient man sich heute verschiedener Dialogformen und -techniken, da die natürliche Sprache als Dialog zwischen Mensch und Rechner derzeit nur in sehr wenigen Fällen realisierbar ist und auch keineswegs immer die adäquate Dialogform darstellt. Im folgendem wird ein kurzer Überblick über heute verfügbare Dialogformen und diese unterstützende Dialogtechniken gegeben, wobei der Schwerpunkt der Ausführungen auf die in Zukunft an Bedeutung gewinnenden Dialogtechniken gelegt wird.

2.8.1 Dialogformen[15]

Beim *benutzergeführten Dialog* meldet das Bürosystem nur seine Bereitschaft zur Eingabe. Der Benutzer erhält keine Hinweise auf momentan mögliche oder zulässige Funktionen und muß aktiv seine Kommandos formulieren. Die Dialoginitiative liegt daher beim Benutzer.

Vorteile:
- hohe Effizienz bei der Dialogsteuerung möglich
- hohe Flexibilität
- Kontrolle beim Benutzer

Nachteile:
- schwierige Erlernbarkeit
- längere und umfangreichere Ausbildung erforderlich
- höheres Fehlerrisiko

---

[14] Wird auch als Mensch-Rechner-Interaktion bezeichnet, da der Begriff "Dialog" bei der "Kommunikation" zwischen einem Menschen und einem Rechner irreführend ist. Im folgendem soll trotzdem dem gebräuchlicheren Begriff "Dialog" der Vorzug gegeben werden.

[15] Vgl. Fähnrich 1987.

Beim *systemgeführten Dialog* wird der Benutzer Schritt für Schritt durch Hinweise und Hilfestellungen zu den – von ihm gewünschten – Operationen hingeführt. Der Benutzer verhält sich entsprechend passiv, die Dialoginitiative geht vom Bürosystem aus.

Vorteile:
- gute Erlernbarkeit
- geringere Ausbildung erforderlich
- geringere Fehlerhäufigkeit

Nachteile:
- Dialog wird umfangreicher und meist ineffizienter
- geringere Flexibilität
- eingeschränkte Kontrolle des Benutzers

Beim *gemischten Dialog* kommt es zu einem Dialog mit wechselnder Initiative (benutzergeführt, systemgeführt). Es wird versucht die Vorteile der obigen Dialogformen zu kombinieren, bei gleichzeitiger Vermeidung ihrer Nachteile. Dabei ist mit einem hohen Implementierungsaufwand zu rechnen.

Welche Dialogform einer anderen überlegen ist, kann nur im jeweiligen Gestaltungsfall entschieden werden. Die Entscheidung hängt von den durchzuführenden Aufgaben, den zu erwartenden Benutzern und dem Benutzungsverhalten ab.

Generell kann aber festgestellt werden, daß der Kenntnisstand des Benutzers (geübt, ungeübt in der Benutzung von Bürosystemen) und seine individuellen Bedürfnisse (persönlichen Präferenzen) maßgeblichen Einfluß auf diese Entscheidung haben. Es sind daher Dialogformen vorzusehen, die einerseits eine Anpassung an individuelle Benutzerbedürfnisse ermöglichen und andererseits sowohl geübte als auch ungeübte Benutzer unterstützen. Dies ist insbesonders auch darin begründet, daß ein Benutzer beiden Benutzergruppen angehören kann. Längere Absenz in der Benutzung (z.B. bedingt durch Urlaub) oder die selten Verwendung eines bestimmten Anwendungsprogrammes kann auch einen geübten Benutzer vorübergehend zu einem ungeübten werden lassen.

Diesen Ansprüchen werden am ehesten gemischte Dialogformen gerecht. Deshalb gewinnt diese Dialogform bei heutigen Bürosystemen immer mehr an Bedeutung und dürfte bei zukünftigen Bürosystemen als Standard angesehen werden.

2.8.2 Dialogtechniken

Entsprechend den drei Dialogformen kann eine Klassifizierung der sie unterstützenden Dialogtechniken vorgenommen werden.

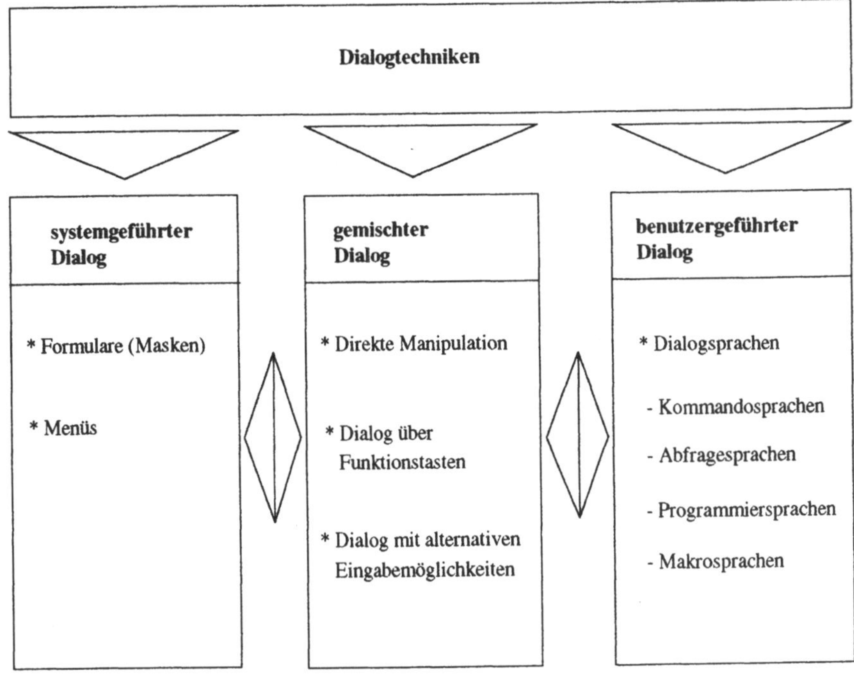

Abb. 2.5. (Quelle: in Anlehnung an Fähnrich 1987)

Formulare (Masken)

Stellen die derzeit noch gebräuchlichste Dialogtechnik dar und unterstützt einen systemgeführten Dialog.

Hierbei wird auf dem Bildschirm ein Formular (Maske) dargestellt, in dem vom Benutzer in bestimmten Feldern Eingaben vorzunehmen sind. Zwischen diesen Eingabefeldern sollte ein freies "Springen" möglich sein. Bei Unklarheiten sollte für jedes Feld eine Hilfestellung angeboten werden. Syntaktische Eingabefehler (z.B. falsche Währung bei Geldbetrag) sollten sofort bei der Eingabe abgefangen werden.

Die Formulare orientieren sich vielfach in ihrem Aufbau und den gewählten Begrifflichkeiten an bereits in Papierform eingesetzte Formulare des Unternehmens.

Menüs

Ermöglichen eine systemgeführte Dialogtechnik, bei der dem Benutzer eine Liste der ihm zur Verfügung stehenden Funktionen angezeigt wird, aus der er eine (oder mehrere) Funktion(en) auswählen kann.

Generell kann festgestellt werden, daß die Menütechnik auch in Zukunft große Bedeutung haben wird und zwar in Kombination mit der Direkten Manipulation (siehe unten).

Organisation der Menüfolge (Dialogablauf)[16]

Beim *einzelnen Menü* wird dem Benutzer nur einmal ein Menü dargeboten.

Bei einer *linearen Menüsequenz* durchläuft der Benutzer eine vordefinierte Folge von Menüs. Die Menüs sollten in der Reihenfolge zu durchlaufen sein, die sich aufgrund der Aufgabenstellung als natürliche Sequenz ergibt. Derartige Menüfolgen sind bei immer gleichbleibenden Folgen von Dialogschritten, wie etwa beim Drucken, sinnvoll.

Bei einer großen Anzahl von Funktionen ist eine hierarchische Gliederung mittels einer *Baumstruktur* sinnvoll und notwendig. So können zum Beispiel nicht alle Kommandos eines Textsystems in einem einzigen Menü sinnvoll dargestellt werden.

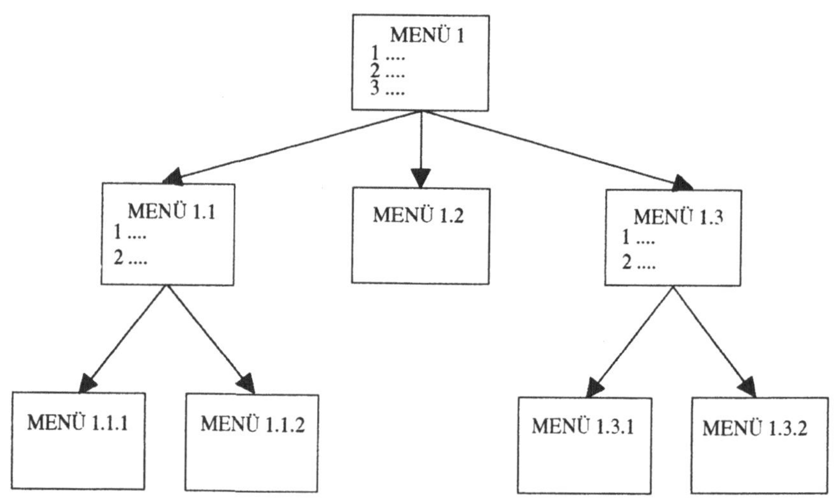

Abb. 2.6. Baumstruktur

Oft ist es sinnvoll in einer Baumstruktur direkt auf ein Menü der gleichen Ebene oder auf ein Menü, das sich mehrere Ebenen tiefer bzw. höher befindet, zuzugreifen. In diesem Fall erweist sich eine *Netzstruktur* als günstig, da hiermit die Flexibilität bei der Benutzung vergrößert wird. Gleichzeitig erhöht sich aber die Komplexität des Dialogs und damit die Gefahr der Unübersichtlichkeit.

---

[16] Vgl. Balzert 1988.

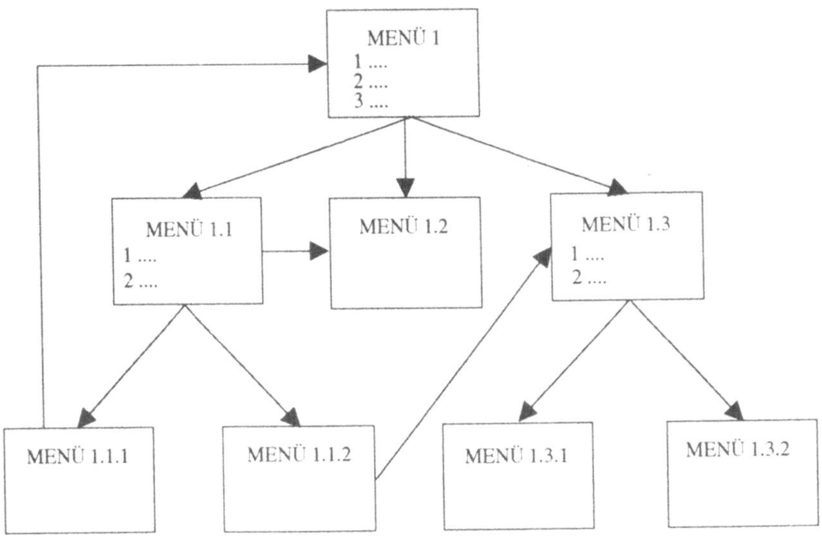

Abb. 2.7. Netzstruktur

Formen von Menüs

- *Menümaske.* Es wird der gesamte Arbeitsbereich des Bildschirmes verwendet, damit sind gleichzeitig keine Arbeitsinformationen sichtbar. Sie werden vorwiegend als "Einstiegsmenüs" in eine Softwareanwendung verwendet.

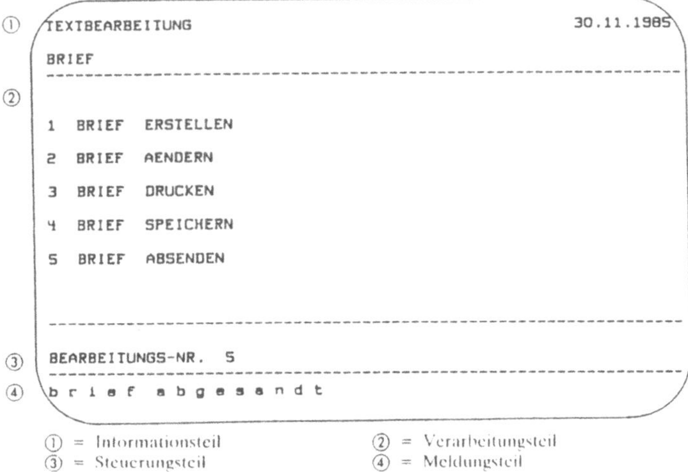

Abb. 2.8. (Quelle: Lauter 1987)

- *Pop-Up-Menü*. Erscheinen als Fenster auf einem speziellen Bildschirmausschnitt, entweder an einer fix definierten Stelle oder an der aktuellen Cursorposition. Das Menü-Fenster ist in seiner Größe beschränkt, somit bleibt der Arbeitsbereich weitgehend sichtbar.

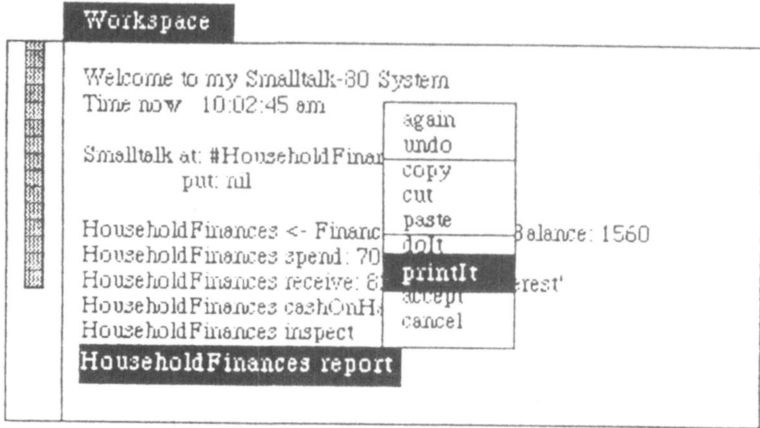

Abb. 2.9. (Quelle: Lauter 1987)

- *Pull-Down-Menü*. Im allgemeinen haben Pull-Down-Menüs zwei Hierarchieebenen. Die Elemente der ersten Ebene werden in der Regel am oberen Bildschirmrand in einer Menüleiste permanent sichtbar dargestellt. Bei Auswahl eines Elementes "klappt" ein weiteres Menü nach unten heraus.

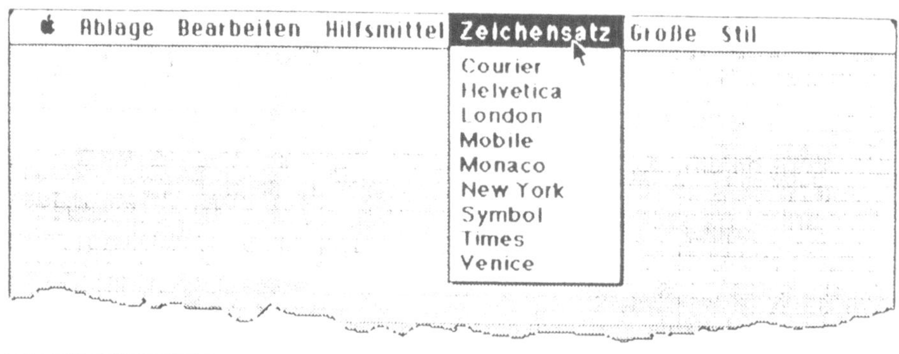

Abb. 2.10. (Quelle: Fähnrich 1987)

- *Stichwort-Menü.* Sie sind beispielsweise am unteren Rand des Bildschirms plaziert, wobei die Darstellung der Elemente der jeweils aktuellen Menüebene in einer oder mehreren Zeilen erfolgen kann.

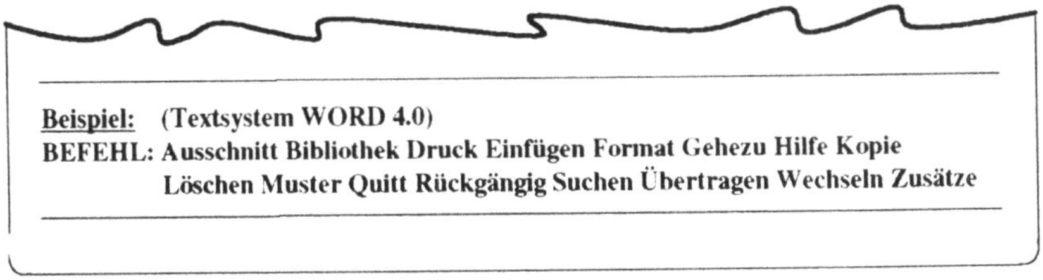
Beispiel: (Textsystem WORD 4.0)
BEFEHL: Ausschnitt Bibliothek Druck Einfügen Format Gehezu Hilfe Kopie
Löschen Muster Quitt Rückgängig Suchen Übertragen Wechseln Zusätze

Abb. 2.11.

- *Mehrfachwahl-Menü.* In der Regel kann in einem Menü nur ein Element ausgewählt werden. Vor allem bei Parameterangaben erweist es sich als vorteilhaft mehrere Auswahlvorgänge in einem Menü ausführen zu können. Dazu werden Mehrfachwahl-Menüs verwendet.

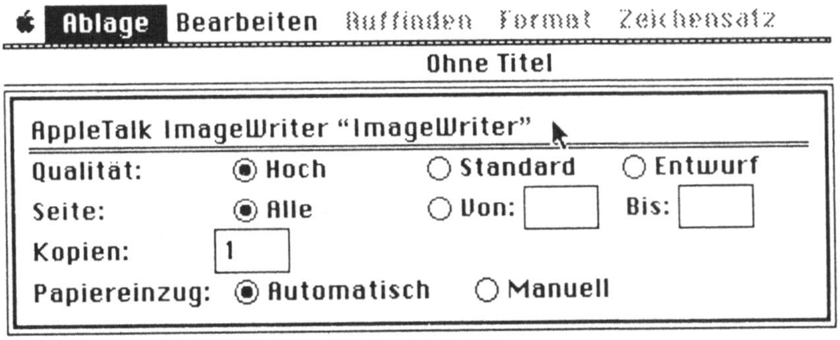
Ablage
Bearbeiten
Auffinden
Format
Zeichensatz
Ohne Titel
AppleTalk ImageWriter "ImageWriter"
Qualität:
Hoch
Standard
Entwurf
Seite:
Alle
Von:
Bis:
Kopien:
1
Papiereinzug:
Automatisch
Manuell

Abb. 2.12. (Quelle: Eberleh 1988)

- *Permanentes Menü.* Diese werden – meist am Bildschirmrand – permanent angezeigt. Die zur Verfügung stehenden Funktionen können jederzeit auf Informationen des Arbeitsbereiches angewendet werden (Anwendungsbeispiele: Graphikprogramme, CAD-Programme).

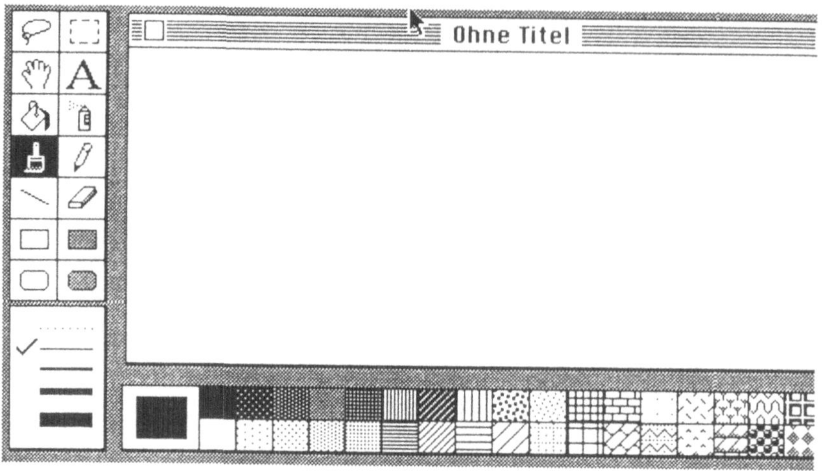

Abb. 2.13. (Quelle: Eberleh 1988)

Auswahltechniken in Menüsystemen

Menü-Elemente können auf zwei grundsätzliche Arten ausgewählt werden:
- durch *Benennen* des entsprechenden Menü-Elementes (z.B. durch Ziffern, Buchstaben, Kombination von Ziffern und Buchstaben)
- durch *Zeigen* auf das entsprechende Menü-Element (z.B. mit einer Maus oder Cursortaste)

Grundsätzlich ist es sinnvoll beide Alternativen anzubieten, da dies die Flexibilität der Benutzung erhöht und persönliche Präferenzen des Benutzers zu berücksichtigten hilft.

Fenster

Diese ermöglichen einen systemgeführte Dialog, bei dem den Benutzern die ihnen zur Verfügung stehenden Informationen und Funktionen in einem abgegrenzten rechteckigen Bereich (Fenster) angezeigt werden. Die Funktionen können auf die im Fenster dargestellten Informationen angewendet werden (= objektorientierte Darstellung). Der Umfang der dargebotenen Funktionen kann von der jeweiligen Dialogsituation abhängig sein und sich auf zu diesem Zeitpunkt sinnvollen beschränken.

Die einzelnen Fenster unterteilen die Benutzeroberfläche in voneinander unabhängige, größenmäßig veränderliche und flexibel plazierbare Abschnitte. Dadurch könne beispielsweise mehrere Anwendungsprogramme zur gleichen Zeit sichtbar gemacht und aktiviert werden (Multitasking).

Primäres Ziel der Fenstertechnik ist es, einen Bezug zum traditionellen Büroarbeitsplatz herzustellen (Desktop-Metapher). Die einzelnen Fenster sollen "Dokumenten" am Schreibtisch entsprechen, die mittels der angezeigten Funktionen bearbeitet werden können. Sie können wie tatsächliche "Papierdokumente" am Bildschirm (= Schreibtisch) hin- und her bewegt werden bzw. es können gleichzeitig mehrere Dokumente nebeneinander / übereinander angeordnet werden.

Die Fenster beinhalten normalerweise Bedienelemente, mit denen einige grundsätzliche Operationen, wie beispielsweise das Verschieben, Vergrößeren, Verkleinern von Fensterinhalten, ermöglicht werden. Diese Bedienelemente werden in der Regel direktmanipulativ bedient. Dies verdeutlicht den starken Konnex zwischen der Fenstertechnik und der Direkten Manipulation (siehe unten).

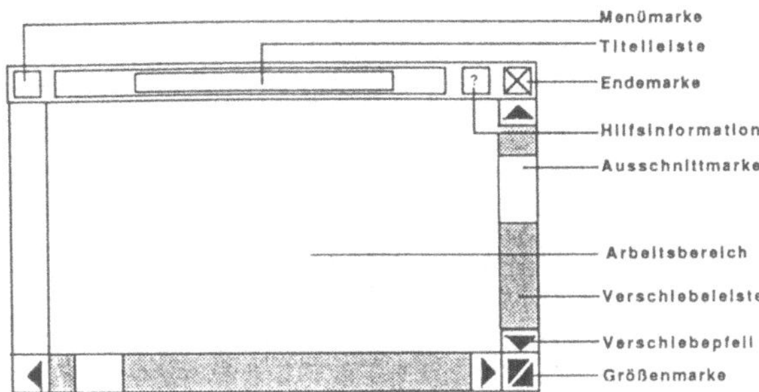

Menümarke:	Die Menümarke enthält ein Menü mit Befehlen für die weitere Behandlung des Fensters (z. B. Fenster schließen).
Titelleiste:	Sie enthält den Namen des Anwendungsprogrammes und des jeweiligen Dokuments oder der Datei.
Endemarke:	Mit ihr kann das Fenster geschlossen werden.
Ausschnittmarke:	Sie befindet sich in der Verschiebeleiste. Sie zeigt, an welcher Position in einer Datei der Bildschirmausschnitt liegt und wieviel der gesamten Datei abgebildet ist.
Arbeitsbereich:	In diesem Bereich können Text und Grafik auf einer freien Fläche bearbeitet werden.
Verschiebeleiste:	Mit ihr kann man den Ausschnitt eines Dokuments verschieben. Sie enthält die Ausschnittmarke und Verschiebepfeile.
Verschiebepfeile:	Durch Klicken auf einen Pfeil wird der Ausschnitt schrittweise in Pfeilrichtung nach rechts, links, oben oder unten verschoben.
Größenmarke:	Mit ihr läßt sich die Fenstergröße verändern.

Abb. 2.14. (Quelle: Siemens 1989)

Organisation der Fensterfolge

Die Fenster könne entweder überlappend oder nebeneinander auf der Benutzeroberfläche dargestellt werden. Dies ist von der jeweiligen Anwendungssituation abhängig.

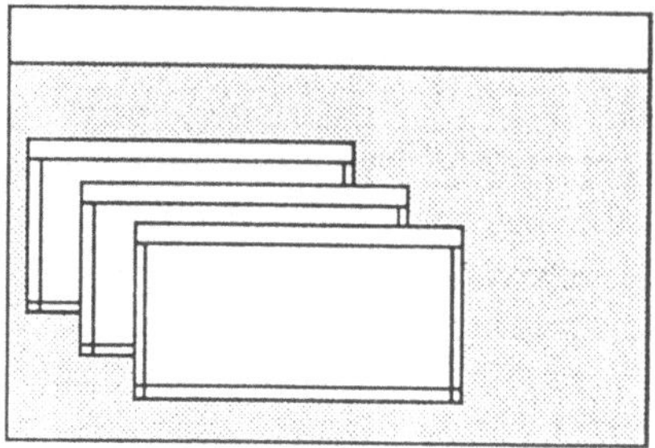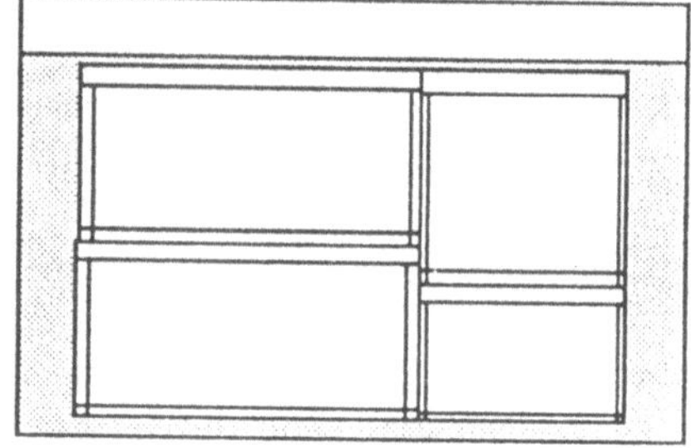

Abb. 2.15. (Quelle: Siemens 1989)

Arten der Fenster

Für die Fenstertechnik gibt es derzeit noch keinen einheitlichen Standard, sondern es werden von verschiedenen Herstellern – zwar von der grundsätzlichen Gestaltungsphilosophie sehr ähnliche, aber in ihrer konkreten Ausgestaltung recht unterschiedliche – Fenstersysteme angeboten. Die folgende Abbildung gibt einen ersten Eindruck von der Vielfalt der existierenden Fensterarten.

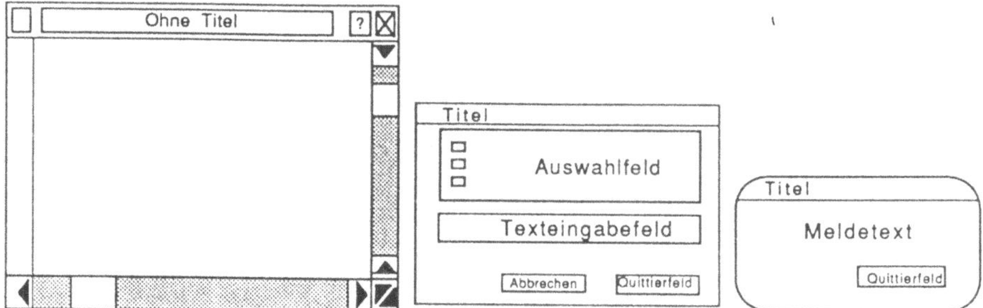

Abb. 2.16. (Quelle: Siemens 1989)

Dialogsprachen

Sie unterstützen den systemgeführten Dialog und lassen sich unterteilen in[17]:
* *Kommandosprachen*. Sie bestehen aus einer definierten Anzahl von Kommandos, die eine bestimmte Operation beschreiben (z.B. Kopiere, Lösche) und zugehörigen Parameter, die zur näheren Spezifizierung eines Kommandos dienen können (z.B. Lösche Dokument "Meier"). Kommandosprachen sind insbesonders dort geeignet, wo eine sehr hohe Flexibilität bei der Benutzung gefordert wird und vorwiegend geübte Benutzer arbeiten.

---

[17] Vgl. Zoeppritz 1988.

- *Abfragesprachen*: (genauer Datenbank-Abfragesprachen). Sie dienen dem Abruf von Daten aus einer Datenbank. Dies geschieht entweder durch Beschreiben, wie die gewünschten Daten zu finden sind (prozedurale Abfragesprache), oder durch Beschreiben, welche Daten der Benutzer sehen will (deskriptive Abfragesprache).

  Wichtig ist, daß das den Abfragesprachen zugrundeliegende Konzept (z.B. Mengen, Relationen) dem Benutzer ersichtlich gemacht und erklärt wird. Nur dann kann der Benutzer seine Frageintentionen so formulieren, daß sie dem jeweiligen Datenmodell der Datenbank (z.B. relationales) entsprechen.

  Beispiel: (deskriptive Abfragesprache)[18]

  SELECT VORNAME, NAME Wähle alle Vornamen und Namen

  FROM PERSONAL aus der Tabelle Personal,

  WHERE KINDERZAHL > 2 die mehr als zwei Kinder haben.

- *Programmiersprachen.* Hier wird das gewünschte Ergebnis eines Dialogs als Folge von Aktionen, Bedingungen, Verzweigungen, usw. beschrieben, die zum Erreichen des Resultats notwendig sind.

  Wichtig für eine Programmiersprache, die als Dialogsprache zum Einsatz gelangen soll, ist eine einfache Grammatik (Syntax) und eine leicht zu verstehende Bedeutung der Befehle (Semantik). Weiters sollte die Sprache sofort interpretiert werden, damit der Benutzer jederzeit Rückmeldungen über den Dialogfortschritt erhält. Besonders Programmiersprachen der 4. Generation erfüllen diese Anforderungen und können daher auch als Dialogtechnik Anwendung finden.

- *Makros* (Makrosprache). Sie können einerseits z.B. in eine Kommandosprache integriert sein und andererseits als eigenständige Makrosprache bestehen. Prinzipiell dienen sie zum Zusammenfassen von Kommandos unter einem neuen, vom Benutzer definierten Kommandonamen, um nicht immer die gleiche Folge von einzelnen Kommandos eingeben zu müssen.

  Vor allem Programmiersprachen der 4. Generation und Makrosprachen gewinnen im Zusammenhang mit der Benutzerprogrammierung als Dialogtechnik immer mehr an Bedeutung.

Direkte Manipulation

Völlig neue Möglichkeiten des Dialogs mit dem Rechner eröffnen sich durch die graphische Darstellung, bei der nicht mehr nur Texte, sondern beliebige Symbole (sogenannte "Icons" oder "Piktogramme") angezeigt werden. *Objekte* wie etwa ein "Dokument" können z.B. durch ein Blatt Papier dargestellt werden, ein "Verzeichnis mehrerer Dokumente" durch einen Hängeordner oder Aktenschrank. *Funktionen* wie etwa "Drucken" können durch das Bild eines Druckers vermittelt werden. Damit werden die Funktionen und Objekte durch Symbole veranschaulicht, die sich auf bereits Bekanntes aus der "Büro- und Schreibtischwelt" (Bürometapher) beziehen[19].

---

[18] Vgl. Zoeppritz 1988.

[19] Vgl. Holl 1989.

Diese Dialogtechnik ist mit dem Einsatz eines Zeigeinstrumentes (in der Regel eine Maus) verbunden. Durch Bewegen der Maus auf der Tischplatte kann der "Mauszeiger" auf dem Bildschirm positioniert werden. Zur Auswahl und Auslösung einer Funktion sind die Tasten der Maus zu drücken.

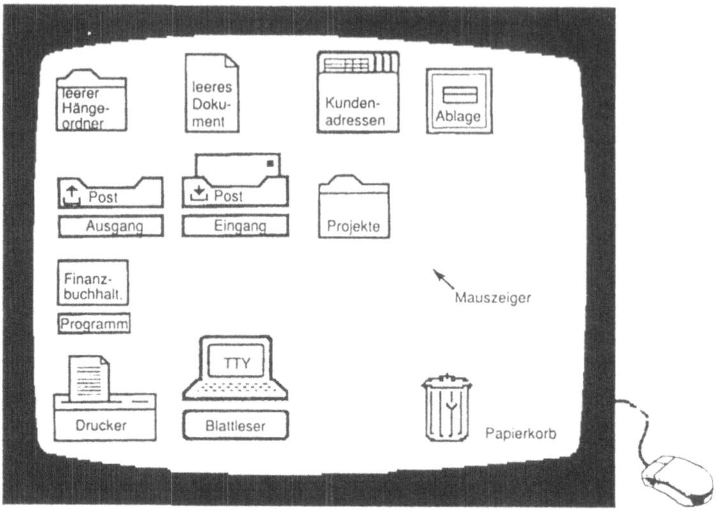

Abb. 2.17. (Quelle: Holl 1989)

Neben Symbolen werden auch vielfach *Menüs* (z.B. Pull-Down-Menüs, Pop-Up-Menüs, permanente Menüs) zur Darstellung der verfügbaren Funktionen verwendet. Diese Funktionen können ebenfalls mit dem Zeigeinstrument ausgewählt und ausgelöst werden. Die Darstellung der Objekte und Funktionen auf der Benutzeroberfläche erfolgt in der Regel mit Hilfe von *Fenstern*.

Somit stellt die Direkte Manipulation eine Kombination "klassischer" Dialogtechniken dar, die durch die Konzepte der direkten Manipulierbarkeit und der umfassenden graphischen Darstellung von Objekten und Funktionen erweitert wurden.

Daher handelt es sich hier um eine Dialogtechnik des gemischten Dialogs, da einerseits Techniken des systemgeführten Dialogs zur Anwendung gelangen (z.B. Menüs, Fenster) und andererseits Eigenschaften des benutzergeführten Dialogs (direktes Auswählen von Objekten und Kommandos) vorliegen.

Die *Vorteile* der direkten Manipulation beruhen darauf, daß

- komplizierte Kommandos vielfach durch direktes Zeigen ersetzt werden können
- die Zahl der Operationen, die der Benutzer beherrschen muß, gering gehalten werden kann
- der Benutzer ein Abbild seiner gewohnten Arbeitsumgebung geboten bekommt (z.B. Bürometapher: Papierkorb, Ordner, Mappen, usw.)

- Arbeitsergebnisse schrittweise mit einfachen Operationen erreicht werden können, wobei nach jedem Einzelschritt eine unmittelbare Ergebnisrückmeldung (Feedback) erfolgt
- es weitgehende Möglichkeiten zur Rücknahme von Operationen gibt ("UNDO-Funktion")

Diesen Vorteilen stehen einige *Einschränkungen* gegenüber[20]:

- technische Voraussetzungen (z.B. hochauflösender Graphikbildschirm mit entsprechender Größe, lokale Intelligenz, komfortables Zeigeinstrument)
- der häufige Wechsel zwischen Tastatur und Zeigeinstrument kann den Bearbeitungsfluß (ständiger Positionswechsel der Hand) behindern
- komplexe Kommandos können oft nur über den Umweg einer Vielzahl einfacher Kommandos gebildet werden (besonders störend für geübte Benutzer)

Die Direkte Manipulation zeichnet sich als die wichtigste Dialogtechnik künftiger Bürosysteme ab. Alle großen Hardware-Hersteller haben firmeninterne Richtlinien für die einheitliche Gestaltung der Benutzeroberfläche von Software-Produkten veröffentlicht, die die Direkte Manipulation als die primäre Dialogtechnik vorsehen.

Dialog über Funktionstasten

Funktionstasten werden zusätzlich zu den alphanumerischen Tasten auf der Tastatur zur Verfügung gestellt. Ihre Betätigung löst eine bestimmte Funktion aus, die entweder direkt durchgeführt wird oder zuerst durch Eingabe weiterer Parameter (z.B. in einem Menü-Fenster) näher spezifiziert werden muß.

Funktionstasten werden in der Regel mit anderen Dialogtechniken gemischt und als zusätzliche Möglichkeit angeboten. Es können zwei Arten von Funktionstasten unterschieden werden[21]:

- *Hardkeys*: Die daran gebundene Funktion ist unveränderlich und behält in jedem Dialogzustand (Arbeitskontext) ihre Bedeutung (z.B. Löschen, Einfügen)
- *Softkeys*: Die daran gebundene Funktion ist vom aktuellen Dialogzustand abhängig, hat also nur lokale Bedeutung. Die Betätigung des Softkeys kann daher in unterschiedlichen Dialogsituationen unterschiedlich Auswirkungen haben. Da dem Benutzer nicht zugemutet werden kann, daß er in jeder Dialogsituation die Bedeutung des Softkeys präsent hat, sollte beispielsweise am unteren Bildschirmrand die aktuelle Bedeutung eingeblendet werden.

Ferner besteht die Möglichkeit, vom Benutzer selbst definierte Funktionen (z.B. Makros) an eine (frei programmierbare) Funktionstaste zu binden. Die Funktionstasten helfen dem Benutzer vor allem den Schreibaufwand zu reduzieren bzw. durch selbstständige Belegung den Dialog flexibler zu gestalten.

---

[20] Eine kritische Auseinandersetzung mit der Direkten Manipulation findet sich in Tepper 1990.

[21] Vgl. Fähnrich 1987.

Dialog mit alternativen Eingabemöglichkeiten

Hier können Dialogtechniken des systemgeführten Dialogs (z.B. Menüs), des benutzergeführten Dialogs (z.B. Kommandosprache) und des gemischten Dialogs (z.B. Direkte Manipulation, Funktionstasten) Anwendung finden.

Welche der erwähnten Dialogtechniken wann zum Einsatz gelangen, kann entweder vom Benutzer ausgewählt werden (z.B. in Abhängigkeit seines Übungsgrades) oder kann aufgabenabhängig vom Bürosystem vorgegeben werden.

Vom Standpunkt des Benutzers bietet eine derartige Dialogtechnik die größte Flexibilität bei der Benutzung und ermöglicht eine weitgehende Berücksichtigung seiner persönlichen Präferenzen. Deshalb unterstützen heutige Bürosysteme vorwiegend einen Dialog mit alternativen Eingabemöglichkeiten.

3. Einführung in die ergonomische Gestaltung von Bürosystemen

3.1 Aufgabenorientierte Sichtweise

Die Abb. 3.1 zeigt die wesentlichen Elemente des Arbeitssystems "Büro", die bei der Einführung von Bürosystemen zu gestalten sind:
- "Benutzer", "Bürosystem", "Aufgaben" sowie deren Einbettung in die "Organisation"
- und ihre Beziehungen "Aufgabenbewältigung", "Funktionalität" und "Benutzung".

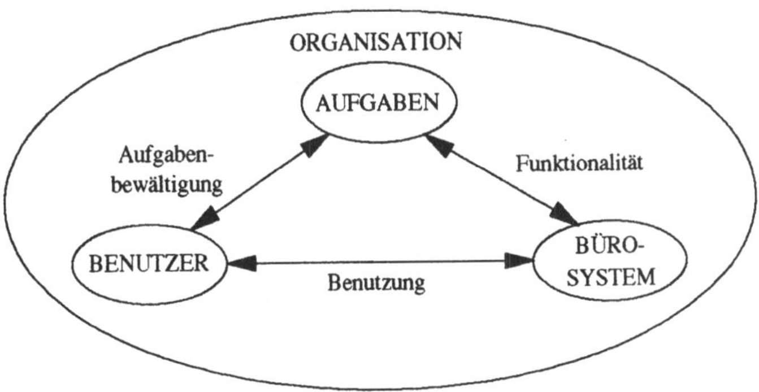

Abb. 3.1. Elemente der ergonomischen Gestaltung des Arbeitssystems "Büro" beim Einsatz von Bürosystemen (Quelle: in Anlehnung an Frese 1989)

Die Beziehung zwischen dem Benutzer und seinen Aufgaben charakterisiert die Anforderungen (z.B. Qualifikationen) und Probleme (z.B. Belastungen), die für den Benutzer bei der "Aufgabenbewältigung" entstehen.

Die Beziehung zwischen dem Benutzer und dem Bürosystem charakterisiert die Anforderungen und Probleme, die sich für den Benutzer bei der "Benutzung" des Bürosystems ergeben.

Durch die Beziehung zwischen dem Bürosystem und der Aufgabe wird charakterisiert, inwieweit die "Funktionalität" des Bürosystems die vom Benutzer zu bewältigenden Aufgaben unterstützt. Schließlich gilt es die Einbettung dieser Elemente und Beziehungen in die gesamte "Organisation" des Büros zu gestalten, die durch ein Beziehungsgeflecht von unterschiedlichen Benutzern, Aufgaben und Bürosystemen charakterisiert ist.

Die diesem Buch zugrunde liegende Sichtweise bezüglich des Einsatzes neuer Techniken ist eine aufgabenorientierte, d.h. die Aufgaben im Bürobereich und die diese Aufgaben durchführenden Mitarbeiter (Benutzer) stehen im Mittelpunkt der Betrachtung. Dies ist in der Schlüsselrolle, die der Aufgabe für die Effektivität und die soziale Wirkung auf den Mitarbeiter (Belastung und Persönlichkeitsentwicklung) zukommt, begründet[1]. Diese Sichtweise führt dazu, daß die Gestaltung der Organisation und des Bürosystems den Aufgaben *und* den Benutzern angepaßt zu erfolgen hat, um das Ziel – "Schaffen von menschengerechten Arbeitsbedingungen" – zu erreichen. Dieses Ziel wird durch eine Reihe von allgemeinen Kriterien der Arbeits- und Organisationspsychologie näher bestimmt, deren Umsetzung bei der Gestaltung mittels geeigneter ergonomischer Kriterien sowie geeigneter Methoden und Werkzeuge das Anliegen dieses Buches darstellt.

3.2 Vorgehensweise bei der Gestaltung

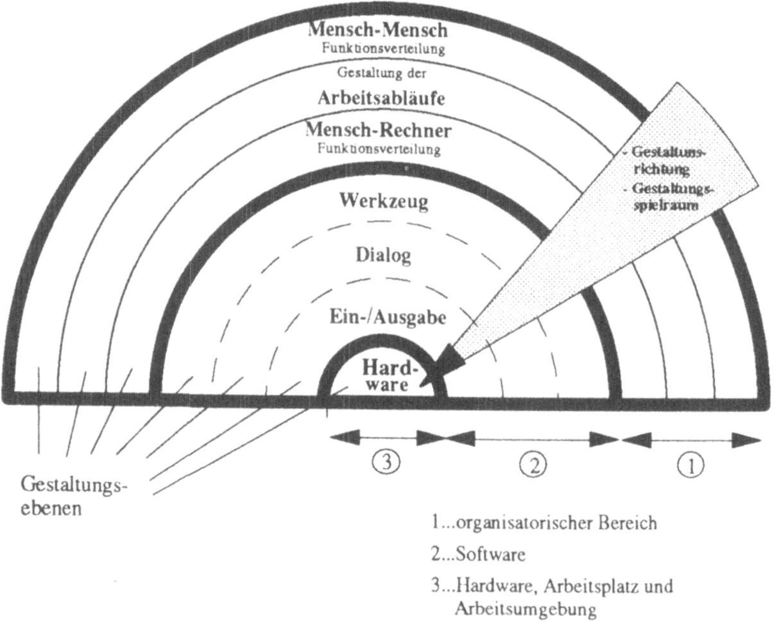

Abb. 3.2. Vorgehensweise bei der Gestaltung von Bürosystemen

---

[1] Vgl. Dunckel 1989, Hacker 1987.

Die obige Abbildung zeigt den Gestaltungsbereich, die Gestaltungsrichtung und den Gestaltungsspielraum bei der ganzheitlichen Gestaltung von Bürosystemen. Ganzheitlich bedeutet, daß sich bei der Gestaltung von Bürosystemen die Gestaltungsüberlegungen nicht nur auf die Hard- und Software des Bürosystems beschränken, sondern auch den organisatorischen Bereich miteinbeziehen[2].

3.2.1 Gestaltungsbereich[3]

Der *erste Bereich* umfaßt alle jene Ebenen, die primär die Arbeitsorganisation (Aufbau und Ablauf der Arbeit) betreffen und wird daher als organisatorischer Bereich bezeichnet. Hier stehen Überlegungen zur Gestaltung der "Aufgabenbewältigung" im Vordergrund.

Mensch-Mensch Funktionsverteilung

Die oberste Ebene bezieht sich vor allem auf die Gestaltung einer angemessenen Aufteilung der betrieblichen Gesamtaufgaben unter den Mitarbeitern der Organisation. Die Arbeitsteilung erzeugt einen Koordinationsbedarf, der durch Koordinationsinstrumente (z.B. persönliche Weisungen, Organisationshandbücher) gehandhabt wird. Die auf gedachte Mitarbeiter verteilten Aufgaben definieren Stellen, die durch Stellenbeschreibungen charakterisiert werden.

Gestaltung der Arbeitsabläufe

Die zweite Ebene dieses Bereiches betrifft direkt eine Stelle (Person). Während auf der Ebene der Mensch-Mensch Funktionsverteilung das "Was" der Arbeitsaufgaben, der Arbeitsinhalt, festgelegt wird, so wird auf der Ebene der Gestaltung der Arbeitsabläufe das "Wie" festgelegt[4]. D.h. es wird bestimmt, in welcher Reihenfolge welche Tätigkeiten einer Aufgabe bearbeitet werden müssen (zeitliche und räumliche Aneinanderreihung von Tätigkeiten). Diese Reihenfolge kann sachlogisch vorgegeben sein, vielfach gibt es jedoch eine große Menge möglicher Arbeitsabläufe für eine Aufgabe. Es stehen daher Fragen der Gestaltung der (möglichen) Reihenfolgen der Tätigkeiten einer Aufgabe im Vordergrund.

Mensch-Rechner Funktionsverteilung

In der dritten und letzten Ebene geht es bei der Gestaltung vor allem um Fragen wie: "Welche Tätigkeiten sollen vom Menschen durchgeführt werden?", "Was soll dem Rechner an Arbeit, in Form von Funktionen, übertragen werden?" sowie "Welche Mischformen entsprechen einer ergonomisch angemessenen Funktionsverteilung?"

---

[2] Vgl. Rödiger 1987.

[3] Vgl. Kieser 1983, Döbele-Berger 1985, Nullmeier 1988.

[4] Vgl. Rödiger 1987, S: 94.

Der *zweite Bereich* der Ebenen betrifft die Software. Dabei stehen Fragen der Gestaltung der "Benutzung" des Rechners und dessen "Funktionalität" im Vordergrund.

Werkzeug-Ebene

Auf dieser geht es um die Gestaltung der komfortablen Handhabung und der Zugriffsmöglichkeiten des Benutzers auf die Leistungen (Funktionen, Daten) der Software.

Dialog-Ebene

Auf dieser Ebene stehen Fragen der Gestaltung des Dialoges (Dialogformen, Dialogtechniken, usw.) im Vordergrund.

Ein-/Ausgabe-Ebene

Diese bezieht sich auf die Gestaltung der Informationsdarstellung, der Eingabe, der Sprache usw. am Bildschirm.

Der *dritte Bereich* umfaßt die Hardware des Bürosystems und den Arbeitsplatz sowie die Arbeitsumgebung des Benutzers. Hier gilt es bei der Gestaltung hardware-ergonomische Richtlinien zu berücksichtigen.

3.2.2 Gestaltungsrichtung

Die aufgabenorientierte Sichtweise führt zu einer anthropozentrischen (menschenzentrierten) Vorgehensweise bei der Gestaltung. Der Mensch stellt dabei den Ausgangs- und Bezugspunkt des Gestaltungsprozesses dar[5].

Im Unterschied dazu steht bei der – heute vielfach noch vorherrschenden – technikzentrierten Vorgehensweise das Produkt, in unserem Fall das Bürosystem, im Mittelpunkt der Gestaltung. Die Folgen einer derartigen technikzentrierten Vorgehensweise können beispielsweise sein[6]:

* Abbau von Arbeitsplätzen
* Monotonie und Intensivierung
* Dequalifizierung
* Reduzierung der sinnlichen Wahrnehmung
* Gesundheitliche Belastungen
* Isolation am Arbeitsplatz

Zur Vermeidung dieser Folgen, schlagen wir eine Gestaltungsrichtung vor, in der *zuerst* eine Aufgabenverteilung zwischen den betroffenen Mitarbeitern durchzuführen ist (Mensch-Mensch Funktionsverteilung), *anschließend* die Arbeitsabläufe (Aufgaben) der einzelnen Mitarbeiter zu gestalten bzw. zu bewerten sind

---

[5] Vgl. Nullmeier 1988.

[6] Vgl. Holl 1989, S. 42.

(Gestaltung der Arbeitsabläufe) und erst *dann* eine Aufgabenverteilung zwischen den Mitarbeitern (Benutzern) und dem Bürosystem (Mensch-Rechner Funktionsverteilung) vorzunehmen ist bzw. zu bewerten ist. Die eigentliche Gestaltung der Software (Werkzeug-, Dialog-, Ein-/Ausgabe-Ebene) und Hardware des Bürosystems sowie des Arbeitsplatzes und der Arbeitsumgebung erfolgt *nach* der Gestaltung des organisatorischen Bereiches.

Zwei *Beispiele* sollen die Bedeutung dieser Gestaltungsrichtung verdeutlichen[7]:

Eine 'ausgezeichnete' Gestaltung im arbeitsorganisatorischen Bereich kann nicht zur vollen Arbeitszufriedenheit des Benutzers führen, wenn die Software des Bürosystems an seinen Aufgaben vorbeigestaltet wurde und die Bedienung desselben einen solchen Mehraufwand verursacht, daß die Vorteile der Arbeitsorganisation zunichte gemacht werden.

Umgekehrt nutzt eine 'ausgereifte' Software des Bürosystems nichts, wenn die Arbeit, die damit bewältigt werden sollte, so schlecht organisiert wurde, daß die Vorteile der einfachen Handhabung der Software, durch die überwiegenden Nachteile der Arbeitsorganisation vermindert, oder gar beseitigt, werden.

Aufgrund der Komplexität der Gestaltungsaktivitäten, die einerseits durch die Vielschichtigkeit der Beziehungen und Abhängigkeiten der zu gestaltenden Elemente des sozialen Arbeitssystems "Büro" und andererseits durch die andauernde Veränderung der Umwelt des Büros (z.B. neue Marktanforderungen, Gesetzesänderungen) bedingt sind, ist eine einmalige, lineare Entwicklung eines Bürosystems entlang der Gestaltungsrichtung nicht zielführend.

Wir schlagen daher eine evolutionäre Vorgehensweise bei der Entwicklung und Weiterentwicklung des Bürosystems vor[8]. D.h. neue bzw. veränderte Anforderungen bzw. entdeckte Fehler führen während des Entwicklungsprozesses zu Rücksprüngen zu vorhergehenden Entwicklungsphasen. Nach der Einführung des Bürosystems bedingen sie einen neuerlichen (verkürzten) Durchlauf aller Entwicklungsphasen. Somit finden die ergonomischen Prinzipien und Gestaltungsrichtlinien während der gesamten Lebensdauer des Bürosystems Anwendung.

3.2.3 Gestaltungsspielraum

Wie die Abb. 3.2 zeigt, verringert sich der Gestaltungsspielraum von Gestaltungsebene zu Gestaltungsebene. Dies unterstreicht die Bedeutung der Einbeziehung des organisatorischen Bereichs in die Gestaltung (ganzheitliche Gestaltung) und der frühzeitigen Einflußnahme auf die Gestaltung bei der Systementwicklung.

Bzgl. des *Umfanges des Gestaltungsspielraumes* und der damit verbundenen Möglichkeiten können folgende drei Arten der Arbeitsgestaltung unterschieden werden[9]:

---

[7] Vgl. Gewerkschaft der Privatangestellten 1988, S. 18.

[8] Vgl. Floyd 1987.

[9] Vgl. Ulich 1988.

- *vorausschauende (prospektive) Arbeitsgestaltung.* Folgt man bei der Arbeitsgestaltung der von uns vorgeschlagenen Gestaltungsrichtung und bezieht den gesamten Gestaltungsbereich mit ein, kann eine bewußte Vorwegnahme von verschiedenen Möglichkeiten der Arbeitsgestaltung (alternative Organisations- und Aufgabenkonzepte) und der Technikgestaltung (Technikkonzepte) erfolgen. Damit kann der vorhandene Gestaltungsspielraum maximal genutzt werden. Dies eröffnet die Chance Arbeitssysteme zu schaffen, die für jeden einzelnen Benutzer Aufgaben beinhalten, die ihm eine Weiterentwicklung seiner Persönlichkeit – unter Aufrechterhaltung von sozialen Beziehungen – ermöglichen.
- *vorbeugende (präventive) Arbeitsgestaltung.* Sind die Mensch-Mensch Funktionsverteilung und die Gestaltung der Arbeitsabläufe bereits festgelegt, erlaubt dies nur mehr eine vorbeugende Arbeitsgestaltung. D.h. der Gestaltungsspielraum beschränkt sich auf die gedankliche Vorwegnahme möglicher Beeinträchtigungen der Gesundheit und des Wohlbefindens der Mitarbeiter spätestens zu dem Zeitpunkt, in dem die Mensch-Rechner Funktionsverteilung festgelegt wird.
- *korrigierende (korrektive) Arbeitsgestaltung.* Sie wird immer dann notwendig, wenn ergonomische, funktional-technische oder wirtschaftliche Anforderungen bei der Arbeitsgestaltung nicht, oder nicht angemessen, berücksichtigt worden sind. D.h. der Gestaltungsspielraum beschränkt sich auf das Beheben von Fehlern und das Anpassen an nicht berücksichtigte Anforderungen. Die korrigierende Arbeitsgestaltung ist einerseits oft mit erheblichem wirtschaftlichen Aufwand verbunden. Andererseits kann ihre Unterlassung bzw. verspätete Durchführung erhebliche Beeinträchtigungen und Schädigungen der physischen und/oder psychischen Gesundheit der Mitarbeiter bewirken.

Im Sinne einer aufgabenorientierten Systementwicklung ist es unumgänglich, das Wissen und die Erfahrung der zukünftigen Benutzer und Betroffenen in den Gestaltungsprozeß einzubringen. Diese Einflußnahme der Mitarbeiter auf die Gestaltung sollte sich nicht auf einen passiven "Wissenstransfer" beschränken, sondern ihnen die Möglichkeiten zu einer *aktiven* Mitgestaltung eröffnen. Dies setzt eine kooperative Vorgehensweise voraus. Diese kooperative Vorgehensweise ist im Sinne einer vorausschauenden Arbeitsgestaltung bereits am Beginn des Gestaltungsprozesses einzusetzen, wobei der Gestaltungsprozeß als Lernprozeß aller Beteiligten verstanden wird.

3.3 Einflußfaktoren und Rollen der Beteiligten bei der Gestaltung von Bürosystemen

3.3.1 Einflußfaktoren[10]

Die Gestaltung eines Bürosystems erfolgt in der Regel in Form eines eigenen Projektes. Derartige Projekte bestehen aus einer Reihe von Projektkomponenten, wie einer Projektorganisation, die

- einen Gestaltungsprozeß in Gang setzt, in dessen Verlauf eine Reihe von
- Methoden und Werkzeuge eingesetzt werden und der
- der Benutzerbeteiligung bedarf.

Diese Projektkomponenten werden durch eine Anzahl von Faktoren beeinflußt, die Rahmenbedingungen für das Projekt schaffen.

Hiebei können folgende Einflußfaktoren unterschieden werden:

- *Projekttyp.* Das Bürosystem kann entweder durch eine interne Fachabteilung (z.B. EDV-Abteilung) oder durch eine externe Institution (z.B. Softwarehaus) entwickelt werden.

  Bei der zum Einsatz kommenden Software kann es sich entweder um Standard-Software oder Individuelle Software handeln.

  Entsprechend den unterschiedlichen Entwicklungsorten und der Art der Software unterscheiden sich die Voraussetzungen für den Entwicklungsprozeß hinsichtlich:

- der Bekanntheit der zukünftigen Benutzer

- der Bekanntheit der zu unterstützenden Aufgaben

- dem Zugang zum Benutzer

- den Einflußmöglichkeiten der Interessensvertreter

---

[10] Die folgenden Ausführungen basieren im wesentlichen auf den Ergebnissen eines Forschungsprojektes der ETH-Zürich, Lehrstuhl für Arbeits- und Organisationspsychologie, vgl. Spinas 1989.

<table>
<tr><td>Projekttyp: interne Entwicklung von individueller Software oder Auswahl von Standard-SW</td></tr>
<tr><td>

- Benutzer bekannt
- Aufgabe bekannt
- Direkter Zugang zu den Benutzern
- Gute Einflußmöglichkeiten für Interessensvertreter

</td></tr>
</table>

<table>
<tr><td>Projekttyp: Externe Entwicklung, Individuelle Software</td></tr>
<tr><td>

- Benutzer mehr oder weniger bekannt
- Aufgaben mehr oder weniger bekannt
- Mittelbarer Zugang zu den Benutzern
- Mittlere Einflußmöglichkeiten für Interessensvertreter

</td></tr>
</table>

<table>
<tr><td>Projekttyp: Externe Entwicklung, Standard-Software</td></tr>
<tr><td>

- Benutzer größtenteils unbekannt
- Aufgabe größtenteils unbekannt
- Schwieriger Zugang zu den Benutzern
- Beschränkte Einflußmöglichkeiten für Interessensvertreter

</td></tr>
</table>

Abb. 3.3. Verschiedene Projekttypen (Quelle: Spinas 1989)

- *Projektgröße.* Bei großen Projekten mit einer großen Anzahl zukünftiger Benutzer werden die Benutzer bzw. deren Interessensvertreter eher in den Entwicklungsprozeß integriert. Die Bereitschaft zum Hinzuziehen von externen Beratern (z.B. Betriebsberater, Software-Ergonomen) ist ebenfalls größer.
- *Komplexität und Neuartigkeit der Entwicklung.* Daraus leiten sich wesentliche Anforderungen an die zu wählende Projektorganisation, der Notwendigkeit der Benutzerbeteiligung, des zu wählenden Entwicklungsprozesses und der erforderlichen Methoden und Werkzeuge ab.
- *Anzahl der zukünftigen Benutzer.* Besonders auf die Organisationsform der Benutzerbeteiligung (direkt oder repräsentativ) hat die Anzahl der zukünftigen Benutzer maßgeblichen Einfluß.

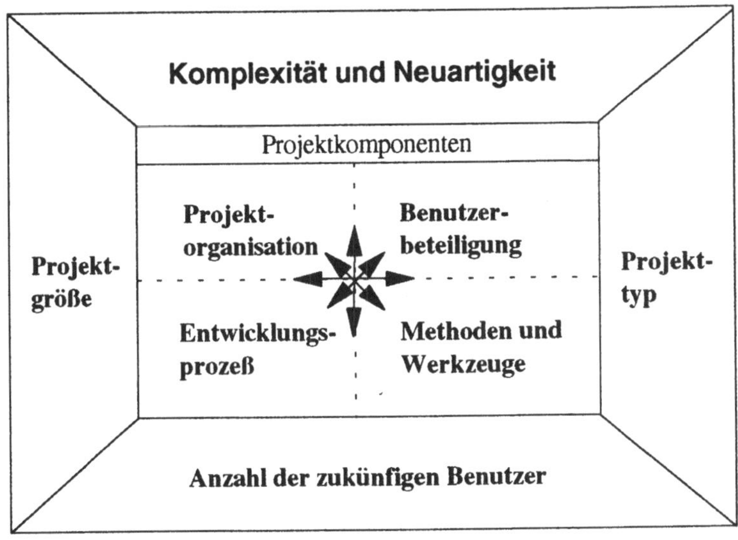

Abb. 3.4. Rahmenbedingungen der Gestaltung von Bürosystemen
(Quelle: Spinas 1989)

Die obige Abbildung zeigt zusammenfassend die Rahmenbedingungen bei der Gestaltung von Bürosystemen, die vor der Etablierung einer Projektorganisation, des Gestaltungsprozesses, der Benutzerbeteiligung und der Auswahl der Methoden und Werkzeuge abzuklären sind. Die engen Wechselbeziehungen zwischen diesen Projektkomponenten zwingen zu einer ganzheitlichen Entwicklungsstrategie, bei der alle Komponenten gleichzeitig zu beachten und zu optimieren sind.

Abschließend soll auch die *Unternehmenskultur* erwähnt werden, die einen Faktor darstellt, der maßgeblichen Einfluß auf das Kooperations- und Innovationsklima eines Unternehmens hat. Dieser Faktor wird seinerseits von gesellschaftlichen Wertvorstellungen geprägt und charakterisiert somit die Verbindung zwischen dem Unternehmen und seiner gesellschaftlichen Umwelt.

Der Einfluß dieses Faktors zeigt sich ganz deutlich in skandinavischen Ansätzen der Softwaregestaltung, wo die Wertvorstellungen der Systementwickler von einer (Unternehmens-) Kultur geprägt sind, die bei der Gestaltung von computerunterstützten Systemen die "Humanisierung" und "Demokratisierung" als übergeordnete Ziele anstrebt[11].

---

[11] Vgl. Floyd 1987a.

3.3.2 Rollen der Beteiligten

Folgende Personen bzw. Personengruppen sollten in einer kooperativen Projektorganisation vertreten sein und am Entwicklungsprozeß beteiligt werden:

Anwender

Darunter verstehen wir Personen, die ein Bürosystem für ihre betrieblichen Zwecke anwenden. Hierbei handelt es sich üblicherweise um die Leitung eines Unternehmens oder Unternehmensuntereinheit (z.B. Abteilung), wie z.B. Firmeninhaber, mittleres Management und Abteilungsleiter[12]. In der Regel sind die Anwender die eigentlichen Auftraggeber und Geldgeber für die Entwicklung, die Bewertung und den Betrieb des Bürosystems.

Ihre *Rolle* im Gestaltungsprozeß besteht traditionellerweise darin, weitestgehend ihre Entscheidungsbefugnisse durchzusetzen und das Erreichen von Organisationszielen sicherzustellen. Beispiele für übliche Organisationsziele sind:

- Minimieren der Kosten (z.B. Personaleinsparung, erhöhte Auslastung, verbesserte Personalsteuerung)
- Erhöhen der Flexibilität
- Erhöhen der Produktqualität
- Schaffen von Informationsvorsprüngen
- Verbessern der Überwachung

Systementwickler

Dabei kann es sich um Organisationsmitglieder (z.B. aus der Organisationsabteilung, EDV-Abteilung, Personalabteilung) und/oder um externe Spezialisten (z.B. Mitarbeiter eines Softwarehauses, eines Betriebsberatungsbüros) handeln.

Ihre Aufgabe besteht in der Regel im Schaffen der organisatorischen, technischen und personellen Infrastruktur eines Unternehmens.

Daraus leitet sich auch ihre *Rolle* im Gestaltungsprozeß ab, in der sie sich als Organisationsmitglieder in einer weisungsgebundenen Stellung gegenüber den Auftraggebern (Anwendern) befinden oder, im Falle der externen Spezialisten, vertraglich und finanziell an diese gebunden sind. Daher fühlen sie sich überwiegend an die inhaltlichen Vorstellungen der Anwender gebunden.

Ihr Einfluß auf den Gestaltungsprozeß ist hoch, da sie in der Regel ausschließlich über die fachlichen Kenntnisse und Erfahrungen bzgl. des Entwicklungsprozesses und der dabei einzusetzenden Methoden und Werkzeuge verfügen. Gleichzeitig bringen sie damit ihre "Weltsicht" in den Gestaltungsprozeß ein, die häufig von technikzentrierten Sichtweisen geprägt ist. Ihrer Bereitschaft zu einer kooperativen Gestaltung werden vielfach durch Befürchtungen wie, Qualitätseinbußen, Kosten- und Terminüberschreitungen sowie Verlust ihrer Rechte und Privilegien Grenzen gesetzt[13].

---

[12] Vgl. Koslowski 1987.

[13] Vgl. Koslowski 1987, S. 28.

Andererseits werden sie aber auch an der technisch-funktionalen, wirtschaftlichen und – zunehmend auch – ergonomischen Qualität ihrer Produkte von Anwendern und Benutzern gemessen, sodaß ihre prinzipielle Bereitschaft und der Wille zu einem – von allen Beteiligten akzeptierten – Gestaltungsprozeß vorhanden ist.

Dieser Wille stellt auch den Anknüpfungspunkt dieses Buches dar, indem es Möglichkeiten zur Anwendung von ergonomischen Kriterien sowie von Methoden und Werkzeugen im Gestaltungsprozeß darstellt.

Benutzer und Betroffene

Benutzer sind Mitarbeiter eines Unternehmens, die direkt von der Einführung eines Bürosystems betroffen sind. D.h. sie verwenden das Bürosystem als wesentliches Arbeitsmittel zur Unterstützung ihrer täglichen Aufgaben.

Als Betroffene werden jene Mitarbeiter eines Unternehmens bezeichnet, die von der Einführung eines Bürosystems nur indirekt betroffen sind. Sie verwenden das Bürosystem nicht als Arbeitsmittel. Diese indirekte Betroffenheit kann sich durch einen veränderten Arbeitsablauf, veränderte Arbeitsunterlagen (z.B. EDV-Formulare), usw. äußern.

Da Betroffene und Benutzer über umfassende und detaillierte Kenntnisse bzgl. ihrer Aufgaben verfügen ("Spezialisten der Arbeit"), kommt ihnen im Gestaltungs- und Bewertungsprozeß eine wichtige Stellung zu. Ihre *Rolle* im Gestaltungsprozeß besteht in ihrer Bereitschaft zum Wissenstransfer und zur aktiven Mitgestaltung. Davon hängt maßgeblich die spätere Qualität des Bürosystems ab.

Diese Bereitschaft der Benutzer bzw. Betroffenen ist von einer Reihe von arbeitsbezogenen Faktoren abhängig, die maßgeblichen Einfluß auf ihre "Lebensqualität" am Arbeitsplatz haben[14]:
- Arbeitsplatzsicherheit
- Arbeitszufriedenheit
- angemessene Entlohnung
- Arbeitsinhalte
- Arbeitsautonomie
- Qualifikation
- Kommunikationsbeziehungen
- Beanspruchung, Streß
- Herrschaft und Kontrolle
- Verhältnis zwischen Routine- und anspruchsvollen Tätigkeiten
- Ganzheitlichkeit der Arbeit

Im Sinne einer menschengerechten Arbeitsgestaltung wird von den Benutzern bzw. Betroffenen eine positive Beeinflussung bzw. Veränderung der obigen arbeitsbezogenen Faktoren angestrebt. Sie sollten daher im Rahmen der kooperativen Projektorganisation und während des Entwicklungs- und Gestaltungsprozesses die Möglichkeit zur aktiven Mitgestaltung eingeräumt bekommen.

---

[14] Vgl. Koslowski 1987, S. 22.

Interessensvertreter der Benutzer und Betroffenen

Die traditionellen Aufgabe der Interessensvertreter (Betriebsräte, Personalräte) – Wahrung der Interessen der Benutzer und Betroffenen – erfährt durch den Einsatz von Bürosystemen eine neue Herausforderung.

Es gilt von der traditionellen Form der korrigierenden (korrektiven) Arbeitsgestaltung zu einer vorausschauenden (prospektiven) Arbeitsgestaltung zu gelangen, wodurch eine frühzeitige Einflußnahme auf die Gestaltung möglich wird und unerwünschte Folgen für die Arbeitnehmer von vorneherein abgewendet werden können.

Dies bedingt auch eine Veränderung im Rollenverständnis der Interessensvertreter, im Sinne einer *Moderatorrolle* während des Gestaltungsprozesses. Die Interessensvertreter treten hierbei als Moderatoren zwischen den Anwendern, Systementwicklern, Betroffenen und Benutzern auf.

Die Interessensvertreter nehmen mit diesem neuen Rollenverständnis Abschied von dem wahrscheinlich nicht einlösbaren Anspruch der Gestaltungskompetenz in Sachfragen und bezieht sich statt dessen auf den Prozeß der Einführung Neuer Technologien[15].

Dies hat gleichzeitig den Vorteil, dem bisher nicht gelöstem Problem der (zu umfangreich notwendigen) Qualifizierung der Interessensvertreter zu entgehen. Die eigentliche Gestaltungskompetenz in Sachfragen verbleibt bei den Betroffenen, Benutzern und den Systementwicklern. Die Interessensvertreter beschränken sich darauf, die Voraussetzungen für einen ergonomischen Gestaltungsprozeß zu schaffen und deren Umsetzung sicherzustellen – etwa durch das Drängen auf den Einsatz von ergonomischen Gestaltungs- und Bewertungsmethoden.

3.4 (Software-) Ergonomie versus Wirtschaftlichkeit

EDV-Systeme bieten in ihrer Anwendung zahlreiche organisatorische und technische Gestaltungsmöglichkeiten. Von einem "technischen Sachzwang" kann keine Rede sein[16]. Ein und dasselbe Bürosystem kann auf sehr unterschiedliche Arten und mit sehr unterschiedlichen Konsequenzen eingesetzt werden.

Dabei ist entscheidend, daß dieser vorhandene Gestaltungsspielraum wahrgenommen und im Sinne einer "optimalen Strategie" genutzt werden kann.

"Optimale Strategie" bedeutet für ein (Privat-) Unternehmen in der Regel diejenige mit der größten Wirtschaftlichkeit. Zur Umsetzung dieser Strategie, insbesonders beim Einsatz von EDV, bedarf es organisatorischer und technischer Änderungen im größeren Ausmaß. Erstaunlicherweise werden solche Strategien (auch als Rationalisierungs- oder Produktivitätssteigerungs-Bemühungen bezeichnet) im Büro meist auf den unteren Ebenen des Sekretariats und der Sachbearbeitung ange-

---

[15] Vgl. Kerst 1989, S. 110.

[16] Vgl. Berger 1984, Baethge 1986, Döbele-Berger 1985, Ruch 1989.

setzt[17]. Dies in Anbetracht der Tatsache, daß diese Beschäftigungsgruppe kostenmäßig nur mit einem Anteil von 6 Prozent der Personalkosten in Büro und Verwaltung – also kaum – ins Gewicht fällt.

Integrierende – im Gegensatz zur punktweisen oder fragmentierenden – Rationalisierungsmaßnahmen im größeren Umfang erfordern hingegen übergreifende organisatorische und technische Konzepte[18]. Dabei muß weiters von einer isolierten Wirtschaftlichkeitsbetrachtung zu einer erweiterten oder gar gesamtorganisatorischen Betrachtung übergegangen werden.

Insbesonders dann läßt sich nachweisen, daß zwischen Humanität und Wirtschaftlichkeit *kein* Zielkonflikt bestehen muß.

Ebene	Leistungsindikatoren	Kostenindikatoren
Isolierte Wirtschaftlichkeit	• erstellte Schriftgutmenge • erstellte Schriftgutarten • Schreibzeit • Verweilzeit des Schriftgutes im Schreibdienst	• Personalkosten • Personalnebenkosten • Ausstattungskosten • anteilige Verwaltungskosten
Erweiterte Wirtschaftlichkeit	• Tätigkeitsstruktur • Durchlaufzeit	• Leerzeiten und Verteilzeiten • Überwälzungskosten • Fehlerhäufigkeit • Kosten der Vorlageart • Kosten des Eigentransportes • Fluktuations- und Krankheitskosten
Gesamtorganisatorische Wirtschaftlichkeit	• Flexibilitätsgrad (verschiedene Operationalisierungen)	• Kosten der Flexibilität • Kosten der Inflexibilität
Gesamtgesellschaftliche Wirtschaftlichkeit		• Krankenstand der Schreibkräfte • Unterforderung und Monotonie • Zufriedenheitsgrad • Konfliktniveau • Qualifikationsgrad • Personalfreisetzung • Belastungsniveau

Abb. 3.5. (Quelle: Ruch 1989)

Abgesehen von der immens wichtigen organisatorischen Einbettung in die Unternehmensstrategie spielen die Funktionalität aber auch die ergonomische Qualität eines Bürosystems eine entscheidende Rolle.

Die Entwicklung von *gut* gestalteten Bürosystemen verursacht *kurzfristig* eine Kostensteigerung durch eine Steigerung des Entwicklungsaufwandes, Implementationsaufwandes, durch das Nicht-Greifen der traditionellen Software-Entwicklung, durch zusätzlich notwendige Werkzeuge, organisatorische Änderungen und durch die Akquisition von ergonomischem Wissen.

---

[17] Vgl. Ruch 1989.

[18] Vgl. Ruch 1989.

Langfristig hingegen kommt es zu einer Kostensenkung und zu einem Nutzen-zuwachs[19] aus Steigerung der Motivation, Erlernbarkeit, Arbeitszufriedenheit, Akzeptanz, Kompetenz, Effizienz, Problemlösungskapazitäten, Individualisierung, Ausschöpfen der Funktionalität, Standardisierung, Wiederverwendbarkeit und der gesteigerten Marktchancen sowie durch Senkung der Fehlerhäufigkeit, der Schulungskosten, des Supportaufwandes, der Fluktuation, der Lohn- und Gehaltskosten, des Wartungsaufwandes und der Ängste / Widerstände der Mitarbeiter.

Zahlreiche Maßnahmen zur ergonomischen Gestaltung von Bürosystemen – wie neue Vorgehensweisen im Gestaltungsprozeß, geeignete Richtlinien sowie notwendigen Methoden und Werkzeuge- werden in diesem Buch vorgestellt. Damit soll gewährleistet werden, daß in den vergangenen Jahren gemachte Fehler – vgl. die folgende Abbildung – nicht auch in Zukunft begangen werden.

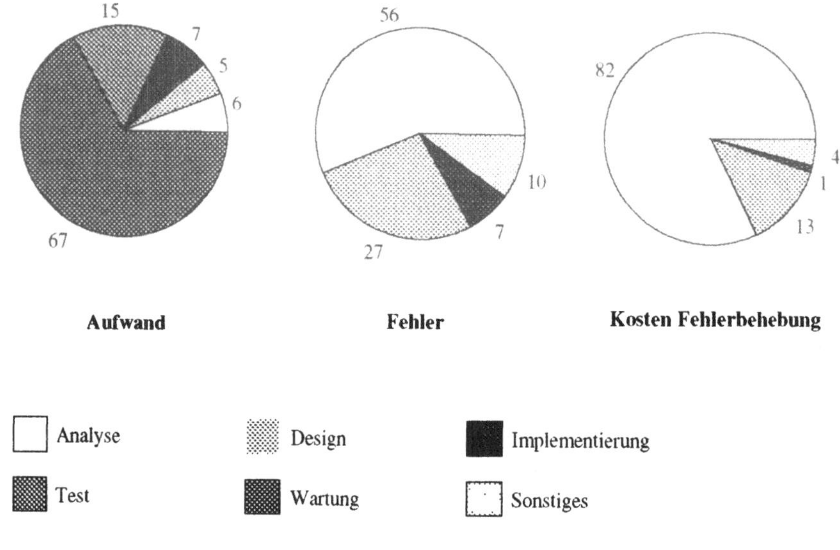

Abb. 3.6. Aufwand und Fehler in Entwicklungsphasen
(Quelle: in Anlehnung an Tavolato und Vincena 1984)

---

[19] Annahmen: erweiterte Wirtschaftlichkeitsbetrachtung, Betrachtungszeitraum von mindestens zwei Jahren.

4. Kriterien zur Gestaltung und Bewertung menschengerechter Arbeit

4.1 Das IFIP-Benutzerschnittstellenmodell

Wie die Ausführungen im Kapitel 3 gezeigt haben, wird das Bürosystem als Teil des Arbeitssystems angesehen und kann daher nur im Kontext mit diesem gestaltet werden. Diese Erkenntnis spiegelt sich auch im IFIP[1] – Benutzerschnittstellenmodell[2] wieder. Das Modell wird als Arbeitssystem aufgefaßt, indem das Mensch-Maschine-System eingebettet ist.

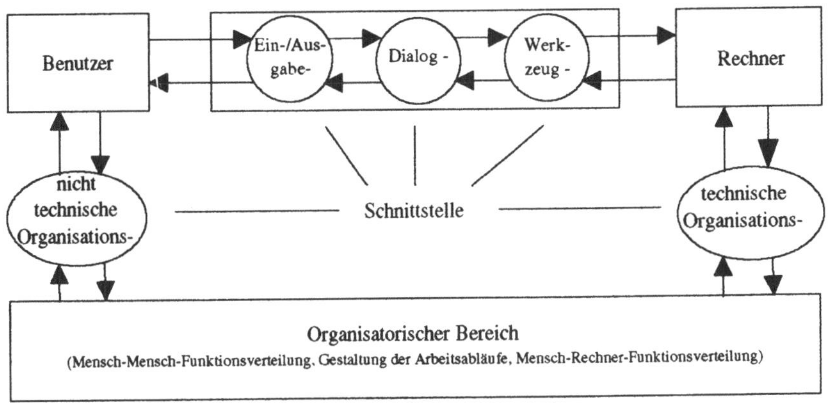

Abb. 4.1. IFIP–Benutzerschnittstellenmodell als Arbeitssystem

Die obige Abbildung zeigt, daß sich das IFIP-Benutzerschnittstellenmodell aus vier (Teil-) Schnittstellen zusammensetzt[3]:

---

[1] International Federation for Information Processing.

[2] Der Begriff Benutzerschnittstelle ist nicht unumstritten vgl. Rödiger 1987, hat sich aber mittlerweile in der einschlägigen Literatur durchgesetzt. Er bezeichnet den Bereich zwischen Mensch und Maschine, an dem ein Informationsaustausch, zum Zwecke der Benutzung des Arbeitsmittels, stattfindet.

[3] Vgl. Dzida 1988.

Ein-/Ausgabeschnittstelle

Sie definiert die Regeln für die Eingabe des Benutzers und die Ausgabe des Rechners. Bei den Eingaberegeln wird festgelegt, auf welche Weise Zeichen eingegeben werden oder womit etwa der Cursor auf dem Bildschirm positioniert wird (z.B. mit Cursortaste, Maus).

Bei den Ausgaberegeln wird festgelegt, auf welche Weise Daten und Software-Werkzeuge (Funktionen, Anwendungen) dem Benutzer auf dem Bildschirm dargestellt werden.

Dialogschnittstelle

Sie definiert die Regeln, die den Dialog zwischen dem Benutzer und dem Rechner festlegen. Der Dialog beschreibt den Ablauf der Arbeit des Benutzers mit dem Rechner, ob er zum Beispiel in einem oder in mehreren Dialogschritten vorgehen will, oder ob er einen Verarbeitungsprozeß unterbrechen möchte. Im Dialog entscheidet der Benutzer auch über das Ausmaß an Erläuterungen und Unterstützungen, die er vom Rechner ausgegeben haben möchte.

Werkzeugschnittstelle

Sie definiert die Regeln, die die Art des Zugriffs des Benutzers auf Software-Werkzeuge und Daten bestimmen. Dieser Zugriff geschieht mittels Information. Diese Information wird durch ein abstraktes Konzept bzgl. der Zugriffsmodalitäten, und zwar sowohl für die Werkzeuge als auch für die Daten, vermittelt (z.B. Desktop-Metapher).

Das Anwendungsspektrum der einzelnen Software-Werkzeuge bestimmt ebenfalls die Regeln bzgl. der Art des Zugriffs. Die "funktionale Gebundenheit" eines Werkzeuges kann sehr spezifisch sein (z.B. für nur einen ganz bestimmten Einsatzzweck), oder sie kann sehr allgemein sein (z.B. für viele Einsatzzwecke, wie etwa die Funktionen "Löschen", "Einfügen"). Im letzten Fall spricht man auch von "generischen" Werkzeugen.

Organisationsschnittstelle

Sie definiert die Regeln, die das Entstehen, Festlegen und Verteilen von Arbeitsaufgaben bestimmen sowie den Zusammenhang der Arbeitsaufgaben des Benutzers mit den Arbeitsaufgaben anderer Benutzer. Wie die Abb. 4.1 zeigt, können zwei Arten von Organisationsschnittstellen unterschieden werden:

nicht technische[4]: Sie regelt, wie der Benutzer in die Organisation integriert ist, etwa durch ein entsprechendes Organisationskonzept (Mensch-Mensch Funktionsverteilung, Gestaltung der Arbeitsabläufe).

technische: Sie regelt, wie der Benutzer mittels seines Arbeitsmittels (Rechners) in die Organisation zu integrieren ist (Mensch-Rechner Funktionsverteilung). Neben der Integration des einzelnen Benutzers sind hier auch Fragen der Zusammenarbeit

---

[4] Sie wird von Dzida 1988 auch als "Aufgabenschnittstelle" bezeichnet.

zwischen verschiedenen Benutzern mittels des Rechners zu regeln (z.B. welche Nachrichten werden mittels Elektronischer Post ausgetauscht).

Diese Unterteilung des IFIP-Benutzerschnittstellenmodells wurde vor allem im Hinblick auf eine differenziertere Gestaltung und Bewertung der Benutzerschnittstelle vorgenommen. Ziel ist es, eine Benutzerschnittstelle in teilweise voneinander unabhängige Schnittstellen zu zerlegen, die dann auch getrennt gestaltet und bewertet werden können. Das Modell erlaubt somit eine strukturierte Darstellung relativ komplexer Sachverhalte, wie sie bei konkreten Gestaltungs- und Bewertungsproblemen auftreten.

Die folgende Abbildung ordnet den im Kapitel 3 vorgestellten Gestaltungsebenen bei der Einführung eines Bürosystems die oben beschriebenen Schnittstellen der Benutzerschnittstelle zu.

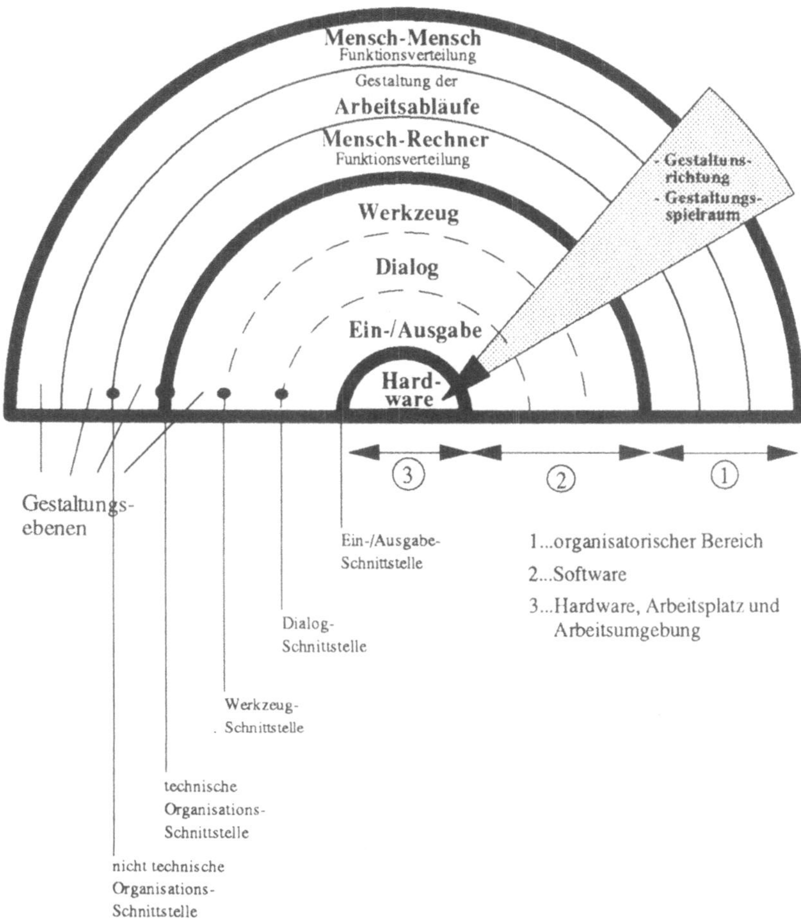

Abb. 4.2. Integration: IFIP–Benutzerschnittstellenmodell und Gestaltungsebenen

Die beiden Modelle – das *IFIP-Benutzerschnittstellenmodell* und das *Modell der Gestaltungsebenen* – dienen den weiteren Ausführungen als Bezugsrahmen. Es werden für die jeweiligen Schnittstellen und Gestaltungsebenen Gestaltungs- und Bewertungskriterien vorgestellt.

4.2 Allgemeine Kriterien zur Gestaltung und Bewertung menschengerechter Arbeit

"Die *Ergonomie*[5] ist ein Teilgebiet der Arbeitswissenschaft und beschäftigt sich mit der Anpassung der Arbeit an die Eigenschaften des menschlichen Organismus. Mit Hilfe der Ergonomie sollen technische Prozesse aufgrund von Messungen (den oft einseitigen Beanspruchungen) und Erkenntnissen der Arbeitsmedizin, -physiologie und -psychologie sowohl hinsichtlich humanitärer wie auch ökonomischer Ziele optimal gestaltet werden. Die körpergerechte Konstruktion und Anordnung von Arbeitsmittel (z.B. Werkzeuge, Büromöbel) sowie die Gestaltung von Arbeitsabläufen und Umwelteinflüssen zur Begrenzung von physischen und psychischen Gefährdungen dienen einerseits der Gesundheit des Arbeitenden, andererseits der Entfaltung der Leistungsfähigkeit und der dauerhaften Erhaltung der Leistungsbereitschaft[6]."

In der Ergonomie wurden eine Reihe allgemeiner Kriterien zur Gestaltung und Bewertung menschengerechter Arbeit entwickelt. Diese allgemeinen Kriterien wurden von der Informatik – im Zuge der zunehmenden Forderung nach Humanisierung des Arbeitslebens[7] – aufgegriffen und auf die Hardware und Software von EDV-Systemen angewendet. Damit einher ging eine Spezialisierung der Wissenschaftsdisziplin Ergonomie, etwa in Hardware- und Software-Ergonomie.

Die wissenschaftlichen Erkenntnisse und Gestaltungsvorschläge auf dem (historisch älteren) Gebiet der *Hardware-Ergonomie*, die sich mit Fragen der Gestaltung und Bewertung von Hardware (z.B. Bildschirm, Tastatur), des Arbeitsplatzes (z.B. Tische, Stühle) sowie der Arbeitsumgebung (z.B. Licht, Luft, Lärm) befaßt, können als weitgehend abgeschlossen erachtet werden. Sie sind in zahlreiche DIN-Normen und ÖNORMEN eingeflossen und haben mittlerweile auch schon recht große Verbreitung gefunden.

Anders ist die Situation auf dem (historisch jüngeren) Gebiet der *Software-Ergonomie*. Dies ist zum einen in der größeren Komplexität und im interdisziplinären Charakter der Fragestellungen auf diesem Wissenschaftsgebiet begründet. Gleich-

---

[5] "ergon" = das Werk, die Mühe - "nomos" = das Gesetz, die Lehre. Das aus dem Griechischen entnommene Wort kann mit "Arbeitskunde" übersetzt werden vgl. Bundesanstalt für Arbeitsschutz 1983. Eine ausführliche Diskussion der Bedeutung und der historischen Entwicklung der Ergonomie findet sich in Rödiger 1987, S. 153-161.

[6] Vgl. Brockhaus Enzyklopädie 1986.

[7] Vgl. dazu Fuchs 1987, in dem zahlreiche Projekte, die in der Bundesrepublik Deutschland im Rahmen des staatlich geförderten Forschungsprojektes "Humanisierung des Arbeitslebens" (jetzt "Arbeit und Technik") für den Büro und Verwaltungsbereich durchgeführt worden sind, in Form einer Bilanz vorgestellt werden.

zeitig kam es in den letzten Jahren zu einer Ausweitung des Begriffsverständnisses, d.h. die enge Sicht der Software-Ergonomie, die sich vorwiegend auf die Gestaltung und Bewertung der Ein-/Ausgabe- und Dialogschnittstelle beschränkte, erfuhr eine Erweiterung in Richtung Werkzeug- und Organisationsschnittstelle[8]. Damit rückten völlig neue, sehr situationsspezifische Fragestellungen in das Blickfeld der Forschung. Diese machen das Erarbeiten von verallgemeinerbaren Gestaltungs- und Bewertungsrichtlinien sehr schwer und stellen gleichzeitig wesentlich höhere Anforderungen an die einzusetzenden Methoden sowie an die Qualifikation der Wissenschaftler und Praktiker.

Das diesem Buch zugrundeliegende weite Begriffsverständnis der Software-Ergonomie deckt sich mit der Definition, die Rödiger als maßgeblich ansieht[9]: "Die Software-Ergonomie ist die Lehre von der Anpassung eines dialogfähigen Arbeitssystems an die kognitiven und intellektuellen Eigenschaften des Menschen, der in einem organisatorischen Kontext arbeitet... Das Ziel der Software-Ergonomie ist es, Werkzeuge (Programme) zu schaffen, die von unterschiedlichen Benutzern innerhalb des organisatorischen Kontextes ihrer Aufgabenstellung entsprechend eingesetzt werden können."

4.2.1 Ziele

Das Ziel der Software-Ergonomie – *"Gestaltung menschengerechter Arbeit"* – besteht nun darin, eine effiziente Ausführung der Aufgaben zu gewährleisten, die möglichen negativen physischen und psychischen Auswirkungen zu minimieren und die Entwicklungsmöglichkeiten des Menschen zu erhalten und zu verbessern[10]. Die mit diesem Ziel verbundenen Vorstellungen lassen sich an Hand der – in der Abb. 4.3 – dargestellten Beziehungen zwischen den zu gestaltenden Elementen anschaulich erklären[11]:

* *Aufgabenbewältigung*: Die Art der Verbindung zwischen Aufgabe und Benutzer bestimmt die Aufgabenbewältigung, also inwieweit der Benutzer in der Lage ist, die ihm anvertraute Aufgabe zu erfüllen.
  Die Aufgabenbewältigung besteht einmal unabhängig davon, ob der Benutzer ein Bürosystem verwendet oder nicht. Durch die Art der Organisations- und Aufgabengestaltung wird bestimmt, ob der Benutzer die Aufgabenbewältigung als "menschengerecht" empfindet. Hier interessiert auch, inwieweit die Aufgabenbewältigung durch das Bürosystem unterstützt oder behindert wird (Inwieweit die Primäraufgabe "Aufgabenerfüllung" durch die Sekundäraufgabe "Benutzung des Bürosystems" überlagert bzw. in den Hintergrund gedrängt wird.). Hier werden ergonomische Fragen im Zusammenhang mit der Gestaltung und Bewertung der nicht technischen Organisationsschnittstelle behandelt.

---

[8] Vgl. dazu den Tagungsband der Software-Ergonomie Tagung im Jahre 1989 in Hamburg, der erstmals den starken Aufgabenbezug (Aufgabenorientierung) der Software-Ergonomie betonte Maaß 1989.

[9] Vgl. Rödiger 1987, S. 160.

[10] Vgl. Frese 1989, Gewerkschaft der Privatangestellten 1988.

[11] Vgl. Frese 1989.

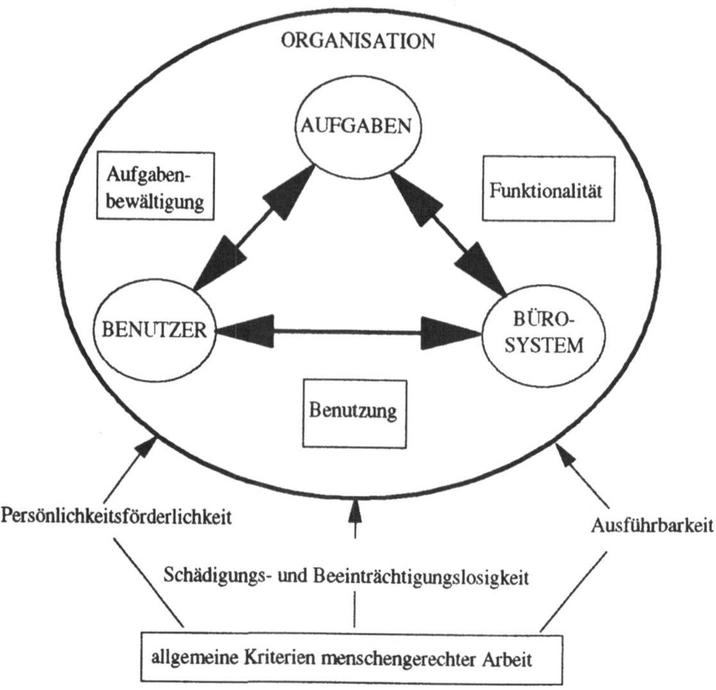

Abb. 4.3. Elemente und Beziehungen, die ergonomisch zu gestalten und bewerten sind

- *Benutzung.* Durch die Art der Verbindung zwischen Bürosystem und Benutzer wird die Benutzung bestimmt, also mit welchem Aufwand das Bürosystem durch den Benutzer benutzt werden kann. Der Benutzungsaufwand wird einerseits von der Erlernbarkeit des Bürosystems durch den Benutzer bestimmt und andererseits von den Möglichkeiten der individuellen Anpassung des Bürosystems an den Arbeitsstil und die Persönlichkeit des Benutzers.
  Hier werden ergonomische Fragen im Zusammenhang mit der Gestaltung und Bewertung der Ein-/Ausgabe-, der Dialog- und der Werkzeugschnittstelle (Zugriffsmöglichkeiten, Integrationsmöglichkeiten) behandelt.
- *Funktionalität:.* Durch die Art der Verbindung zwischen Bürosystem und Aufgabe wird die Funktionalität des Bürosystems bestimmt, also inwieweit das Bürosystem aufgabenrelevant und aufgabenangemessen ist. Dies ist davon abhängig, ob das Bürosystem bestehende Arbeitsaufgaben tatsächlich hinreichend genau abbilden kann, oder ob es diese entstellt und verkompliziert.
  Weiters wird die Funktionalität davon bestimmt, inwieweit der Benutzer das Bürosystem, im Hinblick auf bestimmte Aspekte seiner Arbeitsaufgabe, umgestalten kann. Hier werden ergonomische Fragen im Zusammenhang mit der Gestaltung und Bewertung der Werkzeugschnittstelle (Funktionalitätsaspekte) und der technischen Organisationsschnittstelle behandelt.

Die folgende Abb. 4.4 ordnet nun denn jeweiligen Elementen des Bürosystems die entsprechenden ergonomischen Kriterien zu:

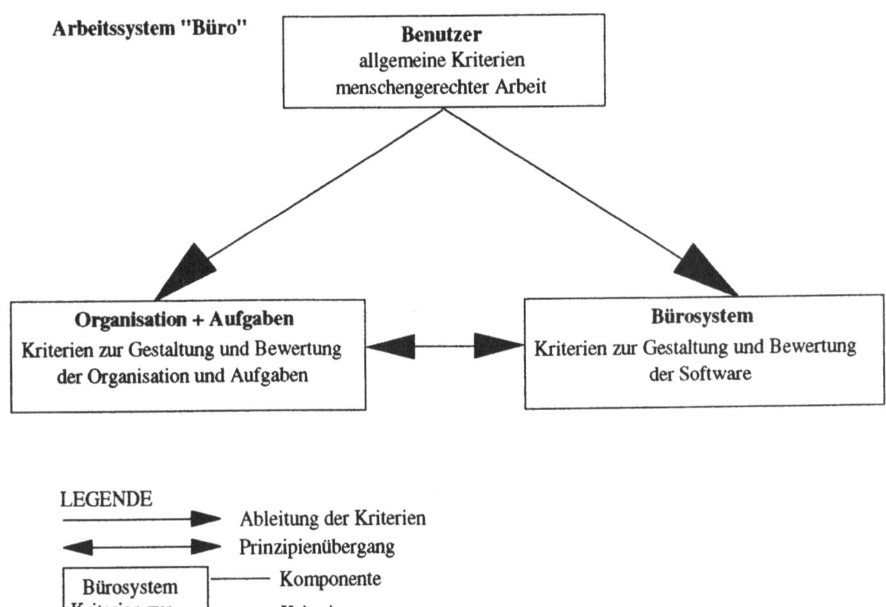

Abb. 4.4. Kriterienzuordnung zu den einzelnen Komponenten des Arbeitssystems "Büro"

Ausgangspunkt der ergonomischen Gestaltung bzw. Bewertung ist der Benutzer, dem durch die Beachtung von "allgemeinen Kriterien menschengerechter Arbeit" eine ergonomische Arbeitsumgebung und ergonomische Arbeitsmittel zur Aufgabenbewältigung zur Verfügung gestellt werden sollen.

Daraus lassen sich einerseits ergonomische "Kriterien zur Gestaltung und Bewertung der Organisation und der Aufgaben" und andererseits ergonomische "Kriterien zur Gestaltung und Bewertung der Software" ableiten. Da die beiden letztgenannten Kriterien ihre Wurzeln in den gleichen Zielvorstellungen haben (menschengerechte Arbeit), sollten sie auch die gleichen Prinzipien widerspiegeln. Dies wird durch den Pfeil "Prinzipienübergang" angedeutet.

4.2.2 Definitionen der Kriterien

Die in Abb. 4.3 dargestellten "allgemeinen Kriterien menschengerechter Arbeit" werden im folgenden definiert:

Ausführbarkeit[12]

Definition

Die Art der Gestaltung des Arbeitssystems (z.B. Aufgabe, Arbeitsmittel, Arbeitsumgebung) ermöglicht dem Menschen (z.B.: dem Büromitarbeiter) ein *zuverlässiges, anforderungsgerechtes, langfristiges Ausführen* der Aufgaben. Organismische – d.h. mittels des sensorischen und muskulären Apparates auszuführende – Prozesse stehen bei der klassischen Definition dieses Kriteriums im Vordergrund der Betrachtung. Für den Bürobereich wird diese Definition wie folgt erweitert:

Auch kognitive Prozesse der Aufgaben (geistige Arbeit) müssen für den Menschen hinsichtlich der definierten Eigenschaften ausführbar sein.

Eigenschaften

- *zuverlässiges Ausführen*. Durch die Einhaltung von ergonomischen – inkl. der anthropometrischen und sinnespsychologischen – Normen und Richtlinien soll eine zuverlässige Ausführbarkeit der Aufgaben gewährleistet werden. Diese Normen und Richtlinien beziehen sich sowohl auf die Aufgabe (Organisationsergonomie) als auch auf die Arbeitsmittel (Software- und Hardware-Ergonomie).
- *anforderungsgerechtes Ausführen*. Die Aufgabe und die einzusetzenden Arbeitsmittel müssen derart gestaltet werden, daß der Mensch mit seinem Organismus den Anforderungen, die zur Ausführung der Aufgabe gestellt werden, gerecht werden kann.
- *langfristiges Ausführen*. Die Aufgabe und die einzusetzenden Arbeitsmittel müssen langfristig – d.h. nicht nur einmalig oder in kurzfristigen Testsituationen – den obigen Eigenschaften entsprechend ausgeführt werden können.

Schädigungs-[13] *und Beeinträchtigungslosigkeit*[14]

Definition

Die Art der Gestaltung des Arbeitssystems (z.B. Aufgabe, Arbeitsmittel, Arbeitsumgebung) fügt dem Menschen bei der Ausführung seiner Aufgaben keine gesundheitlichen – *physischen oder psychischen – Schädigungen* zu. Sie beeinträchtigt bei der Ausführung der Aufgaben auch nicht das *Wohlbefinden des Menschen*.

---

[12] Vgl. Triebe 1987, Frese 1989, Luczak 1987, Bundesanstalt für Arbeitsschutz 1983, Gewerkschaft der Privatangestellten 1988.

[13] Vgl. Frese 1989, weitere Bezeichnung: Schädigungsfreiheit Gewerkschaft der Privatangestellten 1988, Erträglichkeit Triebe 1987.

[14] Vgl. Triebe 1987, Spinas 1983, Baitsch 1989, Frese 1989, Gewerkschaft der Privatangestellten 1988, weitere Bezeichnungen: Beeinträchtigungsfreiheit Triebe 1987, Zumutbarkeit Triebe 1987.

Eigenschaften

* *physische oder psychische Schädigungen.* Das Auftreten von Schäden wie: Augenbeschwerden, vermindertes Hörvermögen, Haltungsschäden, rheumatische Erkrankungen, psychosomatische Beschwerden usw. resultierend aus körperlicher und geistiger Über- bzw. Unterforderung (z.B. Bewegungsarmut, Monotonie) ist zu vermeiden.

* *Wohlbefinden des Menschen.* Beeinträchtigungen äußern sich (noch) nicht in gesundheitlichen Schädigungen, sondern vorerst als "Störungen des Wohlbefindens des Menschen". Diese Störungen sind z.B. Monotonie-, Ermüdungs-, Streßzustände, soziale Isolation. Sind diese Symptome von dauerhafter Natur, so kann dies zu psychosomatischen Beschwerden wie: koronare Herzerkrankung, Krebs, usw. führen. Die sofortige Beseitigung von Störungen ist daher notwendig.

Persönlichkeitsförderlichkeit[15]

Definition

Das Kriterium bezieht sich auf die Möglichkeiten, die eine Arbeitstätigkeit und die dabei zur Verfügung stehenden Arbeitsmittel dem Arbeitenden zur Entfaltung und Weiterentwicklung seiner Persönlichkeit bieten. Die große Bedeutung dieses Kriteriums ergibt sich daraus, daß sich die Persönlichkeitsentwicklung des erwachsenen Menschen in einem erheblichen Ausmaß in der Auseinandersetzung mit seiner Arbeitstätigkeit vollzieht.

Eigenschaften

Die folgenden Eigenschaften einer Arbeitstätigkeit charakterisieren die Möglichkeiten, die eine Persönlichkeitsentwicklung erlauben:

* *der Arbeitsinhalt,* insbesondere die Häufigkeit und der Zeitanteil nicht nur ausführender, sondern auch planender und kontrollierender Tätigkeiten; damit unmittelbar im Zusammenhang stehend

* *die (kognitiven) Anforderungen* die die Arbeitstätigkeit stellt (Fähigkeiten, Fertigkeiten, Kenntnisse), insbesondere inwieweit Auswahl-, Urteils-, Bewertungs- und Entscheidungsprozesse eine Rolle spielen; daraus leiten sich

* *die erforderlichen Qualifikationen des Arbeitenden* zur Erfüllung der Anforderungen ab, insbesondere wie groß das Spektrum der Qualifikationsinhalte sein muß und welche qualifikatorischen Weiterentwicklungsmöglichkeiten sich daraus eröffnen; dabei haben

* *die Möglichkeiten zur Kooperation und Kommunikation,* einen positiven Einfluß auf die Weiterentwicklungsmöglichkeiten des Arbeitenden, da sie soziale Unterstützung und soziale Lernprozesse bei der Durchführung der Arbeitstätigkeiten ermöglichen; alle genannten Eigenschaften haben Einfluß auf

---

[15] Vgl. Triebe 1987, Spinas 1983, Baitsch 1989, Gewerkschaft der Privatangestellten 1988, weitere Bezeichnung: Lern- und Persönlichkeitsförderlichkeit Frese 1989, Zufriedenheit Triebe 1987.

- *die gesellschaftliche Bewertung der Arbeitstätigkeit,* insbesondere welcher Stellenwert und welche Bedeutung ihr von der Gesellschaft beigemessen wird.

4.2.3 Darstellung von Abhängigkeiten und verwandten Begriffen

Die Abb. 4.5 zeigt in einer Gegenüberstellung, verschiedene Begriffe für die allgemeinen Kriterien menschengerechter Arbeit. Allen ist gemeinsam, daß sie von einer hierarchischen Abhängigkeit zwischen den Kriterien ausgehen, d.h. die Erfüllung eines untergeordneten Kriteriums wird als Voraussetzung für die Erfüllung eines übergeordneten angesehen.

Trotz teilweise sehr unterschiedlicher Begriffe, ein Phänomen, das sich bei den noch zu beschreibenden Kriterien in viel stärkerem Maße fortsetzt, gibt es starke Übereinstimmungen in den Prinzipien, die den jeweiligen Begriffen zugrunde liegen. Die Auswahl der Begriffe – hier und auch in weiterer Folge – spiegelt unsere subjektive Meinung bzgl. der "Griffigkeit" und "Aussagekraft" dieser Begriffe wider.

Generell ist anzumerken, daß durch die – unserer Meinung nach unnötige – Begriffsvielfalt, die Lesbarkeit und Vergleichbarkeit verschiedener Arbeiten und Forschungsergebnisse auf dem Gebiet der Software-Ergonomie sehr leiden. Es wurde daher im weiteren immer versucht, zumindest die gebräuchlichen verwandten Begriffe für die jeweiligen Kriterien anzugeben, um den Leser die Orientierung zu erleichtern.

Quelle: Autor	Triebe 1987 Hacker	Ulich 1988, 1989 Ulich	Triebe 1987 Rohmert	Frese 1989 Frese	
1	Ausführbarkeit		Ausführbarkeit	Ausführbarkeit	
2	Schädigungslosigkeit	Schädigungsfreiheit	Erträglichkeit	Schädigungs- und	Abhängigkeit
3	Beeinträchtigungsfreiheit	Beeinträchtigungslosigkeit	Zumutbarkeit	Beeinträchtigungslosigkeit	
4	Persönlichkeits- förderlichkeit	Persönlichkeits- förderlichkeit	Zufriedenheit	Lern- und Persönlich- keitsförderlichkeit	
5				Ermöglichung von sozialer Interaktion	

[ ]   gewählte Kriterien

Abb. 4.5. Gegenüberstellung von allgemeinen Kriterien menschengerechter Arbeit

Zur Umsetzung der "allgemeinen Kriterien menschengerechter Arbeit" wurden eine Vielzahl konkreterer Kriterien entwickelt, die sich auf die Gestaltung und Bewertung der Organisation, der Aufgaben, der Software, der Hardware und des Arbeitsraumes beziehen. Im folgenden sollen diese Kriterien näher definiert und erläutert werden.

4.3 Kriterien zur Gestaltung und Bewertung der Organisation und der Aufgaben

4.3.1 Ziele

Ziel der *Organisationsgestaltung und -bewertung* ist es, die Einbettung der Elemente – Aufgaben, Benutzer, Bürosystem – und deren Beziehungen – Aufgabenbewältigung, Benutzung, Funktionalität – in die gesamte Organisation des Büros zu gestalten bzw. zu bewerten, die durch ein Beziehungsgeflecht von unterschiedlichen Benutzern, Aufgaben und Bürosystemen charakterisiert ist.

Das Ziel der *Aufgabengestaltung und -bewertung* besteht darin, die Beziehung zwischen dem Benutzer und seinen Aufgaben – die Aufgabenbewältigung – ergonomisch zu gestalten bzw. zu bewerten.

4.3.2 Definitionen der Kriterien

Bezugnehmend auf das IFIP-Benutzerschnittstellenmodell dienen die folgenden Kriterien der Gestaltung und Bewertung der Organisationsschnittstelle.

Davon sind die Ebenen Mensch-Mensch-Funktionsverteilung, Gestaltung der Arbeitsabläufe und Mensch-Rechner-Funktionsverteilung des organisatorischen Bereiches des Modells der Gestaltungsebenen betroffen.

Anforderungsvielfalt[16]

Definition

Die Anforderungsvielfalt einer Aufgabe soll den Einsatz unterschiedlicher Fähigkeiten, Kenntnisse und Fertigkeiten ermöglichen. Dies ist am ehesten durch eine Kombination von Aufgabenanteilen zu erreichen, die Elemente der Planung, der Ausführung – evtl. auch der Pflege/Instandhaltung (von Hard- und Software) – und der Kontrolle enthalten. Anforderungsvielfalt beinhaltet sowohl die Beanspruchung mehrerer menschlicher Sinne (Gesichtssinne, Gehör- und Tastsinn, usw.) als auch die Möglichkeit zu körperlichen Aktivität bei der Erledigung der Aufgabe.

---

[16] Vgl. Baitsch 1989, Ulich 1989, Ulich 1988, Spinas 1983, 1987, Balzert 1986, weitere Bezeichnungen: Variabilität, vielfältige Sinnesqualität, körperliche Aktivität Dunckel 1989, Abwechslungsreichtum Leplat 1988, Spinas 1983, Aufgabenvielfalt Frese 1989.

Abhängigkeiten mit anderen Kriterien:

Es besteht eine enger Zusammenhang mit dem Kriterium "Ganzheitlichkeit", dessen Verwirklichung gleichzeitig einen positiven Beitrag zur Anforderungsvielfalt einer Aufgabe leisten kann.

Eigenschaften

- *unterschiedliche Fähigkeiten, Kenntnisse und Fertigkeiten.* Zur Motivation des Menschen ist es einerseits erforderlich, daß die Aufgabe weder zu Über- noch zu Unterforderung führt und andererseits daß die Ausführung der Aufgabe eine gewisse Vielfalt an unterschiedlichen Fähigkeiten, Kenntnissen und Fertigkeiten erfordert.
- *Beanspruchung mehrerer menschlicher Sinne.* Werden menschliche Sinne nicht laufend genutzt, so führt dies langfristig zu eingeschränkten Sinnesmöglichkeiten. Die Aufgabe soll daher verschiedene Sinne beanspruchen.
- *Möglichkeit zu körperlichen Aktivität.* Bewegungsmangel führt zur Beeinträchtigung physischer und psychischer Prozesse. Die Aufgabe soll daher Wechsel der Körperhaltungen (z.B. Gehen, Stehen, Sitzen) und unterschiedliche Bewegungsformen ermöglichen.

Ganzheitlichkeit[17]

Definition

Ganzheitlichkeit bedeutet, daß der Arbeitende ein "ganzes Stück" Arbeit vollendet und nicht (für ihn) sinnlose Einzelteile einer Aufgabe bearbeiten muß. Der Vorteil liegt darin, daß der Arbeitende den Bedeutungsgehalt und Stellenwert seiner Aufgabe im betrieblichen Arbeitsablauf klar erkennen kann (Aufgabenidentität und -relevanz). Dabei sollte dies durch einen Bezug zu realen Gegenständen und sozialen Situationen unterstützt werden.

Abhängigkeiten mit anderen Kriterien:

Es besteht eine enger Zusammenhang mit dem Kriterium "Anforderungsvielfalt", dessen Verwirklichung gleichzeitig einen positiven Beitrag zur Ganzheitlichkeit einer Aufgabe leistet.

Eigenschaften

- *ganzes Stück Arbeit.* Damit ist gemeint, daß dem Arbeitenden ein sinnvoller Aufgabenzusammenhang zur Erfüllung übergeben wird, welcher einen klar erkennbaren Anfang und Abschluß hat, sowie den Ablauf und das Endprodukt der Aufgabe gut sichtbar werden läßt.

---

[17] Vgl. Hacker 1989a, Spinas 1983, 1987, Ulich 1988, 1989, Baitsch 1989, Balzert 1986, weitere Bezeichnungen: Aufgabenidentität und Aufgabenrelevanz Frese 1989, Bezug zu realen Gegenständen und sozialen Situationen Dunckel 1989, vollständige Tätigkeiten Hacker 1989a.

Nach Hacker und Ulich entspricht dies dem "Schema der vollständigen Tätigkeit" das wie folgt beschrieben wird: Eine vollständige Tätigkeit besteht aus den Teilhandlungen Vorbereiten (Aufgabenanalyse), Ausführen (Informationsbeschaffung, -prüfung und Anwendung von Fachwissen) und Kontrollieren (Ergebnisbewertung)[18].

* *Bedeutungsgehalt und Stellenwert seiner Aufgabe.* Das Erkennen des Bedeutungsgehalts und des Stellenwerts seiner Aufgaben im Kontext mit den Gesamtaufgaben und Zielen des Unternehmens ist für den Arbeitenden zur Erreichung einer hohen Arbeitszufriedenheit notwendig. (Vgl. auch das Kriterium "Durchschaubarkeit")

* *Bezug zu realen Gegenständen und sozialen Situationen.* Dieser auch als "Umweltbezug" bezeichneter Aspekt spielt im abstrakten – vorrangig im Umgang mit Zeichen und Symbolen befaßten – Bürobereich eine wesentliche Rolle. Es ist daher sicherzustellen, daß auch Büroarbeit auf den materiellen Produktionsprozeß (z.B.: durch den direkten Zugang des Einkäufers zum Produktionslager) und auf soziale Situationen (z.B.: durch direkten Kundenkontakt des Versicherungssachbearbeiters) bezogen bleibt.

Durchschaubarkeit[19]

Definition

Die Durchschaubarkeit einer Aufgabe setzt voraus, daß der Arbeitende
* die technischen Bedingungen und Zusammenhänge
* die organisatorischen Strukturen (der raum-zeitliche und inhaltliche Zusammenhang seiner Arbeitsaufgabe)
* die Ereignisse im Arbeitsprozeß und
* die Folgen des eigenen Eingreifens in den Arbeitsprozeß durchschauen und vorhersehen kann.

Abhängigkeiten mit anderen Kriterien

Dieses Kriterium ist einerseits von der klaren Auslegung und Abgrenzung der Arbeitsaufgabe selbst abhängig und steht damit im engen Zusammenhang mit dem Kriterium "Ganzheitlichkeit". Andererseits besteht eine Abhängigkeit von den dem Arbeitenden zur Verfügung gestellten Informationen und Qualifizierungsmaßnahmen. (vgl. Kriterium "Lern- und Entwicklungsmöglichkeiten").

Eigenschaften

* *technische Bedingungen und Zusammenhänge.* Durchschaubarkeit ist hier gegeben, wenn der aktuelle Technikstand, die Ursachen für diesen, die Nutzungs-

---

[18] Vgl.Hacker 1989a S. 164f.

[19] Vgl. Dunckel 1989, 1989a, Balzert 1986, weitere Bezeichnungen: Strukturierbarkeit Dunckel 1989, Transparenz der Arbeitsaufgabe Balzert 1986.

möglichkeiten – d.h. die erreichbaren Ziele und Resultate – erkennbar, nachvollziehbar und vorhersehbar sind.

- *organisatorischen Strukturen, Ereignisse im Arbeitsprozeß, Folgen des eigenen
Eingreifens in den Arbeitsprozeß.* Durchschaubarkeit ist hier gegeben, wenn für
die aktuell bearbeitete Aufgabe eindeutig erkennbar ist
  - woher zu bearbeitende Arbeitsgegenstände kommen,
  - wann zu bearbeitende Arbeitsgegenstände von vorgelagerten Stellen
    vorliegen,
  - wohin das Arbeitsergebnis geht,
  - wann das Arbeitsergebnis dort vorliegt (bzw. wann eine Rückmeldung zu er-
    warten ist).

Rückmeldungen (Feedback)[20]

Definition

Rückmeldungen (Feedback) bewirken, daß der Arbeitende Meldungen über den
laufenden Fortgang seines Arbeitsablaufes (Ablauffeedback) und das Resultat seiner Arbeit (Resultatfeedback) erhält. Diese sollen sich dabei auch aus der Aufgabe
selbst ergeben.

Abhängigkeiten mit anderen Kriterien

Rückmeldungen sind eine notwendige Voraussetzung, um das Konzept der
"vollständigen Tätigkeit" umsetzen zu können. (Vgl. das Kriterium "Ganzheitlichkeit")

Eigenschaften

- *Ablauffeedback.* Der Arbeitende erhält damit Auskunft über den Stand der Ausführung seiner Aufgabe. Dies stellt eine Voraussetzung für eine allfällige
  Handlungskorrektur dar.
- *Resultatfeedback.* Dieses liefert dem Arbeitenden die Möglichkeit, Ergebnisse
  der eigenen Handlungen auf Übereinstimmung mit den gesetzten Zielen zu
  überprüfen.

---

[20] Vgl. Spinas 1983, 1989, Baitsch 1989, weitere Bezeichnungen: Bedeutung, Rückmeldung aus der Arbeit Leplat 1988, Rückmeldungen aus der Aufgabenerfüllung, Bedeutsamkeit der Aufgabe Ulich 1988,
1989.

Autonomie[21]

Definition

Die Autonomie beschreibt das Ausmaß an (Selbst-) Kontrolle, daß dem Arbeitenden bei der Aufgabenerfüllung zugestanden wird[22]. Dieses Ausmaß wird von der Qualifikation des Arbeitenden und von der Art der Arbeitsaufgaben mitbestimmt.

Eigenschaften

Die folgenden Eigenschaften einer Arbeitstätigkeit charakterisieren die Kontrollmöglichkeiten, die sich dem Arbeitenden bei der Aufgabenerfüllung bieten:
* *Handlungsspielraum.* Der Handlungsspielraum ist die Summe der Freiheitsgrade bzw. Gestaltungsmöglichkeiten in bezug auf die Verfahrenswahl (z.B. Methoden), die Vorgehensweisen und dem Arbeitsmitteleinsatz, die sich dem Arbeitenden an seinem Arbeitsplatz bieten.
* *Zeitspielraum.* Er beschreibt die Wahlmöglichkeiten des Arbeitenden die zeitliche Abfolge seiner (Teil-) Aufgaben selbstständig zu strukturieren und zu koordinieren. Das Ausmaß des Zeitspielraumes wird maßgeblich durch die zeitlichen Vorgaben für die Aufgabendurchführung bestimmt. Der Zeitspielraum hängt eng mit dem Handlungsspielraum zusammen[23]. Seine praktische und getrennte Bedeutung ist darin zu sehen, daß häufig zu enge zeitliche Vorgaben einen ansonsten recht großen Handlungsspielraum wieder zunichte machen.
* *Entscheidungsspielraum.* Er kennzeichnet den Umfang der Entscheidungskompetenz des Arbeitenden bei der Ausführung seiner Aufgaben. Der Entscheidungsspielraum spiegelt somit unmittelbar das Ausmaß der (Selbst-) Kontrolle wider und legt somit fest, inwieweit der Arbeitende von dem vorhandenen Handlungs- und Zeitspielraum Gebrauch machen kann.
* *Abhängigkeiten und/oder Behinderungen.* Organisatorische und technische Abhängigkeiten und/oder Behinderungen, wie z.B. sachlich nicht begründbare einengende Vorschriften oder starke einseitige Abhängigkeiten von einem Arbeitsmittel (z.B. Unterbrechung des Arbeitsablaufes durch Ausfall des Bürosystems ohne alternative Möglichkeiten zum Fortsetzen der Tätigkeiten), führen zu einer Einschränkung der Autonomie und sind daher zu vermeiden bzw. möglichst gering zu halten.

---

[21] Vgl. Spinas 1983, 1987, Ulich 1988, 1989, Baitsch 1989, Balzert 1986, weitere Bezeichnungen: Kontrollierbarkeit Frese 1989, Handlungs- Ulich 1988, Dunckel 1989, Gewerkschaft der Privatangestellten 1988, Gestaltungs- Ulich 1988, Entscheidungs- Ulich 1988 und Zeitspielraum Dunckel 1989, Behinderungsfreiheit Dunckel 1989, Selbstständigkeit Leplat 1988, Handlungsflexibilität VDI 5005, Möglichkeiten zur Entwicklung persönlicher Arbeitsstile, Möglichkeiten zur Entwicklung von Strategien/Taktiken, Möglichkeiten zu Veränderung von Verfahren, Anpaßbarkeit an vorhandene Qualifikationen, Arbeitstempospielraum Balzert 1986.

[22] Vgl. dazu die Bedeutung des Kontrollkonzeptes für das menschliche Handeln in Spinas 1983 und Spinas 1987.

[23] Manche Autoren treffen keine explizite Unterscheidung zwischen Handlungs- und Zeitspielraum, Vgl. Ulich 1988, Frese 1989.

Kooperations- und Kommunikationsförderlichkeit[24]

Definition

Kooperation bei der Aufgabenerfüllung kann durch entsprechende Organisationskonzepte, wie z.B. "kooperative Arbeitsteilung/qualifizierte Assistenz" oder "selbstregulierende Gruppen", erreicht werden. Derartige Konzepte sehen eine Aufgabenverteilung zwischen den Arbeitenden vor, die eine gemeinsame – kooperative – Aufgabenerfüllung ermöglichen. Damit können soziale Beziehungen zwischen den Arbeitenden aufgebaut bzw. erhalten werden.

Einen wesentlichen Bestandteil dieser Kooperation bildet die *Kommunikation*, wobei – vom ergonomischen Standpunkt – vor allem der unmittelbaren – persönlichen – Kommunikation zwischen den Arbeitenden ein hoher Stellenwert zukommt.

Abhängigkeiten mit anderen Kriterien

Kooperative Arbeitsformen bergen die prinzipielle Gefahr in sich, die Selbstständigkeit des Einzelnen zu beeinträchtigen. Vor allem wenn die Aufgabenverteilung so konzipiert ist, daß ein zu starkes Abhängigkeitsverhältnis bei der Aufgabenerfüllung zwischen den beteiligten Arbeitenden entsteht. Hier besteht ein Konflikt mit den Forderungen des Kriteriums "Autonomie".

Eigenschaften

Die folgenden Eigenschaften einer Arbeitstätigkeit charakterisieren die Voraussetzungen für den Aufbau von sozialen Beziehungen zwischen den Arbeitenden und die Möglichkeiten die sich daraus eröffnen:

* *persönliche Kommunikation.* Sie ist die wesentliche Voraussetzung für den Aufbau bzw. Erhalt von sozialen Beziehungen und darf nicht durch organisatorische (z.B. strikte Aufgabentrennung) und technische (z.B. Kommunikation ausschließlich mittels eines Electronic Mail Systems) Bedingungen be- oder verhindert werden.
* *soziale Unterstützung.* Sie bietet Möglichkeiten zur Beseitigung von auftretenden Problemen und Schwierigkeiten im Zuge der Aufgabenerfüllung. Dies hilft streßbeladene Situationen bei der Aufgabenerfüllung für die Arbeitenden erträglicher und handhabbarer zu machen.
* *soziales Lernen.* Durch die soziale Unterstützung eröffnen sich für die Arbeitenden gleichzeitig Möglichkeiten, Lernprozesse bei der kooperativen Aufgabenerfüllung mitzuvollziehen.

---

[24] Vgl. Gewerkschaft der Privatangestellten 1988, Friedrich 1987, weitere Bezeichnungen: Kooperationserfordernisse Spinas 1987, Soziale Interaktion Spinas 1983, Möglichkeiten der sozialen Interaktion Ulich 1988, 1989, Baitsch 1989, Kooperation und unmittelbare Kommunikation Dunckel 1989, fachliche Interaktion Balzert 1986, persönliche Kommunikation Nullmeier 1988.

Lern- und Entwicklungsmöglichkeiten[25]

Definition

Die allgemeine geistige Flexibilität des Arbeitenden soll erhalten bleiben bzw. gefördert werden. Dazu müssen ihm Möglichkeiten geboten werden, seine berufliche Qualifikation zu erhalten bzw. weiterzuentwickeln.

Dies setzt einerseits Arbeitsaufgaben und Arbeitsmittel voraus, die ausreichend komplex und gestaltbar sind, sodaß sie es dem Arbeitenden erlauben seine Fähigkeiten, Fertigkeiten und Kenntnisse weiterzuentwickeln. Andererseits müssen dem Arbeitenden die notwendigen qualifikatorischen Voraussetzungen vermittelt werden, die ihm eine Beherrschung der Arbeitsaufgabe und der Arbeitsmittel ermöglichen.

Abhängigkeiten mit anderen Kriterien

Das Kriterium "Lern- und Entwicklungsmöglichkeiten" steht in einem mehr oder weniger engen Abhängigkeitsverhältnis zu den Kriterien "Anforderungsvielfalt", "Ganzheitlichkeit", "Durchschaubarkeit", "Rückmeldungen", "Autonomie" und "Kooperations- und Kommunikationsförderlichkeit". All diese Kriterien haben, bei entsprechender Berücksichtigung, einen Einfluß auf die "Lern- und Entwicklungsmöglichkeiten" des Arbeitenden.

So wird eine Aufgabe, die "ganzheitliche" ist und "Anforderungsvielfalt" besitzt, auch entsprechend unterschiedliche Fähigkeiten, Fertigkeiten und Kenntnisse erfordern und somit gute Lern- und Entwicklungsmöglichkeiten bieten. Die "Durchschaubarkeit" einer Aufgabenstellung ist eine wesentliche Voraussetzung für deren Erlernbarkeit. "Rückmeldungen" über den Arbeitsfortgang und das Resultat der Arbeit sind sowohl wesentlich für die Weiterentwicklung der beruflichen Qualifikation als auch für die beruflichen Entwicklungsmöglichkeiten (z.B. höheres Einkommen, Beförderung). "Autonomie" bei der Aufgabenerfüllung ist Voraussetzung dafür, daß der Arbeitende selbst gestalterisch tätig werden kann und so seine Fähigkeiten, Fertigkeiten und Kenntnisse weiterentwickeln kann. "Kooperations- und Kommunikationsförderlichkeit" eröffnet Möglichkeiten für soziale Unterstützung und soziales Lernen, beides Aspekte die wesentlich zu den Entwicklungsmöglichkeiten eines Arbeitenden beitragen.

Eigenschaften

Neben all den mit den obigen Kriterien verbundenen Eigenschaften, die einen Beitrag zu den Lern- und Entwicklungsmöglichkeiten eines Arbeitenden liefern, soll hier auf zwei Eigenschaften gesondert hingewiesen werden:

* *Lernmöglichkeiten (Qualifikationserhalt/-erweiterung).* Dem Arbeitenden sollen laufend Möglichkeiten zur Weiterentwicklung seiner beruflichen Qualifikatio-

---

nen geboten werden (z.B. inner- und außerbetriebliche Fortbildungskurse), wobei die angebotenen Qualifikationsinhalte ein breites Spektrum umfassen sollten (z.B. Organisationswissen, Fachwissen, EDV-Wissen, soziales-strategisches-formales Wissen, ergonomisches Wissen).

- *berufliche Entwicklungsmöglichkeiten.* Die Weiterentwicklung der Lernmöglichkeiten sollte an berufliche Entwicklungsmöglichkeiten gekoppelt sein (z.B. Beförderung, höheres Einkommen), um den Arbeitenden entsprechende Motivationen und Anreize zu bieten.

Persönlichkeitsschutz (Datenschutz/Datensicherheit)[26]

Definition

Es gilt einerseits den Arbeitenden vor elektronischer Leistungs- und Verhaltenskontrolle, die durch den Einsatz des Arbeitsmittels "Bürosystem" in neuer Qualität und Quantität möglich werden, zu schützen. Daher sind die im Zuge der Aufgabenerfüllung erforderlichen und anfallenden Daten (sämtliche Informationen, die mittels des EDV-Systems gespeichert oder verarbeitet werden) ausschließlich zum Zweck der Aufgabenerfüllung zu verwenden.

Andererseits sollte dem Arbeitenden das Recht und die Möglichkeit eingeräumt werden, bestimmte Daten (z.B. sensible persönliche Daten) und Arbeitsergebnisse vor unbefugten Zugriffen zu schützen.

Generell sind die einschlägigen gesetzlichen Regelungen des österreichischen Datenschutzgesetzes (DSG) zu berücksichtigen[27]:

- Grundrecht auf Datenschutz (§1 DSG)
- Zulässigkeit der Ermittlung und Verarbeitung von Daten (§6, §7, §17, §18 DSG)
- Datengeheimnisverpflichtung (§20 DSG)
- Informations- und Auskunftsrecht des Betroffenen (§1, §11, §25 DSG)
- Löschungs- und Richtigstellungspflicht (§12, §26, §27 DSG)
- Datensicherungsmaßnahmen (§10, §21 DSG)
- Rechte des Betriebsrates (§31 DSG)

In Dohr 1988[28] ist eine umfangreiche "Prüfliste zur Planung und Kontrolle der Datensicherheit" zu finden, die eine Überprüfung der Einhaltung der einschlägigen Bestimmungen des österreichischen DSG ermöglicht.

Abhängigkeiten zu anderen Kriterien

Ein besonderes Problem für den Persönlichkeitsschutz ergibt sich aus der zunehmenden Vernetzung der Bürosysteme. Vom Standpunkt der Aufgabenerfüllung

---

[26] Vgl. Dohr 1988, weitere Bezeichnung: Zweckbestimmung der Daten Gewerkschaft der Privatangestellten 1988, soziale Zweckbestimmtheit der Daten Rödiger 1989, Arbeitnehmerdatenschutz Becker-Töpfer 1985, Friedrich 1987.

[27] Vgl. Österreichisches Datenschutzgesetz DSG in der ab 1. März 1988 geltenden Fassung Dohr 1988.

[28] Vgl. Dohr 1988, Anhang V.

("Aufgabenangemessenheit") ist es wünschenswert, das Programme und Daten jederzeit für den Arbeitenden verfügbar sind. Auf der anderen Seite ermöglichen bzw. verleiten derartige zweckoffene Zugriffsmöglichkeiten zum Mißbrauch. Damit liegt ein Konflikt zwischen den Schutzbedürfnissen einer Person und einer möglichst aufgabengerechten Gestaltung vor. Die Auflösung derartiger Konflikte kann nur im Rahmen einer abwägenden Bewertung – in Abhängigkeit von den Arbeitsbedingungen sowie Aufgaben und dem berechtigten Schutzbedürfnis der betroffenen Arbeitenden – vorgenommen werden.

Eigenschaften

Durch das Kriterium "Persönlichkeitsschutz" werden folgende Aspekte der Datenverarbeitung und -speicherung berührt:

- *Datenverwertung.* Welche personenbezogenen Daten des Arbeitnehmers werden bei der Benutzung des Bürosystems erhoben, verarbeitet, verknüpft (z.B. Anlegen eines Benutzerprofils)?
- *Datenzugriffsrechte.* Welche Art von Daten darf der Arbeitende verarbeiten, welche Datensichten auf den Gesamtdatenbestand werden ihm gewährt? Daraus leitet sich ab, welche Datenqualität und Datenquantität dem Arbeitenden an seinem Arbeitsplatz zur Verfügung gestellt werden?
- *Datenlokalität.* Welche Daten darf der Arbeitende lokal verarbeiten und speichern, welche nur zentral?
- *Datensicherungsmöglichkeiten.* Welche organisatorischen, personellen, technischen und baulichen Sicherungsmaßnahmen stehen dem Arbeitenden zum Schutz seiner Daten zur Verfügung?

4.3.3 Darstellung von Abhängigkeiten und verwandten Begriffen

Die folgende Abbildung zeigt zusammenfassend die Abhängigkeiten zwischen den oben dargestellten Kriterien[29], wobei zu jedem Kriterium verwandte Begriffe der einschlägigen Literatur angegeben werden.

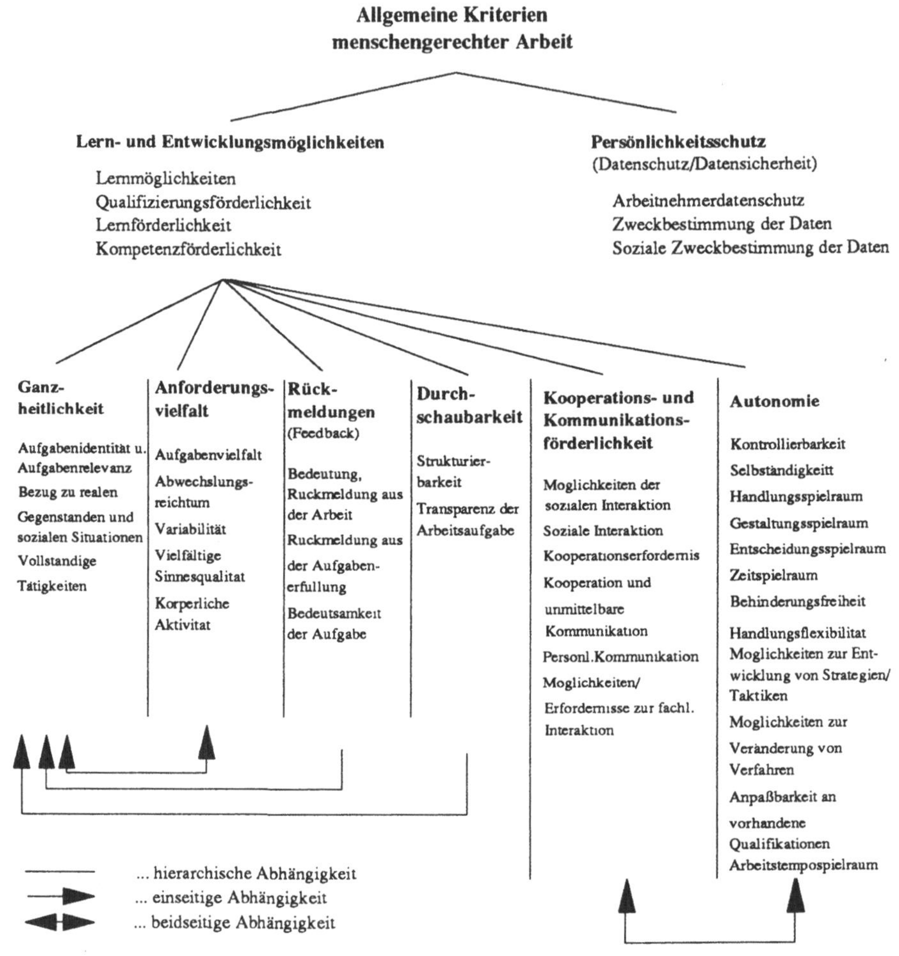

Abb. 4.6. Organisations- und Aufgaben–Kriterien–Modell
Abhängigkeiten und verwandte Begriffe

---

[29] Die Abhängigkeiten wurden abgeleitet aus: Ulich 1988, 1989, Baitsch 1989, Balzert 1986.

4.4 Kriterien zur Gestaltung und Bewertung der Software

4.4.1 Ziele

Ziel der *Softwaregestaltung und -bewertung* ist die Entwicklung oder Auswahl von Software, die die Aufgabenbewältigung unterstützt, indem sie über eine entsprechende Funktionalität verfügt und eine einfache Benutzung ermöglicht. Die Beziehungen "Benutzung" und "Funktionalität" stehen bei der Softwaregestaltung und -bewertung im Vordergrund. Die "Aufgabenbewältigung" ist nur insoweit zu berücksichtigen, als das es durch die Verwendung eines Bürosystems nicht zu einer Beeinträchtigung derselben kommt. Durch die Kriterien der Softwaregestaltung und -bewertung soll sichergestellt werden, daß die, durch die Beachtung der Kriterien der für die Organisation und Aufgaben, erreichte menschengerechte Arbeit, durch den Einsatz eines Bürosystems nicht beeinträchtigt oder gar zunichte gemacht wird (Erhalt des Gestaltungsspielraumes!). Damit soll gewährleistet werden, daß es nicht zu einem Bruch, sondern zu einer Fortsetzung der diesen Kriterien innewohnenden Prinzipien – auch im Bereich der Softwaregestaltung – kommt. Die folgende Abbildung soll diesen "Prinzipienübergang" verdeutlichen.

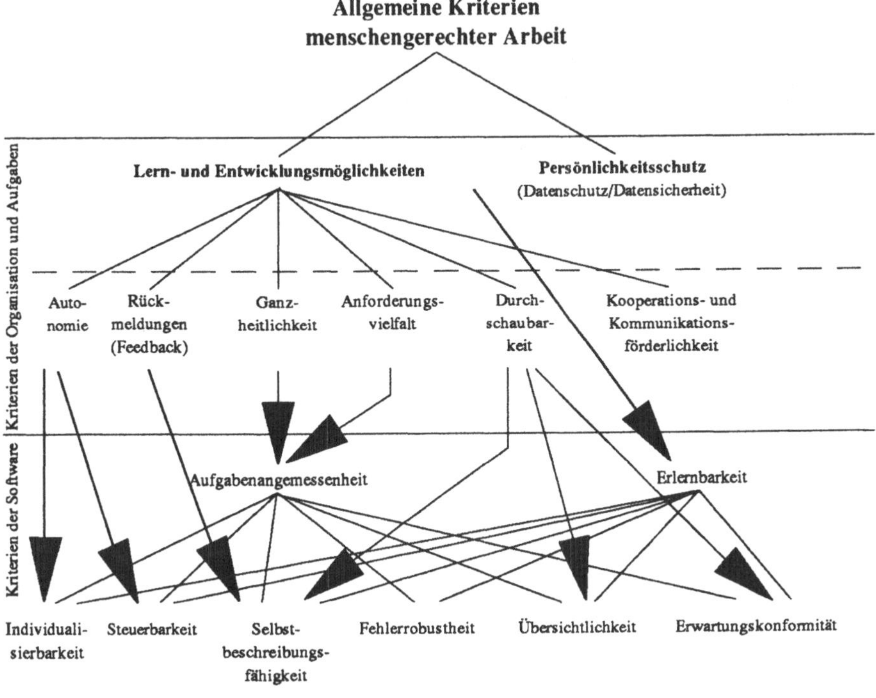

Abb. 4.7. "Prinzipienübergang" zwischen den ergonomischen Kriterien

4.4.2 Definitionen der Kriterien

Bezugnehmend auf das IFIP-Benutzerschnittstellenmodell dienen die folgenden Kriterien der Gestaltung und Bewertung der Ein-/Ausgabe-, der Dialog- und der Werkzeugschnittstelle. Dementsprechend sind die Ebenen Ein-/Ausgabe, Dialog und Werkzeug der Software des Modells der Gestaltungsebenen betroffen.

Wie die folgenden Ausführungen zeigen werden, besteht bzgl. der ergonomischen Kriterien für die Software eine "unbefriedigende" Begriffsvielfalt. Die Entscheidung für die Begriffe der DIN 66 234 Teil 8 bzw. der ISO Norm 9241 Part 10, Version 2, July 1990 fiel vor dem Hintergrund, daß sie in entsprechenden internationalen Normen[30] ihren Niederschlag gefunden haben bzw. finden werden und somit bereits ein gewisser "Begriffsstandard" gesetzt wurde.

Es sei hier aber ausdrücklich darauf hingewiesen, daß diese Begriffe nicht unumstritten sind. So schreibt Ackermann[31]: "Dieser Entwurf (gemeint ist die DIN 66 234 Teil 8, die mittlerweile zur Norm erhoben worden ist, A.d.V.) beruht auf Daten, die mit einem Fragebogen erhoben wurden, den (Dzida 1978) an 594 Mitglieder der Gesellschaft für Informatik oder des German Chapter of the ACM verschickten. Die Befragten sollten 100 Systemeigenschaften bzgl. ihrer Relevanz für die Benutzerfreundlichkeit auf einer siebenstufigen Skala einschätzen. 39 Prozent beantworteten die Fragen. Aufgrund der Fragebogendaten wurde eine Faktorenanalyse durchgeführt, nach deren Ergebnissen eine 7-Faktoren Lösung vertretbar ist. Die Autoren dieser Studie betonen, daß die Ergebnisse nicht für alle Benutzergruppen wie ständige vs. gelegentliche oder auch Batch- vs. interaktive Benutzer gleichermaßen gelten. Es scheint, daß keine Experimente zur Validierung der Ergebnisse durchgeführt wurden, obwohl die Autoren dies für wünschenswert hielten."

Liest man in der oben erwähnten Arbeit von Dzida nach[32], so findet man folgende Ausführungen zur Entwicklung der Begriffe: "The 7-factors solution is characterized by the fact that most requirements have high loadings on a single factor only ... By interpretation of each group of requirements we formulated the following factor namings:

1 self-descriptiveness (Selbstbeschreibungsfähigkeit (DIN), self-descriptiveness (ISO), A.d.V.)
2 user control (Steuerbarkeit (DIN), controllability (ISO), A.d.V.)
3 ease of learning (fehlt in (DIN), learnability (ISO), A.d.V.)
4 problem adequate usability (Aufgabenangemessenheit (DIN), suitability for the task (ISO), A.d.V.)
5 correspondence with user expectations (Erwartungskonformität (DIN), conformity with user expectations (ISO), A.d.V.)
6 flexibility in task handling (fehlt in (DIN), individualization (ISO), A.d.V.)
7 fault tolerance (Fehlerrobustheit (DIN), error tolerance (ISO), A.d.V.)

---

[30] Für Österreich liegt keine der DIN 66 234 Teil 8 vergleichbare ÖNORM vor.

[31] Vgl. Ackermann 1988, S. 260.

[32] Vgl. Dzida 1978, S. 26.

We are aware of the subjective interpretation of our factor loading pattern... It is hoped that in subsequent discussions better names can be found."

Interessant ist in diesem Zusammenhang, daß dié obigen Kriterien 3 und 6, die ursprünglich nicht Eingang in die DIN gefunden haben, nun in der ISO-Norm – unter etwas geänderten Namen – wieder auftauchen.

Auch Rödiger weist auf Probleme im Zusammenhang mit den DIN-Begriffen hin[33]: "Zwar hat Dzida als Mitautor des DIN-Entwurfes (gemeint ist hier die DIN 66 234 Teil 8, A.d.V.) vor Beginn der Normungsarbeit in seiner Untersuchung für die damals noch anders lautenden Gestaltungsgrundsätze mittels faktoranalytischen Methoden nachgewiesen, daß die Kriterien disjunkte Mengen beschreiben. Die Praxis zeigt jedoch, daß die Grundsätze gemeinsame Schnittmengen haben, die es erlauben, Gestaltungsempfehlungen mit mehr als nur einem Kriterium zu begründen."

Als letzte kritische Anmerkung sei auf die Ausführungen in (Spinas 1989) hingewiesen: "Zur Zeit werden im deutschsprachigen Raum vor allem die 'Kriterien benutzerorientierter Dialoggestaltung' von (Ulich 1986) und die in 'Grundsätze ergonomischer Dialoggestaltung' (DIN 66 234 Teil 8, 1988) aufgeführten Kriterien ... diskutiert. Die beiden Kriteriensätze weisen zwar einige inhaltliche Übereinstimmungen auf; in bezug auf die DIN Kriterien ist aber zu bemerken, dass ihre theoretische Begründung unklar ist bzw. fehlt, ihre empirische Basis unzureichend ist und die letztlich verabschiedete Form das Resultat eines sozialen Verhandlungsprozesses – in dessen Verlauf ein Ausgleich verschiedener Interessen gesucht wurde – darstellt, das sich von seiner ursprünglichen Fassung ... erheblich entfernt hat. Ihre Bedeutung ist ... im gesellschaftlichen Bewußtseinsbildungsprozess zu sehen. Demgegenüber wurden die von (Ulich 1986) genannten Kriterien in einem langjährigen Forschungsprozess durch Feldstudien und experimentelle Untersuchungen ... überprüft und präzisiert, strukturiert und in ein Gesamtkonzept der Benutzerfreundlichkeit integriert (Spinas 1987)."

In den weiteren Ausführungen wird eine Zusammenführung der beiden "Kriterien-Welten" versucht, wobei ebenfalls eine Integration in das von (Spinas 1987) vorgeschlagene Gesamtkonzept vorgenommen wird.

Generell ist zur Diskussion um die Begrifflichkeiten der Software-Kriterien anzumerken, daß sie sich nach unserer Meinung unter dem Motto vollzieht: "Wie etabliere ich meine Kriterien in der Wissenschaftsdisziplin?!" Im Rahmen dieser Arbeit wurde eine umfassende Analyse der verschiedenen Begriffsdefinitionen im deutschsprachigen Raum vorgenommen und es zeigte sich, daß zwischen den Kriterien eine große Übereinstimmung bzgl. der hinter ihnen stehenden Prinzipien besteht. Es wurden jedem DIN- bzw. ISO-Kriterium verwandte Begrifflichkeiten zugeordnet, um dem Leser diese Übereinstimmung zu dokumentieren .

Hinweis: Bei den folgenden Definitionen wird zuerst die DIN-Definition angegeben. In der Regel wurden diese direkt in die ISO-Norm übernommen (übersetzt).

---

[33] Vgl. Rödiger 1987, S. 181.

Sofern Abweichungen bzw. Erweiterungen vorliegen, werden die (englischen) Originaldefinitionen der ISO-Norm angeführt.

Aufgabenangemessenheit[34], suitability for the task[35]

Definitionen der DIN[36] und ISO[37]

"Ein Dialog ist aufgabenangemessen, wenn er die Erledigung der Arbeitsaufgabe des Benutzers unterstützt, ohne ihn durch Eigenschaften des Dialogsystems unnötig zu belasten. Tätigkeiten, die sich aus der technischen Eigenart des Dialogsystems ergeben, sollen im allgemeinen durch das System selbst ausgeführt werden.

Der Dialog soll den Arbeitsaufgaben angepaßt sein. Bei der Dialoggestaltung sind insbesondere deren Komplexität sowie Art und Umfang der Information, die der Benutzer zu verarbeiten hat, zu berücksichtigen."

In der ISO-Norm findet sich an dieser Stelle folgende zusätzliche Forderung: "Wherever it is consistent with the task requirement there should be possibilities offered to reduce complexity by either grouping, zooming or equivalent techniques."

"Art und Form der Eingabe sollen der Arbeitsaufgabe angepaßt sein."
In der ISO-Norm findet sich an dieser Stelle folgende zusätzliche Forderung: "The presentation of output should match the user's task requirements."

"Die im Dialog verfügbaren Arbeitsmittel sollten vom Benutzer an regelmäßig wiederkehrende Arbeitsaufgaben angepaßt werden können."

Existieren für eine Arbeitsaufgabe Eingabevorbelegungen (z.B. Werte, die standardmäßig vorgegeben sind), soll dem Benutzer die Eingabe solcher Werte erspart werden. Vorgabewerte sollen durch andere Werte oder durch andere Vorgabewerte geändert werden können."

In der ISO-Norm findet sich an dieser Stelle folgende zusätzliche Forderung: "It should be possible to condense input, minimize repetitive work, and control the data according to the task specification."

"Wenn es für Vergleichszwecke erforderlich ist, sollen während der Erledigung einer Arbeitsaufgabe, bei der Daten geändert werden, die ursprünglichen Daten erhalten bleiben und wieder abrufbar sein; dies kann auch für fehlerhafte und unvollständige Daten gelten."

---

[34] Kriterium der DIN 66 234 Teil 8, vgl. VDI 5005, Oppermann 1988, Frese 1989, Baitsch 1989, Gewerkschaft der Privatangestellten 1988, Fähnrich 1987 S. 196, Friedrich 1987, Fontana 1987, Schönpflug 1987 S. 312, weitere Bezeichnungen: Anwendungsmöglichkeiten Spinas 1987, Ganzheitlichkeit, Anforderungsvielfalt, Arbeitsökonomie Balzert 1986, Problemangemessenheit Wittstock 1984, Funktionalität und Effizienz Hoyos 1988.

[35] Vgl. ISO 9241 Part 10, Version 2, July 1990.

[36] Zur Erläuterung der hier vorgestellten Definitionen findet man in der DIN-Norm 11 Beispiele.

[37] Zur Erläuterung der hier vorgestellten Definitionen findet man in der ISO-Norm im Annex A 13 Beispiele.

In der ISO Norm finden sich noch die folgende zusätzliche Forderung: "As an overall goal achieving suitability for the task tradeoffs between consistency and complexity may be necessary still maintaining a task oriented designers view."

Definitionen von Spinas et al.

Der Aufgabenbezug kommt in der Definition von (Spinas 1989) ebenfalls zum Ausdruck: "Unter der '*Aufgabenangemessenheit*' eines Dialogsystems ist zu verstehen, dass dem Benutzer alle zur Aufgabenerfüllung benötigten Informationen und Funktionen in einer der verlangten Arbeitshandlung entsprechenden Reihenfolge angeboten werden... Zusammengefasst bleibt festzuhalten, dass die theoretische Durchdringung dieses Kriteriums und seine empirische Überprüfung erst begonnen haben; bisherige Untersuchungen weisen aber auf die zentrale Rolle der Aufgabenangemessenheit hin."

Anmerkung

In zahlreichen Arbeiten wird das Kriterium "Aufgabenangemessenheit" als eines den übrigen Kriterien – mit Ausnahme der Erlernbarkeit – übergeordnetes Kriterium angesehen[38]. Dies wird mit der herausgehobenen Stellung der "Aufgabenangemessenheit" begründet, "da ein Dialogsystem seinen Zweck als Arbeitsmittel sonst verfehlen müßte[39]."

Betroffene Beziehungen zwischen den Elementen des Arbeitssystems

Das Kriterium "Aufgabenangemessenheit" berührt neben Aspekten der "Benutzung" auch maßgeblich Aspekte der "Funktionalität" und der "Aufgabenbewältigung". So schreibt Piepenburg[40]: "Des weiteren werden bei der Aufgabenbearbeitung des öfteren Informationen oder Ergebnisse aus anderen Systemen benötigt. Hierauf orientiert verweist das Kriterium Aufgabenangemessenheit auf die organisatorische Einbettung des Systems in die Aufbau- und Ablauforganisation sowie in die DV-Landschaft eines Betriebes...".

---

[38] Vgl. Wittstock 1984, Triebe 1987, Lang 1988, Hoyos 1988.

[39] Vgl. Triebe 87, S. 120.

[40] Vgl. Piepenburg 1989, S. 137.

Selbstbeschreibungsfähigkeit[41], self-descriptiveness[42]

Definitionen der DIN[43] und ISO[44]

"Ein Dialog ist selbstbeschreibungsfähig, wenn dem Benutzer auf Verlangen Einsatzzweck sowie Leistungsumfang des Dialogsystems erläutert werden können und wenn jeder einzelne Dialogschritt unmittelbar verständlich ist oder der Benutzer auf Verlangen dem jeweiligen Dialogschritt entsprechende Erläuterungen erhalten kann."

In der ISO-Norm findet sich folgende – in ihren Forderungen über die DIN-Norm hinausgehende – Definition für dieses Kriterium:

"A dialogue is said to be self-descriptive if each dialogue step is either immediately comprehensible or may be explained to the user on his/her requesting the relevant information. As a consequence after any user action the system should have the capability to provide feedback or explanations on request or initiate feedback if severe consequences may result."

In der DIN-Norm geht es weiter mit der Forderung: "In Ergänzung zur Benutzerschulung sollen diese Erläuterungen dazu beitragen, daß sich der Benutzer für das Verständnis und für die Erledigung der Arbeitsaufgabe zweckmäßige Vorstellungen von den Systemzusammenhängen machen kann; z.B. über Umfang, Aufgaben, Aufbau und Steuerbarkeit des Dialogsystems, über Benutzung dieser Erläuterungen, über Umgang mit Fehlermeldungen."

In der ISO-Norm findet sich an dieser Stelle folgende zusätzliche Forderung: "Feedback or explanations should be presented in a consistent terminology which are derived from the task environment rather than from dialogue system technology."

"Erläuterungen sollen an die allgemein üblichen Kenntnisse der zu erwartenden Benutzer angepaßt sein (z.B. in deutscher Sprache, unter Verwendung beruflicher Fachausdrücke). Dem Benutzer sollen nach Art und Umfang verschiedene Erläuterungen verfügbar sein.

Beschreibungen sollen situationsabhängig gegeben werden, um ihren Wert für den Benutzer zu erhöhen."

In der ISO-Norm findet sich abschließend folgende zusätzliche Forderung: "The quality of feedback or explanations should minimize the need for consulting user manuals, and other external information media thus avoiding frequent media switches."

---

[41] Kriterium der DIN 66 234 Teil 8, vgl. Frese 1989, Lang 1988, Triebe 1987, weitere Bezeichnungen: Transparenz Balzert 1986, Oppermann 1988, Baitsch 1989, Gewerkschaft der Privatangestellten 1988, Spinas 1987, 1989, Fähnrich 1987 S. 196, Fontana 1987, Schönpflug 1987 S. 312, Unterstützung Baitsch 1989, Spinas 1987, 1989, Feedback Spinas 1989, Selbsterklärungsfähigkeit Friedrich 1987, Schönpflug 1987 S. 312, Hoyos 1988, Wittstock 1984, Berücksichtigung der Eigenschaften mentaler Modelle Balzert 1986, Kompetenzförderlichkeit VDI 5005.

[42] Vgl. ISO 9241 Part 10, Version 2, July 1990.

[43] Zur Erläuterung der hier vorgestellten Definitionen findet man in der DIN-Norm 9 Beispiele.

[44] Zur Erläuterung der hier vorgestellten Definitionen findet man in der ISO-Norm im Annex A 14 Beispiele.

Definitionen von Spinas et al.

In (Spinas 1989) spiegeln die Kriterien "Transparenz", "Unterstützung" und "Feedback" wesentliche Prinzipien der "Selbstbeschreibungsfähigkeit" wieder:

"Die *Transparenz* eines Systems soll dem Benutzer die Bildung eines Struktur- und Prozessmodells des Systems im Gedächtnis erleichtern, was ihm die notwendigen Orientierungsgrundlagen für die Benutzung bietet. Der Benutzer muss sich ja über den Inhalt (Funktionen, Informationen) und dessen Organisation im System (Zugriffspfade, Ordnungskriterien) generell sowie über einen aktuellen Dialogzustand ein 'Bild' machen können, um die technische Unterstützung auch effizient nutzen zu können. Ein System sollte dementsprechend seine Nutzungs- und Kontrollmöglichkeiten sowie aktuelle Bearbeitungszustände dem Benutzer an der Benutzungsoberfläche strukturiert offenlegen... Zusammengefasst ist festzuhalten, dass die Transparenz ein zentrales, aber schwer fassbares bzw. isolierbares Kriterium darstellt, das viele Bezüge zu anderen Kriterien – wie Aufgabenangemessenheit, Konsistenz, Unterstützung, Feedback aufweist und ausserdem von der Erfahrung des Benutzers abhängt."

"Das Kriterium *Unterstützung* bezieht sich auf rechnergestützte Lern- und Arbeitshilfen, die dem Benutzer über die normalen Dialogmeldungen hinausgehende Informationen zur Bewältigung von Problemsituationen zur Verfügung stellen. Diese Lern- und Arbeitshilfen sollen dem Benutzer die Orientierung erleichtern und ihm helfen, Software besser durchschauen ... sowie Dialogabläufe besser vorhersehen ... und gemäss eigenen Zielen beeinflussen zu können."

Als typische Instrumente zur Unterstützung werden computerunterstützte Handbücher, Hilfesysteme und Tutorials angeführt. Zusammenfassend wird festgestellt, daß Untersuchungen die Bedeutung des Kriteriums "Unterstützung" und den Nutzen von rechnergestützten Lern- und Arbeitshilfen belegen.

Es wird auf die Bedeutung des Kriteriums *"Feedback"* im Zusammenhang mit der Gestaltung und Bewertung von Organisation und Aufgaben hingewiesen[45] und daher gefordert, daß auch ein Dialogsystem in allen Phasen der Aufgabenbewältigung Rückmeldungen an den Benutzer gibt bzw. geben kann. Wobei Ausführungsfunktionen mit einem Ablauffeedback und Ergebnisse mit einem Resultatefeedback rückzumelden sind.

Anmerkung

Die Selbstbeschreibungsfähigkeit fördert die Erlernbarkeit einer Software maßgeblich, indem sich der Benutzer – aufbauend auf seinem mentalen Modell von der Software – weitere Funktions- und Anwendungsbereiche der Software erschließen, oder die Benutzung wesentlich vereinfachen kann (z.B. durch effektivere Handhabung der Software).

---

[45] Vgl. das Kriterium "Rückmeldungen" im Kapitel 4.3.2.

Im Zusammenhang mit dem Kriterium "Selbstbeschreibungsfähigkeit" ist auf die 'Nievergeltschen Fragen' hinzuweisen, die in knapper Form die Forderungen dieses Kriteriums zusammenfassen:

Das Bürosystem sollte auf verlangen des Benutzers jederzeit Antwort auf die folgenden Fragen geben können:

- "Wo bin ich?"
- "Was kann ich hier tun?"
- "Wie kam ich hier her?"
- "Wohin kann ich noch gehen?"
- "Wie komm ich dort hin?"

Betroffene Beziehungen zwischen den Elementen
des Arbeitssystems

Die "Selbstbeschreibungsfähigkeit" berührt vor allem Aspekte der "Benutzung".

Steuerbarkeit[46], controllability[47]

Definitionen der DIN[48] und ISO[49]

Die prinzipielle Definition lautet in der DIN-Norm: "Ein Dialog ist steuerbar, wenn der Benutzer die Geschwindigkeit des Ablaufs sowie die Auswahl und Reihenfolge von Arbeitsmitteln oder Art und Umfang von Ein- und Ausgaben beeinflussen kann."

Nur in der ISO-Norm findet sich anschließend an die prinzipielle Definition die folgende Auflistung der Bereiche, die steuerbar sein sollten: "The controllability principles requires provisions in the following areas:

1. speed of interaction
2. tools (static and dynamic usage)
3. dialogue flow
4. application feedback and level of interaction
5. presentation and formats
6. critical situations (error, destructive)"

---

[46] Kriterium der DIN 66 234 Teil 8, vgl. Friedrich 1987, Schönpflug 1987 S. 312, Lang 1988, Triebe 1987, weitere Bezeichnungen: Handlungsflexibilität VDI 5005, Kontrollierbarkeit Wittstock 1984, Flexibilität Oppermann 1988, Baitsch 1989, Gewerkschaft der Privatangestellten 1988, Fähnrich 1987 S. 197, Spinas 1987, Schönpflug 1987 S. 312, Anpaßbarkeit Frese 1989, Möglichkeiten zur Entwicklung persönlicher Arbeitsstile, Möglichkeiten zur Entwicklung von Strategie/Taktiken, Möglichkeiten zur Veränderung von Verfahren, Ausreichende Aktivitätsmöglichkeiten, Anpaßbarkeit an vorhandene Qualifikationen, Arbeitstempospielraum, Sinneskanalvielfalt, Optimierung der Aufmerksamkeitserfordernisse Balzert 1986.

[47] Vgl. ISO 9241 Part 10, Version 2, July 1990.

[48] Zur Erläuterung der hier vorgestellten Definitionen findet man in der DIN-Norm 11 Beispiele.

[49] Zur Erläuterung der hier vorgestellten Definitionen findet man in der ISO-Norm im Annex A 13 Beispiele.

Zu *Punkt 1* – speed of interaction – finden sich in der DIN-Norm folgende Forderungen[50]: "Der Benutzer soll die Geschwindigkeit des Dialogs an seine individuelle Arbeitsgeschwindigkeit anpassen können, z.B. keinen Arbeitstakt, kein Treiben des Benutzers durch Erlöschen von Bildanzeigen. Die Eingabetätigkeit des Benutzers soll nicht durch unnötiges Warten auf die Ausgabe von Daten vorangegangener Dialogschritte aufgehalten werden."

Zu *Punkt 2* – tools – finden sich in der DIN-Norm folgende Forderungen: "Soweit es die Arbeitsaufgabe erlaubt, soll der Benutzer während des Dialogs die Arbeitsmittel frei wählen und den Arbeitsweg selbst bestimmen können.

Der Benutzer soll Informationen erhalten können, die er für die Planung des Arbeitsweges benötigt, ohne seinen aktuellen Dialogschritt zu beeinträchtigen."

Die Forderungen der ISO-Norm zu diesem Punkt sind umfassender: "Dialogue tools should be configurable by the user. Furthermore the user should be able to select the dialogue tools for the current task at hand.

The user should be able to receive information required for planning his/her work progress concurrently on scope, structure, and status of the application should not disrupt the current activity."

Zu *Punkt 3* – dialogue flow – finden sich in der DIN-Norm folgende Forderungen: "Der Benutzer soll den Dialog jederzeit unterbrechen können, soweit es die Arbeitsaufgabe zuläßt. Nach einer Unterbrechung soll er (z.B. aufgrund von Zwischenergebnissen) entscheiden können, ob der Dialog an der Unterbrechungsstelle fortgeführt werden soll.

An dieser Stelle wird in der ISO-Norm die umfassendere Forderung erhoben: "The user should be able to interrupt the dialogue at any time, task permitting. He/she should be able to decide after an interruption (e.g. on the basis of interim results) whether the dialogue should be continued from the point of interruption, whether some interaction activities should be reversed, or whether the whole dialogue should be cancelled with the possibility to define certain conditions for restarting the dialogue. The last option might be realized via a general escape mechanism, which should be possible at any time of the dialogue and should work observing user transparent switching rules according the structure and/or the hierarchical organization of the task."

In der DIN-Norm geht es mit den folgenden Forderungen zu Punkt 3 weiter: "Ist der Dialog wegen eines Systemausfalls unterbrochen worden, so ist ein Wiederaufnahmepunkt definiert durch den letzten Dialogschritt vor dem Systemausfall; es kann zweckmäßig sein, eine Wiederaufnahme zu einem weiter zurückliegenden Dialogschritt festzulegen. In jedem Fall ist der Wiederaufnahmepunkt bei Fortsetzung des Dialogs mitzuteilen.

Der letzte Dialogschritt soll, soweit seine Folgen reversibel sind und die Arbeitsaufgabe es zuläßt, zurückgenommen werden können. Die Rücknehmbarkeit mehrerer zusammenhängender Dialogschritte ist wünschenswert. Die Rücknahme muß in einen Zustand zurückführen, der dem vor dieser Folge entspricht. Enthält

---

[50] Die Zuordnung der Forderungen der DIN-Norm zu den Bereichen der ISO-Norm erfolgte hier aus Gründen der besseren Vergleichbarkeit.

der Dialog Verarbeitungsprozesse von großer Tragweite, so sollen diese erst nach einer besonderen Benutzerentscheidung ausgeführt werden können."

Zu *Punkt 4* – application feedback and level of interaction – findet sich in der DIN-Norm folgende Forderungen: "Der Benutzer soll in für ihn leicht überschaubaren Dialogschritten vorgehen können; eine Zusammenfassung von Dialogschritten sollte dem Benutzer ermöglicht werden, wenn es von der Arbeitsaufgabe her sinnvoll ist. "

Die umfassenderen Forderungen der ISO-Norm zu diesen Punkt lauten: "The level of interaction, e.g. the amount of feedback, typing, information exchange from and to the application, should be under the control of the user. For example experienced users should be able to use shortcuts and get guidance and help on request only."

Zu *Punkt 5* – presentation and formats – findet sich in der DIN-Norm folgende Forderung: "Der Benutzer soll die Menge der dargestellten Informationen steuern können, soweit es von der Arbeitsaufgabe her sinnvoll ist."

Die Forderungen der ISO-Norm zu diesem Punkt sind wesentlich präziser: "The way that input/output data are represented (format and type) should be under the control of the user, thus offering the possibility to avoid unnecessary input/output activities.

If the control oft the amount of data displayed is of use for a particular task, the user should be able to exercise such control."

Zu *Punkt 6* – critical situations – finden sich in der DIN-Norm keine Forderungen, dafür enthält die ISO-Norm dazu folgende Forderungen: "Critical situations, e.g. caused by user errors or application errors, should be accompanied with enough information and dialogue tools allowing the user to recover easily, and if required to recover lost data. The application should prevent the user from making destructive actions that were not intended."

Definitionen von Spinas et al.

In (Spinas 1989) werden die mit dem Kriterium "Steuerbarkeit" verbundenen Prinzipien unter dem Kriterium "Flexibilität" beschrieben:

"'*Flexibilität*' gilt wohl zu recht als eines der zentralen Kriterien der Dialoggestaltung, entscheidet sich doch an der Flexibilität bzw. Rigidität eines Systems, ob sich der Mensch als Benutzer oder als Bediener des Computers fühlt. Unter dem Gesichtspunkt der kognitiven Kontrolle ist mit der Flexibilität die Beeinflussbarkeit des Systemverhaltens im Sinne objektiv vorhandener Freiheitsgrade zur selbstständigen Setzung und Erreichung von (Teil-) Zielen durch variable Abfolge von (Teil-) Schritten gemeint. Die Steuerung des Dialogablaufes – und damit die Reihenfolge von Arbeitsschritten – sollte in inhaltlicher und zeitlicher Hinsicht sowie bezüglich einzusetzender Mittel weitgehend dem Benutzer überlassen werden, damit unterschiedliche Vorgehensweisen – die durch Aufgabenerfordernisse und/oder die Arbeitsweise des Benutzers bedingt sein können – möglich sind... Der Bedeutung des Kriteriums entsprechend haben sich auch einige Untersuchungen damit befasst und sind zu mehrheitlich übereinstimmenden Ergebnissen gekommen: Flexibilität eines Dialogsystems ist unbedingt notwendig, damit der Benutzer in weiten Grenzen Teilaufgaben selbstständig definieren, deren Bearbeitungsfolge festlegen und auch bei unvorhergesehenen Ereignissen seine Pläne ändern kann."

Betroffene Beziehungen zwischen den Elementen
des Arbeitssystems

Die "Steuerbarkeit" berührt alle drei Aspekte der Beziehungen zwischen Benutzer, Aufgabe und Bürosystem:

- *Aspekte der Funktionalität.* Die Software soll bzgl. ihrer Funktionalität an die Aufgabenerfordernisse des Benutzers anpaßbar sein (z.B. Verändern der Bildschirmmasken, der Menüs; Erstellen von Makros).
- *Aspekte der Benutzung.* Weiters soll die Software bzgl. ihrer Benutzung an die individuelle Arbeitsstrategie sowie an die Wünsche und Erfahrungen des Benutzers angepaßt werden können (z.B. Veränderbarkeit der Geschwindigkeit der Dialogschritte, der Tastenanschläge, der Maus).
- *Aspekte der Aufgabenbewältigung.* Die Steuerung des Dialogablaufes sollte dem Benutzer soweit als möglich überlassen bleiben, um ihm unterschiedliche Vorgehensweisen bei der Aufgabenbewältigung zu ermöglichen.

Die Steuerbarkeit der Software, sowohl im Hinblick auf ihre Funktionalität als auch im Hinblick auf ihre Benutzung, soll dazu beitragen, daß die der Aufgabenbewältigung inne wohnenden Handlungsspielräume und Individualisierungsmöglichkeiten nicht beeinträchtigt werden.

Erwartungskonformität[51], conformity with user expectations[52]

Definitionen der DIN[53] und ISO[54]

"Ein Dialog ist erwartungskonform, wenn er den Erwartungen der Benutzer entspricht, die sie aus Erfahrungen mit bisherigen Arbeitsabläufen oder aus der Benutzerschulung mitbringen sowie den Erfahrungen, die sie sich während der Benutzung des Dialogsystems und im Umgang mit dem Benutzerhandbuch bilden."

In der ISO-Norm finden sich an dieser Stelle folgende zusätzliche Forderungen: "In order to achieve conformity with user expectations it is important that the dialogue system of the application incorporates as precisely as possible a model of the task the application is required to perform under both procedural and structural

---

[51] Kriterium der DIN 66 234 Teil 8, vgl. Lang 1988, Triebe 1987, Oppermann 1988, Gewerkschaft der Privatangestellten 1988, Fähnrich 1987 S. 197, Friedrich 1987, weitere Bezeichnungen: Konsistenz Baitsch 1989, Spinas 1987, 1989, Frese 1989, Transparenz Frese 1989, Kompatibilität, Verfügbarkeit Baitsch 1989, Spinas 1989, Verläßlichkeit Schönpflug 1987, S. 312, Wittstock 1984, Erwartungstreue Hoyos 1988, Zuverlässigkeit Spinas 1983, Kompetenzförderlichkeit VDI 5005, Verwendung vergleichbarer Kommunikationsfaktoren, Berücksichtigung von Benutzer-/Anwenderintentionen, Berücksichtigung individueller Bedürfnisse und Fähigkeiten Balzert 1986.

[52] Vgl. ISO 9241 Part 10, Version 2, July 1990.

[53] Zur Erläuterung der hier vorgestellten Definitionen findet man in der DIN-Norm 11 Beispiele.

[54] Zur Erläuterung der hier vorgestellten Definitionen findet man in der ISO-Norm im Annex A 13 Beispiele.

aspects. Hence, the user should have easy access to the task and simple navigation mechanisms. The general guidelines should be:

- reducing user's memory load
- avoiding 'getting loss' situations
- keeping the user always knowledgeable about the current status of interaction
- maintaining a reasonable task oriented performance

This goes parallel with compromizing between complexity and functionality versus simplicity and consistency."

"Das Dialogverhalten innerhalb eines Dialogsystems soll einheitlich sein. Uneinheitliches Dialogverhalten würde den Benutzer zu starker Anpassung an wechselhafte Durchführungsbedingungen seiner Arbeit zwingen, das Lernen erschweren und unnötige Belastung mit sich bringen."

In der ISO-Norm findet sich an dieser Stelle folgende zusätzliche Forderung: "The application should employ the user's vocabulary which is used for the task and commit to polite formulations."

"Bei ähnlichen Arbeitsaufgaben soll der Dialog ähnlich gestaltet sein, damit er den Erwartungen des Benutzers hinsichtlich des gewohnten Arbeitsablaufs gerecht wird."

In der ISO-Norm findet sich an dieser Stelle folgende zusätzliche Forderung: "Generally a standard structure for all commands and common syntax rules should be maintained, and wherever possible consistent sets of names should be used."

"Der Benutzer soll Erwartungen hinsichtlich seines Arbeitsablaufs aufgrund der Rückmeldungen des Dialogsystems bilden können. Die für die Führung des Dialogs relevanten Zustandsänderungen des Systems sind dem Benutzer mitzuteilen. Für Eingabedaten in Kurzform oder in verschlüsselter Form soll die Eingabe in Klartext bestätigt werden, wenn die Gewißheit des Benutzers über die Richtigkeit seiner Eingabe verstärkt werden soll. Für besonders schutzbedürftige Eingabedaten kann die Rückmeldung in Klartext entfallen."

In der ISO-Norm finden sich an dieser Stelle folgende zusätzliche Forderungen: "The user should get feedback and be able to request information on the work progress. He/she should be informed on changes in the system status that are relevant to the task. Dialogues should be consistent accross tasks which are similar, matching the user's expectation when developing common task solving procedures. The amount of keying activity should be minimized, e.g. it should be avoided to require input precision which is never used or to ask for leading zeros."

"Eingegebene Zeichen sollen im allgemeinen unmittelbar auf dem Bildschirm angezeigt werden, um die für die Eingabe erforderliche Aufmerksamkeit nicht durch verzögerte Anzeige zu belasten. Ebenso sollen Positionierungen (z.B. Bewegungen von Positionsmarken) unmittelbar erfolgen.

Der Benutzer macht im Laufe der Benutzung Erfahrungen mit der Antwortzeit eines Dialogsystems und bildet sich daraus Erwartungen. Bei ähnlichen Vorgängen, insbesondere solchen mit kurzer Verarbeitungsdauer, sollen die Antwortzeiten ähnlich sein; bei kalkulierbaren, deutlichen Abweichungen von der üblichen Antwortzeit (z.B. aufgrund einer verlängerten Verarbeitungszeit) soll der Benutzer hiervon unterrichtet werden.

Der Benutzer sollte über den Stand der Bearbeitung informiert werden, damit seine Aufmerksamkeit nicht unnötig gebunden wird."

In der ISO-Norm findet sich an dieser Stelle folgende zusätzliche Forderung: "Any information given to the user should be limited to the absolute minimum, and not include redundant information."

"Wird der Dialog aus technischen Gründen unterbrochen, sollen dem Benutzer soweit wie möglich Art, Umfang und Dauer des Ausfalls mitgeteilt werden."

Definitionen von Spinas et al.

In (Spinas 1989) finden sich die Prinzipien der "Erwartungskonformität" unter den Kriterien "Konsistenz" und "Kompatibilität" wieder.

"Das Kriterium der *'Konsistenz'* bezieht sich auf die Berechenbarkeit des Systemverhaltens, wodurch Erwartungen des Benutzers erfüllt und Überraschungseffekte vermieden werden sollen. Ein konsistent-regelhafter Aufbau von Dialogstruktur, Semantik und Syntax ermöglicht dem Benutzer die Rekonstruierbarkeit ... und entlastet dadurch das Gedächtnis von faktisch präziser Speicherung... Konsistenz kann insgesamt als empirisch relativ gut abgesichertes, theoretisch aber noch entwicklungsfähiges Kriterium bezeichnet werden."[55]

"Unter dem Kriterium *'Kompatibilität'* versteht man den Grad der Übereinstimmung zwischen dem mentalen Modell des Benutzers und den – durch die Aufgabenerfordernisse bestimmten – Benutzeraktionen mit den Systemausgaben sowie den verlangten Eingaben, m.a.W. eine Kompatibilität von Systemdarstellung und geforderter Denkleistung des Benutzers." Es wird zwischen Sprach- und Darstellungskompatibilität unterschieden. Erstere bezieht sich auf die Übereinstimmung der Dialogsprache mit der (Fach-) Sprache des Benutzers, zweitere bezieht sich auf die Übereinstimmung der dargestellten Informationen mit der "Metapher des Benutzers" bzgl. seiner Aufgaben (z.B. Desktop-Metapher). Gleichzeitig erfordert die Darstellungskompatibilität, daß bei der Darstellung von Einzelinformationen wie von ganzen Bildern (z.B. Bildschirmseite) eine Übereinstimmung mit einer entsprechenden gedruckten Vorlage besteht (= WYSIWYG-Prinzip: "What *You* See *Is* What *You* Get"). (Spinas 1989) kommen zu der Erkenntnis, "dass es noch relativ wenige Untersuchungen zu diesem Kriterium gibt und damit eine Forschungslücke besteht."

Betroffene Beziehungen zwischen den Elementen des Arbeitssystems

Durch die "Erwartungskonformität" werden Aspekte der "Benutzung" und der "Aufgabenbewältigung" berührt. Letztere durch Berücksichtigung des Fachwissens und der Fachsprache des Benutzers.

---

[55] Bzgl. einer kritischen Auseinandersetzung mit der Forderung nach Konsistenz vgl. Grudin 1989.

Fehlerrobustheit[56], *error tolerance*[57]

Definitionen der DIN[58] und ISO[59]

"Ein Dialog ist fehlerrobust, wenn trotz erkennbar fehlerhafter Eingaben das beabsichtigte Arbeitsergebnis mit minimalem oder ohne Korrekturaufwand erreicht wird. Dazu müssen dem Benutzer die Fehler zum Zwecke der Behebung verständlich gemacht werden."

An dieser Stelle findet sich in der ISO-Norm die zusätzliche Forderung: "Depending on the task it may be desirable to apply special effort in presentation techniques to improve the recognition of error situations and their subsequent recovering."

"Eingaben des Benutzers dürfen nicht zu undefinierten Systemzuständen oder zu Systemzusammenbrüchen führen können. Es kann zweckmäßig sein, eindeutige korrigierbare Fehler automatisch zu korrigieren und den Verarbeitungsprozeß fortzusetzen. Hierbei ist es im allgemeinen sinnvoll, dem Benutzer die Durchführung der Korrektur in einer für ihn verständlichen Form mitzuteilen. Das automatische Korrigieren muß abschaltbar sein.

Wenn ein Fehler auf verschieden Weise vom System behoben werden kann, sollten dem Benutzer Korrekturalternativen zur Auswahl angeboten werden, ohne die Möglichkeit zur Neueingabe auszuschließen.

Bei allen Fehlermeldungen soll auch auf den Ort des Fehlers hingewiesen werden (z.B. durch Markierung der Fehlerstelle). Die zur Aufmerksamkeitserregung erforderliche Codierungsform sollte der Anwendung angemessen sein (siehe DIN 66 234 Teil 5). Es kann zweckmäßig sein, Fehlermeldungen unterdrückbar zu machen. Es ist zweckmäßig, zusätzliche Erläuterungen zur Fehlerbehebung vorzusehen. In der Regel sollen Fehlermeldungen sofort ausgegeben werden."

Davon abweichend wird in der ISO-Norm gefordert: "Error messages should be presented when the user needs them."

"Wenn es der Arbeitsablauf erlaubt, dürfen auf Anforderung des Benutzers Fehlermeldungen später ausgegeben werden, um seinen Denkprozeß nicht unnötig zu stören.

Fehlermeldungen sind verständlich, sachlich und konstruktiv zu formulieren. Sie sollten einheitlich strukturiert werden (z.B. nach Fehlerart, möglichen Fehlerursachen und Möglichkeiten der Fehlerberichtigung). Fehlermeldungen dürfen keine Werturteile enthalten, wie z.B. 'Unsinnige Eingabe'.

---

[56] Kriterium der DIN 66 234 Teil 8, vgl. Lang 1988, Triebe 1987, Hoyos 1988, Oppermann 1988, Gewerkschaft der Privatangestellten 1988, Fähnrich 1987 S. 197, Friedrich 1987, weitere Bezeichnungen: Fehlertransparenz/-hilfen, Fehlervermeidung und Fehlerreversibilität Frese 1989, Toleranz Baitsch 1989, Spinas 1987, Stabilität Fontana 1987, Fehlertoleranz Schönpflug 1987 S. 312, Wittstock 1984, Kompetenzförderlichkeit VDI 5005.

[57] Vgl. ISO 9241 Part 10, Version 2, July 1990.

[58] Zur Erläuterung der hier vorgestellten Definitionen findet man in der DIN-Norm 6 Beispiele.

[59] Zur Erläuterung der hier vorgestellten Definitionen findet man in der ISO-Norm im Annex A 8 Beispiele.

Der Benutzer sollte zwischen kurzen und umfangreichen Erläuterungen wählen können. Es kann zweckmäßig sein, die Erläuterungen mit einem Hinweis auf eine Stelle im Benutzerhandbuch zu versehen."

In der ISO-Norm finden sich noch folgende zusätzliche Forderungen: "Regarding managing the error situation in addition to the error message, tools should be provided to validate/verify data, to check correctness before activating input. Preventive techniques of additional control for commands with serious consequences (e.g. delete, cancel, replace) in case of erroneous input should be provided. The escape option should be consistent and always available. It should lead to well defined states within the task execution sequence. In general error correction should be possible without switching system states."

Definitionen von Spinas et al.

In (Spinas 1989) findet man unter dem Kriterium "Toleranz" dem Kriterium "Fehlerrobustheit" vergleichbare Forderungen: "'*Toleranz*' bedeutet den Verzicht des Systems auf rigide, präzise Eingabeerfordernisse .., die Unterbrech- und Wiederaufnehmbarkeit initiierter Prozesse, die Reversibilität von Operationen ohne Verlust bzw. Zerstörung von Daten ... sowie unter Umständen die Akzeptanz geringfügig fehlerhafter Eingaben im Sinne von Tippfehlern. Der Benutzer erhält dadurch eine grössere Sicherheit im Umgang mit dem Computer und kann auch das System explorieren; zudem wird das Gedächtnis ... entlastet. Zu diesem Kriterium konnten bemerkenswerter Weise keine spezifischen Untersuchungen gefunden werden."

Anmerkung

Damit der Benutzer aus den von ihm gemachten Fehlern – im Sinne der "Erlernbarkeit" – auch etwas lernen kann, müssen die folgenden Prinzipien berücksichtigt werden[60]:

- *Fehlerdiagnose.* Bei Auftreten eines Fehlers muß der Benutzer mittels einer klaren Fehlerrückmeldung darüber Aufschluß erhalten, daß ein Fehler auftrat (Hervorhebung), warum dieser auftrat (Erklärung), wie man aus der Fehlersituation wieder herauskommt (Vorschläge) und welche Schritte zur Beseitigung der Folgen notwendig sind (Wiederaufsetzpunkt).
- *Fehlervermeidung.* Die Fehlervermeidung kann durch eine gute Softwaregestaltung im Sinne der Beachtung der beschriebenen ergonomischen Kriterien und durch Fehlertoleranz erreicht werden .

Die Fehlertoleranz einer Software erlaubt es dem Benutzer trotz eines Eingabefehlers, ohne oder mit minimalen Korrekturaufwand zu seinem gewünschten Arbeitsergebnis zu kommen (z.B. durch Formatfreiheit, Variationsmöglichkeiten für Kommandos). Wichtig ist, daß die von der Software automatisch vorgenommen Fehlerkorrekturen an den Benutzer rückgemeldet werden.

---

[60] Vgl. Frese 1989.

- *Fehlermanagement.* Mittels des Fehlermanagements werden die negativen Effekte von Fehlern verringert. Dies kann durch Fehlerreversibilität (z.B. mittels einer UNDO-Funktion, Wiederaufsetzpunkten) und durch eine Unterstützung des Gedächtnisses erreicht werden. Im letzten Fall werden dem Benutzer Hilfen zur Verfügung gestellt, mit denen er z.B. vergessenen Befehlsnamen, Programme, Einstellgrößen (Parameter), usw. sich wieder in Erinnerung rufen kann[61].

Betroffene Beziehungen zwischen den Elementen des Arbeitssystems

Die "Fehlerrobustheit" berührt vorwiegend Aspekte der "Benutzung".

Individualization[62], Individualisierbarkeit[63]

Definitionen der ISO[64]

"Dialogue system are said to support individualization if the system is constructed to allow for adaptation to the user's individual needs and skills for a given task. Parts of the dialogue which are developed with certain user characteristics in mind (such as normal colour vision or low experience level) support individualization if they can be modified to support users who differ in these characteristics (such als colour-blindness or high experience level).

Examples of individualization might include allowing the user to use different command names incorporating his/her own vocabulary, providing different techniques for condensing input and representing output, and providing the capability of adding individualized functions within the semantics of the application or even expanding the semantics.

The objective should be to provide mechanisms which allow the system to be adapted for instance to the
- task domain and computer knowledge
- language and culture
- perceptual/motor abilities
- cognitive abilities of the user."

Definitionen von Spinas et al.

In (Spinas 1989) findet man unter dem Kriterium "Flexibilität" auch die Forderung nach "*Individualisierbarkeit*":

"Im Unterschied zur Flexibilität eines Systems, die für Gruppen von Benutzern Freiheitsgrade für Klassen unterschiedlicher Vorgehensweisen ermöglicht, soll die

---

[61] Vgl. dazu auch das Kriterium "Selbstbeschreibungsfähigkeit".

[62] Vgl. ISO 9241 Part 10, Version 2, July 1990.

[63] Vgl. bzgl. der hier gewählten deutschen Bezeichnung: Spinas 1987, 1989, Hoyos 1988, Triebe 1987, Frese 1989, weitere Bezeichnungen: Individualisierungsfreiräume Fontana 1987.

[64] Zur Erläuterung der hier vorgestellten Definitionen findet man in der ISO-Norm im Annex A 7 Beispiele.

Individualisierbarkeit eines Systems allen Benutzern die Möglichkeit bieten, die Benutzungsoberfläche nach ihren persönlichen Bedürfnissen massgeschneidert einzurichten... In naher Zukunft sollte es dem Benutzer eines Systems möglich sein, durch einfache Veränderung einiger Parameter seinen Kenntnissen und Bedürfnissen gerechte Formen der Interaktion, der Darstellung von Information, der Belegung von Funktionstasten, etc. selbst zu realisieren... In der Praxis haben sich ... Systeme bewährt, deren Benutzungsoberfläche unterschiedliche Interaktionsformen – z.B. Menü und Kommando – umfassen, die je nach Erfahrung des Benutzers von ihm selbst gewählt werden können."

Anmerkung

Wie die obigen Ausführungen der ISO zeigen, ist das Kriterium "Individualisierbarkeit" aus dem Kriterium "Steuerbarkeit" hervorgegangen. Es finden sich daher hier teilweise Forderungen wieder, die in der DIN unter "Steuerbarkeit" subsumiert waren (z.B. das Schreiben von Makros).

Betroffene Beziehungen zwischen den Elementen
des Arbeitssystems

Die "Individualisierbarkeit" bezieht sich vorwiegend auf Aspekte der "Benutzung", indem es deren Anpassung an die individuellen Bedürfnisse des Benutzers fordert.

Learnability[65], Erlernbarkeit[66]

Definitionen der ISO[67]

"Dialogue systems are said to support learnability if they guide the user through the learning stages minimizing the learning time. Reducing complexity and maintaining consistency are the prerequesite goal for this principles.

Learning should be understood as a graceful evolution of increasing skill and knowledge about the application before and during its use.

Attention should be given to the frequency of command usage. Frequently used commands should offer the user shortcutting and defaulting. Seldom used commands should be in their design more self-explaining and be accompanied with more guiding information.

---

[65] Vgl. ISO 9241 Part 10, Version 2, July 1990.

[66] Vgl. bzgl. der hier gewählten deutschen Bezeichnung: Spinas 1983, Frese 1989, Lang 1988, Triebe 1987, Wittstock 1984, weitere Bezeichnungen: Kompetenzförderlichkeit VDI 5005, Leichte Erlernbarkeit Hoyos 1988, Lern- und Entwicklungsmöglichkeiten Balzert 1986, Unterstützung von Transfer Triebe 1987.

[67] Zur Erläuterung der hier vorgestellten Definitionen findet man in der ISO-Norm im Annex A 5 Beispiele.

Rules and design decisions (what, why) applied should be made transparent to the user allowing him/her to build up own chunking strategies and rules for memorizing activities.

All kinds of dialogue elements supporting 'getting used to' behaviour should be applied (e.g. standard locations for same type of messages, similar layout of screen elements for similar task objects).

Help information should be task dependent. Relevant learning strategies (e.g. comprehension oriented learning by doing) should be supported."

Anmerkung

Wie die obige ISO-Definition zeigt, werden hier viele Forderungen gestellt, die sich in den bisher genannten Kriterien wiederfinden. Daher wird in zahlreichen Arbeiten[68] das Kriterium "Erlernbarkeit", ähnlich wie das Kriterium "Aufgabenangemessenheit", als ein übergeordnetes angesehen, dessen Verwirklichung von der Realisierung der oben genannten – untergeordneten – Kriterien abhängt (vgl. Abb. 4.8).

Übersichtlichkeit[69]

Dieses Kriterium findet man weder in der DIN noch in der ISO-Norm. Dies ist in der Ausrichtung dieser Normen auf die Dialogschnittstelle begründet (dynamische Komponente des Dialogs). Zur statischen Komponente des Dialogs (Ein-/Ausgabeschnittstelle) finden sich in den DIN 66 234 Teile 2, 3 und 5 zahlreiche Gestaltungsforderungen, die hier unter dem Sammelbegriff "Übersichtlichkeit" zusammengefaßt werden.

Definition

Die Übersichtlichkeit bezieht sich auf die Darstellung und Anordnung der Informationen auf dem Bildschirm (Ort, Farbe, Helligkeit, Struktur, usw.) und auf die übersichtliche Gestaltung von Meldungen, Hilfeinformationen, usw., unter Berücksichtigung der menschlichen Wahrnehmungs-, Verhaltens- und Denkprozesse (Gestaltpsychologie). Das Ziel besteht in der *Entlastung* des menschlichen *Kurzzeitgedächtnisses*.

Um eine differenzierte Betrachtung der Forderungen der "Übersichtlichkeit" zu ermöglichen, schlagen wir in Anlehnung an (Dzida 1988) folgende Gestaltungs- und Bewertungsmaßstäbe vor:

* *Wahrnehmbarkeit:*. Sie soll durch eine ergonomisch richtige Kombination von Zeichen und Hintergrundfarben bzw. die Dauer der Informationsdarbietung un-

---

[68] Vgl. Wittstock 1984, Triebe 1987, Lang 1988, Hoyos 1988.

[69] Dieses Kriterium beinhaltet Gestaltungsvorschläge der DIN 66 234 Teil 3, Teil 3 neu und Teil 5, vgl. Oppermann 1988, Gewerkschaft der Privatangestellten 1988, Fähnrich 1987 S. 197, Schönpflug 1987 S. 313, weitere Bezeichnungen: Kompatibilität Spinas 1987, Einheitlichkeit Fontana 1987, Unterstützung verschiedener Wahrnehmungsperspektiven, Entlastung des Kurzzeitgedächtnisses, Unterstützung der Orientierung, Nutzung der menschlichen Sensibilität für Bewegungswahrnehmung Balzert 1986.

terstützt werden. Speziell dazu finden sich in der DIN 66 234 Teil 2 Gestaltungsempfehlungen.

•*Lesbarkeit.* Sie soll durch eine ergonomisch richtige Gestaltung von Zeichengröße, Gestalt der Zeichen, Zeilenabstand, Zeichenkontrast, usw. erzielt werden. Gestaltungsempfehlungen dazu finden sich in der DIN 66 234 Teil 2. Weiters kann durch die Verwendung von bildhaften Symbolen der Leseaufwand des Benutzers minimiert werden. Empfehlungen dazu finden sich in DIN 66 234 Teil 5 Beiblatt 1.

- *Orientierungsförderlichkeit.* Sie soll durch das Ausmaß der dargestellten Informationsmenge und durch die Plazierung der Information erreicht werden. Die DIN 66 234 Teil 3[70] legt den Aufbau und die Struktur von Informationen im Anzeigebereich eines Bildschirms fest.

- *Lenkbarkeit der Aufmerksamkeit.* Sie soll durch eine entsprechende Codierung von Information unterstützt werden. In der DIN 66 2343 Teil 5 finden sich dazu Empfehlungen bzgl. der Gestalt, Farbe, Ort und Zeit der darzustellenden Informationen. Als geeignete Codierungsmittel zur Lenkung der Aufmerksamkeit können beispielsweise Blinksignale, Töne, Farbe, usw. eingesetzt werden.

- *Unterscheidbarkeit.* Sie soll es dem Benutzer erlauben, wesentliche von unwesentlichen Informationen zu trennen oder veränderbare von unveränderbaren Informationen zu unterscheiden. Dazu findet man in der DIN 66 234 Teil 5 (sowie Beiblatt 1 und 2) entsprechende Empfehlungen.
Zur Darstellung von unterschiedlichen Informationen findet man auch in der DIN 66 234 Teil 3 neu entsprechende Empfehlungen (z.B. Unterscheidung von Informationen in Eingabe-, Ausgabe- und Konstantenfelder).

Anmerkung

Generell ist anzumerken, daß es zum Bereich Ein-/Ausgabeschnittstelle – bedingt durch die historische Entwicklung der Software-Ergonomie – eine Vielzahl von sehr detaillierten Gestaltungsempfehlungen gibt[71].

4.4.3 Darstellung von Abhängigkeiten und verwandten Begriffen

Die folgende Abbildung zeigt ein Modell der vorhin beschriebenen Kriterien, indem einerseits hierarchische Abhängigkeiten dargestellt werden und andererseits für jedes Kriterium zahlreiche verwandte Begriffe angeführt werden. Das Bestehen von hierarchischen Abhängigkeiten zwischen den Kriterien ist nicht unumstritten. So werden vielfach alle Kriterien als gleichberechtigt nebeneinanderstehend angesehen[72].

---

[70] Vgl. auch DIN 66 234 Teil 3 neu.

[71] Vgl. beispielsweise Hoffmann 1989, Galitz 1985, Zwerina 1987, Siemens 1987, 1989, 1989a.

[72] Vgl. DIN 66 234 Teil 8, ISO 9241 Part 10 Version 2, July 1990, Oppermann 1988.

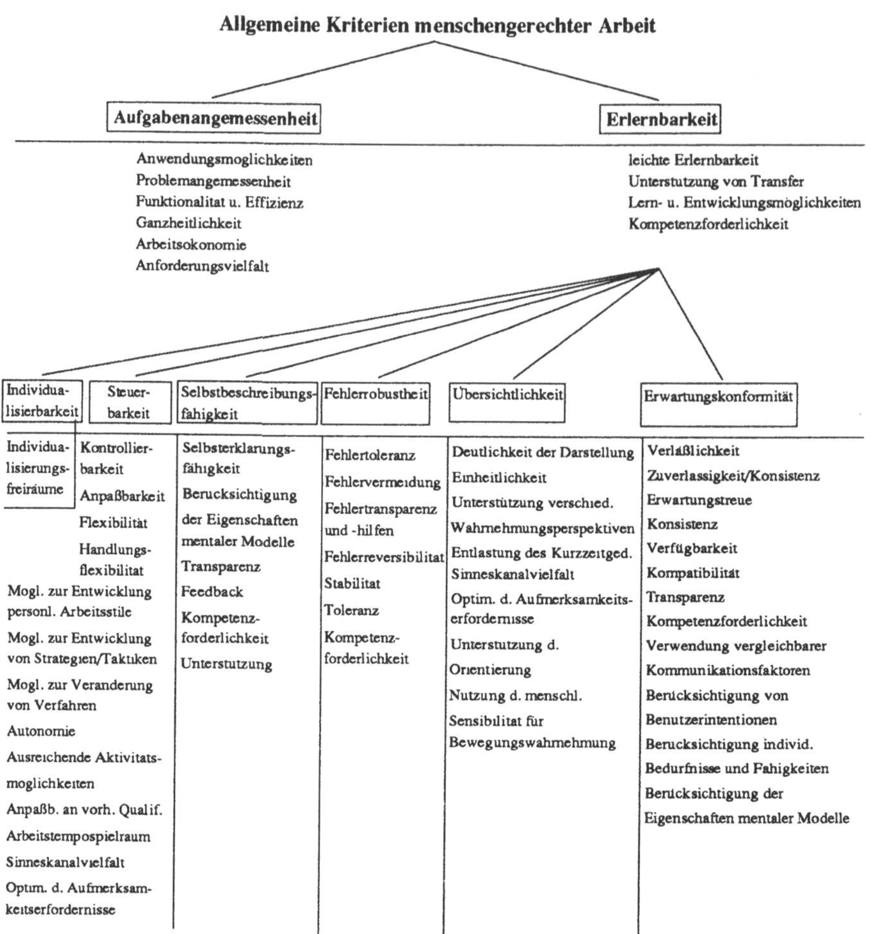

Abb. 4.8. Software–Kriterien Modell
Hierarchische Abhängigkeiten Darstellung verwandter Begriffe

Ebenfalls uneinheitlich ist die Sichtweise in der Literatur bzgl. der Abhängigkeiten zwischen den Kriterien. Wie Abb. 4.9 zeigt, finden sich zwar zahlreiche Hinweise auf Abhängigkeiten. Diesen basieren aber meist nicht auf empirischen Untersuchungen, sondern sind von den jeweiligen Autoren intuitiv abgeleitet worden.

Man kann praktisch zwischen allen Kriterien Abhängigkeiten finden, wobei für die Gestaltung und Bewertung vor allem negative Abhängigkeiten (sogenannte Zielkonflikte oder Trade-offs) von besonderem Interesse sind. Leider gibt es aber auch dazu nur sehr wenige Untersuchungen[73].

---

[73] Vgl. Greutmann 1989.

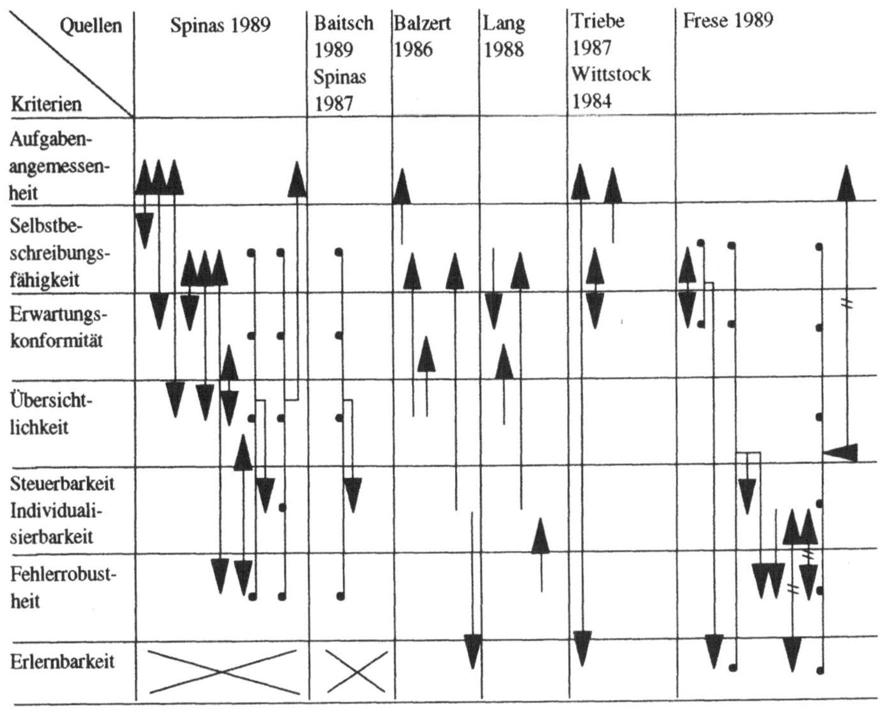

Abb. 4.9. Abhängigkeiten zwischen den Kriterien der Software

Grundsätzlich ist festzuhalten, daß viele Zielkonflikte aufgaben- und benutzerabhängig sind und daher nur für den konkreten Anwendungsfall aufgezeigt werden können.

Erste Ansätze diese Problematik in den Griff zu bekommen, finden sich in (Balzert 1986) und (Greutmann 1989a). Letztere schlagen ein neues Entwurfsvorgehen bei der Entwicklung von Benutzerschnittstellen vor, das durch die folgende Abbildung kurz skizziert werden soll.

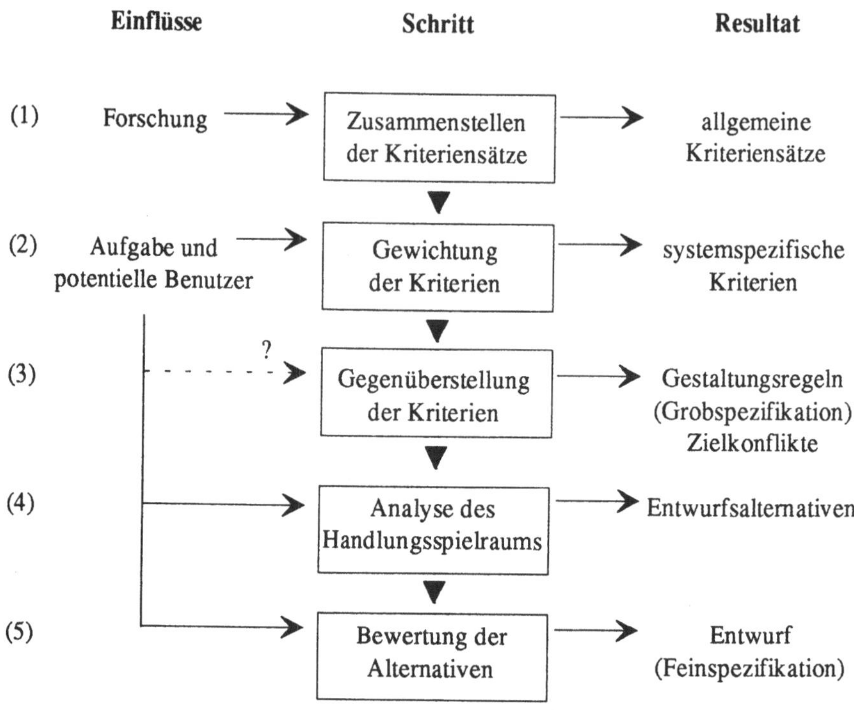

Abb. 4.10. (Quelle: Greutmann 1989a)

4.4.4 Einbettung der Kriterien in das "Kontrollkonzept"

Im folgenden soll das in Abb. 4.8 dargestellte Kriterien-Modell in ein theoretisches
Konzept der Arbeitspsychologie eingebettet werden, das sich an der psychologischen Grundannahme orientiert die den Menschen als – mehr oder weniger – auto-
nomes Wesen begreift, das Sachverhalte und Ereignisse nach Strukturprinzipien
ordnet und durch zielgerichtetes Handeln aktiv auf seine Umwelt einwirkt[74].
Dieses wird als "Kontrollkonzept" bezeichnet und versteht unter Kontrolle:

- *Durchschaubarkeit* (bzw. Überschaubarkeit) von Sachverhalten und Zusam-
  menhängen.
- *Vorhersehbarkeit* (bzw. Berechenbarkeit) von Prozessen der Umwelt und der
  Auswirkungen eigenen Handelns.

Beide können unter dem Begriff Orientierung zusammengefaßt werden und bilden
die Voraussetzung für die

- *Beeinflußbarkeit* von Bedingungen und Prozessen der Umwelt gemäß eigenen
  Zielen.

---

[74] Vgl. Spinas 1987, S. 13-16, ähnliche Annahmen liegen auch der Theorie der Handlungsregulation zugrunde.

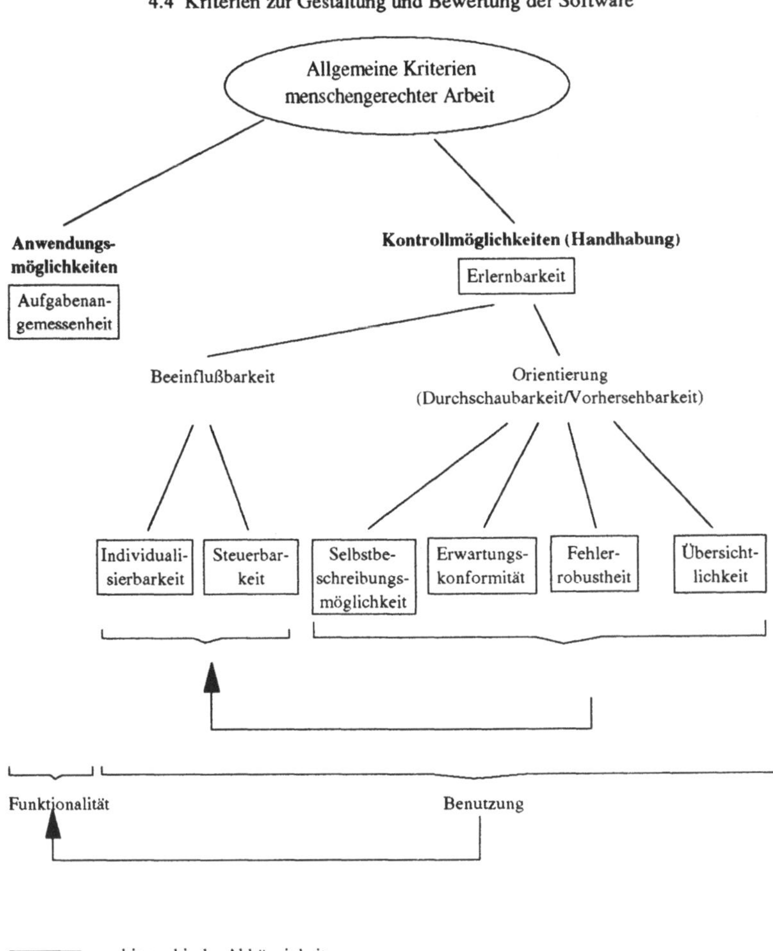

Abb. 4.11. Einbettung des Software–Kriterien Modells in das Kontrollkonzept

"Kontrolle soll dann als vollständig gegeben gelten, wenn das Individuum Ereignisse und Zustände ... durchschauen (erklären), sie ... vorhersehen und letztlich ... aktiv beeinflussen kann.[75]". Die Bedeutung der Kontrolle bzgl. der Handhabung des Arbeitsmittels Bürosystem ist darin begründet, daß ein wiederholter bzw. längerfristiger Kontrollverlust zum "Erlernen von Hilflosigkeit" führen kann. Dies verunsichert den Benutzer nicht nur im Umgang mit dem Bürosystem (was bis zur Ablehnung desselben führen kann), sondern es kann sogar zu schweren

---

[75] Vgl. Spinas 1987, S. 15.

psychischen Störungen (z.B. Depression) des Benutzers führen (Streß als Folge mangelnder Kontrolle bzw. Nichtkontrolle der Umweltbedingungen).

Der Wert derartiger theoretischer Konzepte besteht darin, daß sie prinzipielle Zusammenhänge zwischen den Kriterien in bezug auf die Handhabung des Bürosystems durch den Benutzer zeigen ("Benutzerperspektive").

So wird aus obiger Abbildung deutlich, daß als unabdingbare Voraussetzung die Software in ihren *Anwendungsmöglichkeiten* (Funktionalität) den Aufgaben des Benutzers entsprechen muß (repräsentiert durch das Kriterium "Aufgabenangemessenheit"). Erst dadurch ist ein sinnvoller Einsatz des Bürosystems für den Benutzer möglich.

Die *Kontrollmöglichkeiten* des Benutzers bei der Handhabung der Software haben Einfluß auf seine Möglichkeiten zur Ausschöpfung der gebotenen Funktionalität. Die Handhabung basiert zum einen auf den *Orientierungsmöglichkeiten* des Benutzers bzgl. der angebotenen Funktionen ("repräsentiert durch die Kriterien "Selbstbeschreibungsfähigkeit", "Erwartungskonformität", "Fehlerrobustheit" und "Übersichtlichkeit") und zum anderen auf den *Beeinflussungsmöglichkeiten* dieser Funktionen im Hinblick auf seine konkreten Aufgabenstellungen und individuellen Bedürfnisse (repräsentiert durch die Kriterien "Steuerbarkeit" und "Individualisierbarkeit"). Daraus wird auch unmittelbar klar, daß eine gute Orientierung eine wesentliche Voraussetzung für die Beeinflußbarkeit der Software durch den Benutzer darstellt.

Vor ein konkretes Gestaltungs- bzw. Bewertungsproblem gestellt, sollten diese prinzipiellen Zusammenhänge zwischen den Kriterien beachtet werden. Dies wird sich vor allem in der Reihenfolge der Umsetzung bzw. Bewertung der Kriterien widerspiegeln.

4.5 Gestaltung und Bewertung der Hardware und des Arbeitsraumes

Hierbei geht es vor allem um die Gewährleistung der allgemeinen Kriterien "Ausführbarkeit" und "Schädigungslosigkeit" bei der Durchführung von Arbeitsaufgaben mit Hilfe von Arbeitsmittel in einer Arbeitsumgebung. Dies erfordert eine entsprechende ergonomische Gestaltung der Arbeitsumgebung (z.B. Raum, Licht, Luft) und der gegenständlichen Arbeitsmittel (z.B. Büromöbel, Hardware). Dazu wurden in der *Hardware-Ergonomie* eine Reihe von Kriterien und Gestaltungsrichtlinien erarbeitet. Da diese nicht Gegenstand dieses Buches sind, soll hier nicht näher darauf eingegangen werden.

5. Methoden und Werkzeuge für die ergonomische Gestaltung von Bürosystemen

5.1 Bedeutung der Methoden und Werkzeuge für die ergonomische Gestaltung

Generell sollen Methoden und Werkzeuge die an der Systementwicklung Beteiligten bei der Gestaltung von Bürosystemen anleiten und unterstützen. Dabei sollten sie vor allem von Routine- und Kontrolltätigkeiten entlastet werden und somit ein möglichst vollständiges Ausschöpfen des vorhandenen Gestaltungsspielraumes erreichen.

Gleichzeitig gilt es mittels Methoden und Werkzeuge den vorhandenen Gestaltungsspielraum nicht einzuengen, sondern zu erhalten. Beispielsweise erhöhen Werkzeuge – die wünschenswerte Änderungen bei der Gestaltung / Pflege in einfacher und effizienter Weise unterstützen – die Änderungsbereitschaft.

Da für die Fülle der Aufgaben bei der Gestaltung von Bürosystemen nicht davon ausgegangen werden kann, daß es *"die" Methode bzw. "das" Werkzeug* zur Unterstützung des gesamten Gestaltungsbereiches gibt, wird eine sinnvolle Kombination von verschiedensten Methoden und Werkzeugen erforderlich sein. Das Zusammenstellen zu einem betriebsspezifisch geeigneten *"Methodenmix"* bzw. "Entwicklungs-Werkzeugkasten" bedarf einer gut gewählten Auswahlstrategie. Die Aspekte "Qualifikation" und "Betreuung" (Betreuungs-Infrastruktur) sind dabei im starken Maße mit zu berücksichtigen, da diese einen sehr großen Einfluß auf den erfolgreichen Einsatz der Methoden und Werkzeuge haben.

Die folgenden Ausführungen sollen grundlegende Informationen liefern, welche Methoden und Werkzeuge für die ergonomische Gestaltung von Bürosystemen von Nutzen sind. Im Kapitel 6 wurden die Methoden und Werkzeuge phasenweise dem Vorgehensmodell dieses Buches zugeordnet, sodaß der Zeitpunkt ihres jeweiligen Einsatzes im Gestaltungsprozeß ersichtlich wird.

Szenario: Integrierte "Produktionsumgebung"
Wesentlich komfortabler als die Nutzung unterschiedlichster einzelner Methoden und Werkzeuge ist eine weitgehende Integration dieser in *einer* "Produktionsumgebung". Dadurch wird der Systementwickler von lästigen Routinetätigkeiten entlastet. Gleichzeitig wird er vom Werkzeug durch automatische Konsistenzprüfungen, durch Vermeidung von Medienbrüchen, usw. vor Fehlern geschützt.

Somit steht den Systementwicklern mehr Zeit für kooperative und kreative Tätigkeiten zur Verfügung. Etwaige Änderungen können ebenfalls wesentlich flexibler und schneller berücksichtigt werden und erhöhen daher die Änderungsbereitschaft. In der folgenden Abbildung wird versucht, eine über die reine Softwareentwicklung hinausgehende Integrierte Produktionsumgebung darzustellen. Gleichzeitig dient diese Graphik als Inhaltsübersicht. Sie zeigt die in diesem Kapitel dargestellten Methoden und Werkzeuge sowie deren kapitelweise Zuordnung.

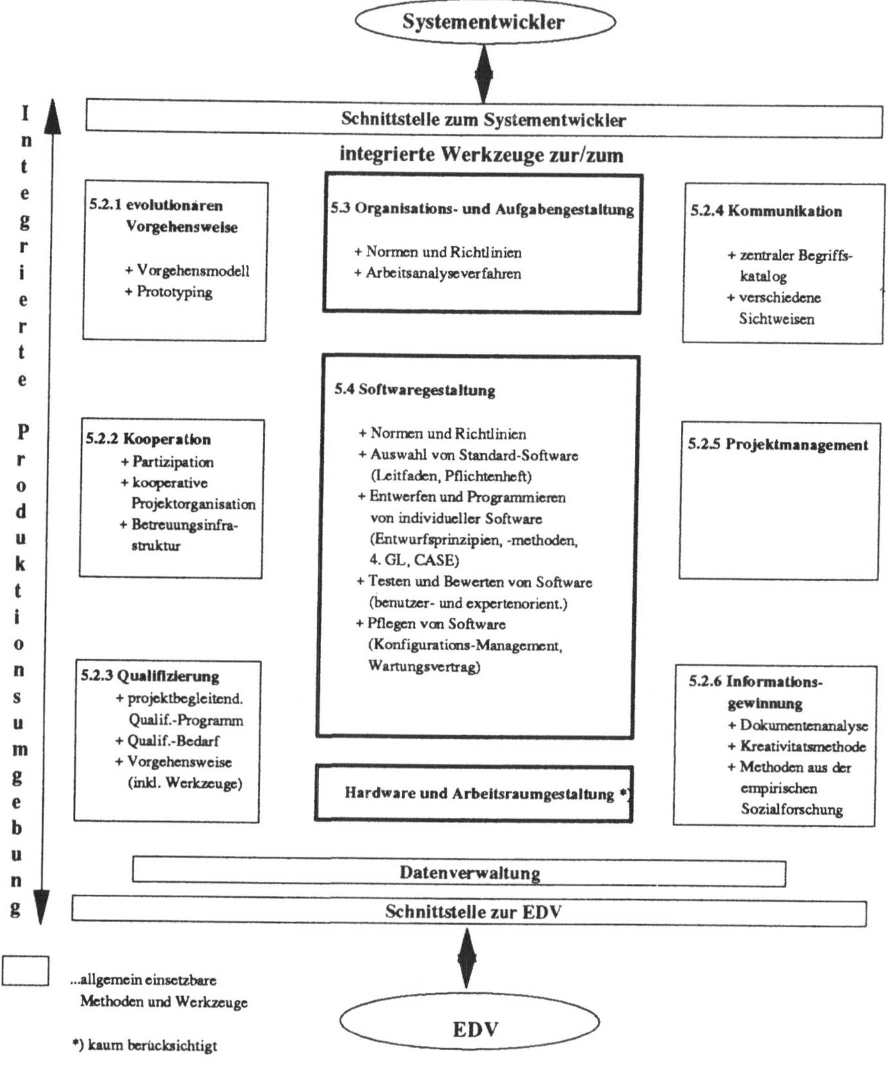

Abb. 5.1. Graphische Inhaltsübersicht

Von diesem Szenario sind wir heute noch weit entfernt, insbesonders was die reibungslose Integration der Methoden und Werkzeuge betrifft.

5.2 Allgemein einsetzbare Methoden und Werkzeuge

Im folgenden werden Methoden und Werkzeuge dargestellt, die in allen Phasen des Vorgehensmodelles sinnvoll eingesetzt werden können.

5.2.1 Zur evolutionären Vorgehensweise

Evolutionäres Vorgehensmodell[1]

Durch die Verwendung eines evolutionären Vorgehensmodelles wird sichergestellt, daß die in Kapitel 3 vorgeschlagene evolutionäre Vorgehensweise bei der Entwicklung und Weiterentwicklung von Bürosystemen Berücksichtigung findet. Damit wird eine lineare Entwicklung verhindert, die auf veränderte Umweltbedingungen, Entwicklungsfehler, Anregungen und Wünsche von Benutzern nicht Rücksicht nehmen kann.

Beispiele zu evolutionären Vorgehensmodellen sind:
- Vorgehensmodell dieses Buches (vgl. Kapitel 6)
- "Software*t*echnik für *E*volutionäre, *P*artizipative *S*ystementwicklung (STEPS)"[2]
- Modell "OBAS" (*O*bjektorientierter Entwurf *A*dministrativer *S*ysteme)[3]

Eine Bestandsaufnahme in Wissenschaft und Praxis zeigt, das 77 % der Wissenschaftler sich mit "iterativer" Software-Entwicklung beschäftigen, aber nur in 15 % der Projekte der Praxis diese Methode eingesetzt wird[4]. Dabei wird unter "iterativer" Entwicklung meist "Prototyping" verstanden. Dieser geringe Bekanntheitsgrad ist einerseits auf mangelnde Kenntnisse der theoretischen Ansätze in der Praxis und andererseits auf deren mangelnde Operationalisierung mittels geeigneter Werkzeuge zurück zu führen. Die obigen Beispiele zu evolutionären Vorgehensmodellen tragen dazu bei, letzteres Manko zu schmälern. Das Problem, nämlich das des Bekanntheitsgrades, muß durch massive Aufklärung der Praktiker durch die Wissenschaftler beseitigt werden, zumal es bislang keine erfolgversprechendere Alternative zu diesem Ansatz gibt.

Die Methode ist nach erfolgtem Bewußtseinswandel und nach umfassenderen Qualifikationen der Beteiligten praktikabel.

---

[1] Vgl. Floyd 1987, Reisin 1988.

[2] Vgl. Floyd 1987, Reisin 1988, 1989, Nullmeier 1988, S. 205-228 Die grundlegende Philosophie von STEPS ist stark in das Vorgehensmodell dieser Arbeit eingegangen.

[3] Vgl. Spitta 1989 Ideen von Spitta wurden ins Vorgehensmodell der Arbeit übernommen.

[4] Vgl. Aschersleben 1989.

Prototyping[5]

Die Entwicklung von Prototypen zielt darauf ab, so rasch und kostengünstig wie möglich eine (erste) bewertbare Software-Version (Prototyp) – beispielsweise eines voll lauffähigen Systems, einer vorführbaren Benutzer-Schnittstelle – zu haben. Dieser dient beispielsweise zur Anforderungsermittlung, Überprüfung der Lösungsvorschläge oder schrittweisen Verfeinerung.

Arten von Prototyping

Das Ziel beim *explorativen Prototyping* besteht in der Spezifikation eines möglichst vollständigen Systems. Der Zweck besteht in der Überbrückung von Kommunikationsproblemen zwischen Systementwickler und Benutzern, in der Diskussion verschiedener Lösungsmöglichkeiten, sowie im Abklären der organisatorischen Realisierbarkeit der Alternativen. Die Vorgehensweise besteht in der Erstellung eines Prototyps anhand der ersten Vorstellungen über das System, im anschließenden anschaulichen Vorstellen, Diskutieren und Revidieren des Prototyps, bis dieser sowohl hinsichtlich der Funktionalität als auch der Ergonomie die Anforderungen der Benutzer erfüllt.

Das Ziel beim *experimentellen Prototyping* besteht in der Erprobung der technischen Realisierbarkeit der gestellten Anforderungen in geeigneter Art und Weise. Der Zweck besteht demnach darin, die Zweckmäßigkeit von Komponenten der Spezifikation, wie z.B. den Funktionsumfang, die Dialogführung, experimentell nachzuweisen. Der Nachweis wird in kooperativer Weise erbracht. Die Vorgehensweise besteht in der technischen Umsetzung der Spezifikation, die es gestattet, das System anhand konkreter Anwendungsbeispiele (Fallbeispiele) zu simulieren und zu bewerten. Aufgrund der Diskussion der Ergebnisse ergeben sich Änderungen, die zu berücksichtigen sind. Dieser Vorgang wird solange wiederholt, bis die Anforderungen der Benutzer entsprechend umgesetzt sind.

Das Ziel beim *evolutionären Prototyping* besteht in der stufenweisen Weiterentwicklung des gesamten Systems. Damit wird versucht, die Vorteile des Prototypings auf den gesamten Entwicklungszeitraum auszudehnen, indem von vornherein mehrere Ausbaustufen (Versionen) eingeplant werden. Der Zweck liegt in der besseren Möglichkeit zur sorgfältigen Gestaltung des Systems. Änderungswünsche, Verbesserungsvorschläge, Erweiterungen, usw. werden in der neuen Version berücksichtigt. Die Vorgehensweise besteht in der vorrangigen und vollständigen Realisierung der Basisfunktionen des Systems. Dieses "Basissystem" wird in Betrieb genommen und sukzessive zu einer erweiterten Version ausgebaut. Jeder Beginn einer neuen Version bedeutet somit einen kompletten neuerlichen Durchlauf des Entwicklungsprozesses.

Ins Vorgehensmodell der Arbeit wurden alle drei Arten von Prototyping eingebettet. Exploratives Prototyping findet in Phase 2 "Durchführen der Technikgestal-

---

[5] "Eine Analyse der Publikationen zeigt, dass durchaus keine Einigkeit darüber besteht, was man unter 'Prototyp' und 'Prototyping' in der Softwaretechnik versteht." Vgl. Pomberger 1987, S. 3, weiters vgl. Koslowski 1987, Kozar 1989.

tung und Spezifizieren der Anforderungen", Experimentelles Prototyping in Phase 3 "Auswählen oder Entwickeln von Software" Anwendung. Evolutionäres Prototyping wird durch das evolutionäre Vorgehensmodell der Arbeit berücksichtigt und bedeutet einen neuerlichen Durchlauf aller Phasen.

Werkzeuge

Als Generator werden Werkzeuge bezeichnet, die aus einer in Text oder Grafik vorgegebenen Spezifikation vollständig lauffähige Programme erzeugen. Der Entwickler muß daher nur spezifizieren "was" gemacht werden soll, ohne sich darum zu kümmern "wie" dies realisiert wird.

Die hier wichtigsten Generatoren sind die *Benutzerschnittstellen-Generatoren*[6], mit denen Benutzerschnittstellen einfach erzeugt, getestet, verändert und verwaltet werden können. "A User Interface Management System is a set of high-level interactive programs for designing, prototyping, executing, evaluating, and maintaining end user interfaces, all integrated under a single dialogue development interface. ... The term user interface management (UIMS) appears to have first been used ... 1982"[7]. Wünschenswerte *Eigenschaften* von UIMS sind:

- Methodische Unterstützung: UIMS sollten deren Benutzer bei deren Einsatz methodisch anleiten, da der Entwicklungsprozeß für Benutzerschnittstellen ein komplexer ist.
- Trennung der eigentlichen Schnittstelle von der Funktionalität der Anwendung.
- Funktionalität: Welche Standards für Benutzerschnittstellen und Dialogtechniken können erzeugt werden? Welche Ein-/Ausgabe-Medien stehen zur Verfügung?
- nahezu Vollständigkeit
- Erweiterbarkeit: Da absolute Vollständigkeit nicht erreichbar ist, müssen UIMS erweiterbar sein.
- Integration: Beispielsweise sollte eine Datenbank zur Speicherung von Ergebnissen der UIMS leicht einsetzbar sein.
- Muster-Vorlagen (Templates): Diese sollten standardmäßig angeboten und zusätzlich definiert werden können.
- Umgehbarkeit: In Fällen in denen UIMS nicht problemangepaßt eingesetzt werden können, sollte eine Umgehung des Werkzeuges möglich sein. Das heißt beispielsweise, daß mittels herkömmlicher Programmiersprachen Teile der Benutzerschnittstelle entwickelt werden können.
- Direkte Manipulationsmöglichkeit
- Benutzbarkeit: Meist sind UIMS komplex in ihrer Anwendung.

Das Vorhandensein dieser Eigenschaften führt zu 'besseren' Benutzerschnittstellen durch deren rasche Entwicklung und Realisierung, Änderungsfreundlichkeit, rasche Verfügbarkeit von verschieden Alternativen für dieselbe Applikation,

---

[6] Vgl. Hartson 1989, Kapitel 4, 5, Anhang, Myers 1989, Brown 1989, Kapitel 10.3.

[7] Vgl. Hartson 1989, S. 35, 38.

höhere Konsistenz durch Definition von Mustervorlagen und durch bessere Kommunikationsmöglichkeit im Entwicklungsprozeß.

Weiters sind Benutzerschnittstellen einfacher zu generieren und wirtschaftlicher zu pflegen durch deren strukturierteren und modularisierteren Code, Unabhängigkeit von der eigentlichen Funktionalität einer Applikation, Wiederverwendbarkeit der Schnittstellen, höhere Zuverlässigkeit, bessere Präsentations-, Test- und Bewertungsmöglichkeit und geringere Abhängigkeiten von spezifischen Ein-/Ausgabe-Medien.

Die Erfüllung dieser Eigenschaften von UIMS wird dabei teilweise bereits von den Basis-Komponenten der UIMS – den Fenstersystemen – übernommen. "A window system is minimally a set for managing program input and output through a restricted part of a display screen. ... Some window systems provide extensive support für networking, multitasking, and advanced interaction techniques."[8] Fenstersysteme – derzeit verbreitete sind[9] Microsoft Windows, Macintosh Window, NeWS, X Window – übernehmen grob vereinfacht die Funktion des Betriebssystems, jedoch nicht auf der Ebene der Verwaltung der Hardware-Ressourcen, sondern sie sind verantwortlich für alle Aspekte der Benutzeroberfläche – d.h. Benutzeraktivitäten, Aktualisierung des Bildschirmes, Eingaben, Ausgaben, etc.

Basierend auf diesen Fenstersystemen findet derzeit am Markt ein Wettbewerb um die führende Rolle bei der Durchsetzung von sogenannten 'Standards' für die Oberfläche von Benutzerschnittstellen statt. Die wichtigsten Standards für Oberflächen von Benutzerschnittstellen sind derzeit: Macintosh Standard[10], Open Look[11], OSF/Motif[12], Next Step, Presentation Manager[13], New Wave[14], DEC-Windows[15].

Eine Entscheidung welcher 'Standard' zum wirklichen Durchbruch gelangen wird, ist derzeit noch offen. Generatoren für Benutzerschnittstellen sollten es daher gestatten, zwischen verschiedenen 'Standards' wählen zu können. Nach der kurzen Diskussion der Basissysteme von UIMS folgen nun zwei Beispiele:

* *Open Dialogue:*[16] ist das Nachfolgeprodukt von Domain/Dialogue, läuft unter UNIX, ist in C++ geschrieben, ist objektorientiert, erlaubt ein dynamisches Generieren von Objekten der Oberfläche durch die Applikation, bietet eine Definitionssprache zur Beschreibung des Dialoges, ermöglicht einen benutzer- und rechnerinitiierten Dialog, ist vorwiegend für menü- und formularorientierte Dia-

---

[8] Vgl. Brown 1989, S. 208.

[9] Vgl. Hartson 1989, Brown 1989, Hayes 1989, MyUser 1989.

[10] Vgl. Apple 1987.

[11] Vgl. SUN 1989, 1989a.

[12] Vgl. OSF 1990.

[13] Vgl. IBM 1989, 1989a.

[14] Vgl. Schöb 1989.

[15] Vgl. Hancock 1989.

[16] Vgl. Brown 1989, Myers 1989, Wagner 1989.

logtechniken geeignet, gibt keine spezifischen Standards vor, ermöglicht aber deren Definition als Mustervorlage, erlaubt die Integration von Richtlinien aber nur in Form von Mustervorlagen, ermöglicht Applikationsunabhängigkeit – d.h. Schnittstellen-Komponenten können in verschiedenen Sprachen wie z.B. C, Fortran, Pascal programmiert werden, ermöglicht ein separates Übersetzen der Schnittstelle und der Applikation, unterstützt Prototyping gut, gestattet die Anbindung von eigenen 'Tools' und ist kommerziell verfügbar.

- *Dialog Manager*:[17] verwendet die deutsche Sprache, läuft unter UNIX, OS/2 und MS-DOS unter Anwendung der Fenstersysteme X Window Version X11, Presentation Manager und Microsoft Window, unterstützt die Programmiersprachen C, Pascal, Fortran, Cobol, Basic, verwendet eine Dialogbeschreibungssprache, ermöglicht Applikationsunabhängigkeit, unterstützt Prototyping, verfügt über einen Objekt- und Regeleditor und ist kommerziell verfügbar.

Zusammenfassend dient Prototyping vor allem zur Unterstützung der evolutionären Vorgehensweise. Es kann den herkömmlichen Entwicklungsansatz nicht ersetzten, sondern *nur* unterstützen! Beim Einsatz von Prototyping (-Werkzeugen) muß darauf geachtet werden, daß es nicht zu einer "quick and dirty"-Entwicklung kommt, sondern weiterhin eine systematische Vorgehensweise angestrebt wird[18]. Praktikabel wird die Methode jedoch erst durch unterstützende Werkzeuge, wie beispielsweise Generatoren für Benutzerschnittstellen.

5.2.2 Zur Kooperation

Partizipation[19]

Es ist unumgänglich, das Wissen und die Erfahrung (zukünftiger) Benutzer in den Gestaltungsprozeß frühestmöglich einzubringen. "Die mit dem *Begriff Partizipation* verknüpften Inhalte der Benutzerbeteiligung sind sehr vielschichtig, und reichen von der einfachen Information der Beteiligten bis zur Entscheidungsgewalt in einer Projektgruppe und als ideale Endstufe zum 'autonomen Design'"[20].

Partizipation fördert die bessere *Wahrnehmung organisatorischer Gestaltungsspielräume*. Die Existenz der Spielräume ist weithin unbestritten. Trotzdem herrschen tayloristische Arbeitsformen in der Praxis vor[21]. Die zentrale These von Sydow lautet: "Die Realisierung konservativer Organisationskonzepte beim Einsatz moderner Informations- und Kommunikationstechnologien ist auch (!) eine Folge der nur eingeschränkten Wahrnehmung dieser Organisationsspielräume

---

[17] Vgl. Dannenberg 1987, 1989, Raether 1989.

[18] Praktische Tips enthalten Teagan 1988, Klinger 1986, Guimaraes 1987, Österle 1988, S.101-116, Barkow 1986.

[19] Vgl. Peschke 1986, Mambrey 1985, Jansen 1989.

[20] Vgl. Peschke 1986, S. 83.

[21] Gründe für den bestehenden "organisatorischen Konservativimus" liefert u.a. Sydow 1989, S. 22f.

durch die an der Systemgestaltung bzw. -einführung Beteiligten."[22] "Eine wesentliche Voraussetzung dafür (für eine wirtschaftliche und menschengerechte Gestaltung, Anm. d. Verf.) ist, daß die bestehenden Organisationsspielräume vom verantwortlichen Management und den in dem von diesen gesetzten Rahmen agierenden Systemgestaltern und Organisatoren – aber auch von den Betroffenen selbst – wahrgenommen werden."[23]

Kooperative Projektorganisation[24]

Für ein bestimmtes Problem arbeiten die am besten geeigneten Personen aus verschiedenen Unternehmensbereichen ohne übertriebene Rücksichtnahme auf Statusfragen für einen befristeten Zeitraum zusammen.

Beispiel für eine kooperative Organisationsform

Für die Zusammenarbeit der unterschiedlichen Personen- und Interessensgruppen im Gestaltungsprozeß gilt es eine geeignete Organisationsform zu finden, in der die jeweiligen Funktionen und Kompetenzen klar definiert und abgegrenzt sind. Entsprechend der anfallenden Aktivitäten können drei Bereiche unterschieden werden:

    (a) übergeordnete Planung, Steuerung und Kontrolle
    (b) Ausführende Arbeiten der Analyse, Planung und Gestaltung
    (c) Beratung, Informationsvermittlung

Aus dieser Gliederung kann im Sinne einer Funktionsteilung die Bildung von drei kooperativ zusammengesetzten Gremien abgeleitet werden:

    (a) kooperative Projektkommission (Projektausschuß)
    (b) kooperative Projektgruppe, kooperative Arbeitsgruppe (Arbeitskreis, Planungsgruppe, Gruppengespräche)
    (c) Beratergruppe (Expertenkreis)

Das folgende, Projektorganisations-Modell soll die vorgeschlagene Organisationsform näher erläutern.

---

[22] Vgl. Sydow 1989, S. 17.

[23] Sydow 1989, S. 20 liefert Maßnahmen zur Verbesserung der Chancen zur Wahrnehmung von organisatorischen Gestaltungsspielräumen.

[24] Vgl. Koslowski 1987, Peschke 1986, Baitsch 1989.

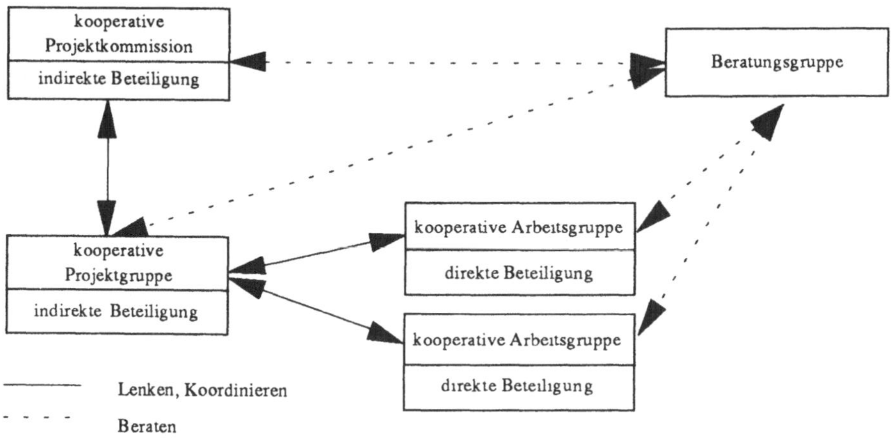

Abb. 5.2. Modell einer kooperativen Projektorganisation
(Quelle: in Anlehnung an Baitsch 1989)

Das Modell besteht aus der kooperativen Projektgruppe, in der alle Interessensgruppen gemeinsam Lösungsvorschläge erarbeiten. Dies geschieht unter der Kontrolle der kooperativen Projektkommission, die sich ebenfalls aus Vertretern aller
Interessensgruppen zusammensetzt.

Die Zusammensetzung der kooperativen Arbeitsgruppen richtet sich nach der
speziellen Aufgabenstellung (Entwicklung und Gestaltung von Teilen des gesamten Arbeitssystems, z.B. Einkaufsabteilung). Sie werden in der Regel etabliert,
wenn eine Systemabgrenzung durchgeführt wurde. Da die Arbeitsgruppe für einen
eingegrenzten Gestaltungsbereich (z.B. Gestaltung eines Bürosystems für die Einkaufsabteilung) zuständig ist, eröffnet sie gute Möglichkeiten einer direkten Beteiligung der späteren Benutzer bzw. Betroffenen. Die Beratergruppen, der externe
Berater (z.B. Wissenschaftler, Unternehmensberater) angehören können, kann von
den drei anderen Gremien zur Abfassung von Vorschlägen, Stellungnahmen (z.B.
bei unüberwindbaren Konfliktsituationen), zur Wissensvermittlung, usw.
eingesetzt werden. Auf diese Weise tragen verschiedene Stellen zur Lösung eines
komplexen Problemes durch interdisziplinäre Zusammenarbeit bei.

Betreuungs-Infrastruktur bzw. Benutzer-Service-Zentrum[25]

"The information center (= Benutzerservice-Zentrum, Anm. d. Verf.) is defined as:
The function responsible for assisting the user community in utilizing computer re-

---

[25] Vgl. Perry 1987, Burre 1989, Office Management 4/1987 und 9/1989.

sources in fulfilling their job responsibilities in an effective, efficient, and economical manner."[26]

Daraus leiten sich die *Aufgaben* der Betreuungseinrichtung, d.h. Konzepte für / Verwaltung von Hard- und Software, Schulung, Beratung und Betreuung und Kommunikation ab. Zur Durchführung dieser Aufgaben eignet sich eine *Organisationsform* wie dies für den Bereich der Benutzerprogrammierung – das Benutzer-Service-Zentrum (BSZ) – der Fall ist.

Weltz[27] empfiehlt darin eine "duale Organisation" der Benutzerbetreuung. Eine *zentrale* Instanz übernimmt alle Betreuungsaufgaben allgemeiner systembezogener Natur, *dezentral* hingegen findet eine benutzerbezogene Betreuung vor Ort statt. Eine detaillierte *Vorgehensweise* zur Einführung einer Betreuungs-Infrastruktur präsentiert Perry in einer sehr präzisen praktische Anleitung zur Einführung eines Information Centers[28].

5.2.3 Zur Qualifizierung

Projektbegleitendes Qualifizierungsprogramm[29]

Im Rahmen eines projektbegleitenden Qualifizierungsprogrammes sollte allen Beteiligten zu folgende Qualifizierungsinhalten Wissen vermittelt werden:

* *Organisationswissen.* Es sollten grundlegende Kenntnisse über die unternehmensinterne Aufbau- und Ablauforganisation vermittelt werden, damit die organisatorischen Zusammenhänge innerhalb des zu gestaltenden Bereiches klar werden.
* *Fachwissen.* Das aufgaben- und arbeitsplatzspezifische Fachwissen der Benutzer bzw. Betroffenen ist zu erweitern, damit sie die sich bietenden Möglichkeiten zu einer ganzheitlichen Arbeitsgestaltung nutzen können. Das erweiterte Fachwissen sollte sie dazu befähigen, beispielsweise Anforderungen bezüglich der Art und des Umfanges des Informationsangebotes, der Festlegung von erforderlichen Handlungs- und Entscheidungsspielräumen, usw. zu stellen.
  Den Systementwicklern – die in der Regel mit den Aufgaben des zu gestaltenden Bereiches nicht vertraut sind – ist ein erster Überblick über diese zu geben (z.B. Art der Aufgaben, Aufgabenverteilung).
* *EDV-Wissen.* Den Betroffen bzw. Benutzern ist grundlegendes Wissen über den Aufbau, die Funktionsweise, die Einsetzbarkeit, die Leistungsgrenzen von Hard- und Software, sowie die im Entwicklungs- und Auswahlprozeß zum Einsatz gelangenden Methoden und Werkzeugen (z.B. für Istanalyse, Sollanalyse, Erstellen eines Pflichtenheft) zu vermitteln.

---

[26] Vgl. Perry 1987, S. 1.

[27] Vgl. Weltz 1987, S.8-12, Ortmann 1989.

[28] Vgl. Perry 1987.

[29] Vgl. Tjoa 1990, Wöcherl 1988.

- *Soziales – strategisches – formales Wissen.* Die Beteiligten und Betroffenen sollten grundlegende Kenntnisse über soziales Handeln (kooperatives Arbeiten), über strategische Vorgehensweisen und über formale Aspekte wie schriftlicher und mündlicher Ausdruck, Umgangsformen, usw. aufweisen.
- *Ergonomisches Wissen.* Die mit einem ergonomischen Gestaltungsprozeß verbunden Sicht- und Vorgehensweisen (aufgabenorientiert, ganzheitlich, menschenzentriert, kooperativ, evolutionär) sind allen Beteiligten zu vermitteln. Gleichzeitig sind die dafür erforderlichen Gestaltungsrichtlinien darzustellen.

Werkzeuge zum Ermitteln des Qualifikationsbedarfs

Im folgenden werden Beispiele solcher Werkzeuge vorgestellt: Das arbeitspsychologische Verfahren *"Fragebogen zur Arbeitsanalyse (FAA)"*[30] eignet sich einerseits zur Analyse der qualifikatorischen Anforderungen an einen Arbeitsplatz (Soll-Qualifikation). Andererseits werden damit die Eignungen, die ein Bewerber mitbringt, analysiert (Ist-Qualifikation). Aus der Differenz zwischen Soll- und Ist-Qualifikation läßt sich der Qualifikationsbedarf ableiten.

Zwei weitere Beispiele für Erhebungswerkzeuge befinden sich in Form eines *Fragebogens* in (Döbele-Berger 1988, Anhang E, insbesonders für Sachbearbeiterprogrammierung)[31] und als Idee in (Kiesmüller 1987, S. 273 f). Die unternehmensspezifische Weiterentwicklung solcher Werkzeuge erscheint für die Erhebung des Bedarfs geeignet und empfehlenswert.

Organisatorische Vorgehensweise zur Qualifizierung und unterstützende Werkzeuge

Unter Qualifizierungskonzept wird im folgenden die Organisation von einzelnen Qualifizierungsmaßnahmen und -schritten zu einem Gesamtkonzept verstanden. Dieses Konzept ist in Abstimmung mit dem Projektplan in einen zeitlichen Rahmen – dem Qualifizierungsplan – einzubetten.

Basierend auf dem ermittelten Qualifikationsbedarf ist ein Qualifizierungskonzept und -plan zu erstellen, in denen sichergestellt wird, daß alle Betroffenen zum Zeitpunkt ihrer Arbeit mit dem neuen Bürosystem über die notwendigen Qualifikationen verfügen. Dabei bietet sich folgende *Vorgehensweise* an.

- Übersetzen des Qualifikationsbedarfs in Qualifizierungsziele, -inhalte und -schritte
- Sichten, Prüfen verfügbarer Qualifizierungsangebote (inner- und außerbetrieblich)
- Ausarbeiten von Lernprogrammen

---

[30] Vgl. Frieling 1978, Vollmer 1981.

[31] Der Fragebogen dient zur Ermittlung von allgemeinen arbeitsplatzbezogenen Angaben, Fertigkeiten, Kenntnissen, Aufgaben, Kooperations- und Motivationsangaben. Benötigte Qualifizierungen werden dabei mittels 5-stelliger Skala mit den Betroffenen abgeleitet.

- Organisieren des Qualifizierungskonzeptes und Erstellen eines Qualifizierungsplanes

Idealerweise sollten schon in frühen Phasen des Gestaltungsprozesses Qualifizierungsmaßnahmen durchgeführt werden. Zuerst sollten dabei Grundlagenqualifikationen und funktions-/aufgabenspezifische Qualifikationen vermittelt werden, bevor auf arbeitsplatzspezifische Qualifikationen (z.B. Bedienerwissen) konkreter eingegangen wird.

Werkzeuge zur Qualifizierung: Zur Unterstützung der Lernorganisation sind Werkzeuge hilfreich. Diese werden teilweise unter dem Schlagwort "Computer-Managed Interaction (CMI)" angeboten[32]. Als Werkzeuge zur Organisation und Planung sind diejenigen zum Projektmanagement (s.u.) geeignet. Weiters sind einerseits außerbetriebliche Lernformen, d.h. Weiterbildungsinstitutionen, wie Volkshochschulen, Hersteller, private Institutionen, Bildungswerke und Fachhochschulen geeignet[33]. Diese bieten Kurse der verschiedensten Art an, die zur Erreichung der Qualifizierungsziele herangezogen werden können.

Ein Vorteil der Nutzung außerbetrieblicher Institutionen liegt darin, daß diese i.d.R. EDV-Grundlagen, Organisationswissen, Datenschutz und rechtliche Möglichkeiten standardmäßig in ihren Kursen integriert haben. Speziell für den Bereich Software-Ergonomie wird im deutschsprachigen Raum alljährlich im Herbst die sogenannte *"Software-Ergonomie-Herbstschule* (kurz: SEH-Schule)" veranstaltet. Diese Lehrtagung setzt sich aus einem Grundkurs und einem Aufbaukurs zusammen. Ziel des Grundkurses ist die Vermittlung der Grundzüge von interaktiven Softwaresystemen, ihre Demonstration und Einübung. Die Themen des Aufbaukurses sind weiterführende, vertiefende Aspekte, Techniken und Methoden der Software-Ergonomie. Der Aufbaukurs richtet sich an Teilnehmer mit Vorkenntnissen. Neuerdings werden auch Kurse zu diesem Themenbereich im Rahmen der *"Online-Seminare"* öffentlich zugänglich angeboten.

Andererseits sind innerbetriebliche Lernformen wünschenswert. Ein zu empfehlender Ansatz ist die *Grund- und anwendungsbezogene Qualifizierung*[34]:

- Ziel: Vermittlung von Grundlagen, Befähigung zu selbständigen Erstellen/Optimieren von Arbeitsabläufen und Problemlösungen unter Anwendung von EDV

- Lernort: Arbeitsbereich, (Lern-) Arbeitsplatz, Schulungsraum

- Lernmethoden: vorbereitende Methoden wie Einzel-/Gruppengespräche, Exkursionen, Vorträge und Filme; observatives, verbales, mentales, kognitives, interaktives Training; selbsterarbeitende Methoden (Experiment, Fehler-/Problemanalyse, Diskussion)

- inhaltlichen Aufbau: Vorbereitung/Hinführen; allgemeinbildender Grundlehrgang über Informationstechniken, Funktionen, Auswirkungen; Grundlehrgang zur Vertiefung des Fachwissens; Bedienungswissen in Form von Theorie-Pra-

---

[32] Vgl. Congress of the U.S. 1985, S.86, Eberts 1987,.

[33] Vgl. Döbele-Berger 1988, Kap.6, Töpfer 1987, S.99-104.

[34] In Anlehnung an Wöcherl 1988.

xis-integrierender Unterweisung; problem- und kooperationsbezogener Speziallehrgang zur Vermittlung selbständiger Handlungskompetenzen; Einarbeitung am Arbeitsplatz

Dadurch wird erreicht, daß durch die Anwendung dieser Lernform eine anforderungsgerechte Qualifikation durch Verknüpfung einführender, fachlicher, aufgaben- und problembezogener Qualifizierungsschritte erhalten wird.

5.2.4 Zur Kommunikation

Zentraler Begriffskatalog[35]

Als Grundlage für eine einheitliche Terminologie sollte ein Zentraler Begriffskatalog des Unternehmens, zumindest des Bürobereiches, existieren (z.B. in Organisationshandbüchern festgelegt oder in einem Datenmodell fixiert). Dieser stellt ein systematisch geordnetes Verzeichnis von Begriffen der Bürowelt dar (=Thesaurus).

Verschiedene Sichtweisen[36]

Als weiteres Mittel zur Förderung des gegenseitigen Verständnisses aller Beteiligten ist es zweckmäßig, verschiedene Sichtweisen zu einem Problem – z.B. in Form eines Rollenspiels – einzunehmen, da dieses die Durchschaubarkeit (Transparenz) des Problems erhöht[37].

Den Sichtweisen lassen sich drei grundlegende Modelle zuordnen. Das "klassische/funktionsorientierte Modell", welches die Funktionen (z.B. Erstellen, Löschen, Anlegen, Kopieren von Objekten) in den Mittelpunkt rückt, das "datenorientierte Modell", welches die Konzeption eines Datenmodells vor die der Funktionen stellt und das "ereignisorientierte ("behaviour") Modell", in welchem die Ereignisse (= "Events") im Vordergrund stehen. Dabei ist primär zu analysieren, welche (Folgen von) Ereignisse(n) eintreten können.

Ein "weiteres" Modell, indem klassisches/funktions- und datenorientiertes Modell vereint sind, wird als "objektorientiertes Modell" bezeichnet und beinhaltet als Blickwinkel die Daten und Funktionen als unzertrennbare Einheit – als Objekt.

Heutzutage stellt es keine Seltenheit mehr dar, das Werkzeuge zwei bzw. drei verschiedene Sichtweisen integriert haben. Da verschiedene Sichtweisen auf ein Problem die Durchschaubarkeit erhöhen, ist der Einsatz von Werkzeugen mit mindestens zwei integrierten Sichtweisen zu empfehlen[38].

---

[35] Vgl. Tjoa 1990.

[36] Vgl. Olle 1988, Docherty 1987.

[37] In der Praxis wird i.d.R. nur eine bzw. max. zwei Sichtweisen durch die Wahl einer Methode implizit angewendet, ohne daß man sich über die damit verbundenen Auswirkungen den Kopf zerbricht. Vgl. hiezu Olle 1988, Kap.1.9, Docherty 1987, S. 163-175 und 285-301.

[38] Vgl. Olle 1988, Appendix A, Martin 1988, Appendix A, Gutzwiller 1988.

5.2.5 Zum Projekt-Management[39]

Effektives Management von Projekten hängt von einer gründlichen Projekt-Fortgangsplanung, der Vorwegnahme von möglicherweise auftretenden Problemen und deren vorausschauenden Lösung ab. Der Planungsprozeß beginnt mit der Festsetzung der Rahmenbedingungen – d.h. Fertigstellungszeitpunkt, Personal, Budget, usw. – für das Projekt. Erste Schätzungen über die Struktur, Größe, usw. des Projektes sowie über "Meilensteine" werden gemacht. Ein Projektplan wird erstellt, indem die verschiedenen zu bewältigenden Aufgaben und alle dafür notwendigen Ressourcen koordiniert werden. In periodischen Abständen wird dieser Plan anhand neuerer Erkenntnisse revidiert.

Insbesondere die Methoden der Netzplantechnik – z.B. CPM, PERT, MPM, HMN, PDM, PPS[40] – dienen dabei der Planung, Koordinierung und Kontrolle komplexer Projektabläufe, wenn viele, teilweise gleichzeitig ablaufende Tätigkeiten aufeinander abgestimmt werden müssen. Ein "Netzplan" erlaubt dabei eine graphisch anschauliche Darstellung einer komplexen Projektstruktur[41].

Die Methoden und Werkzeuge zum Projektmanagement dienen zur Unterstützung der *Planung* der Aktivitäten, des Personales, der Kapazitäten, der Termine und der Kosten, der *Überwachung und Steuerung* durch Kontrollinformation, Soll-Ist-Vergleich, Frühwarnsysteme, Trendrechnungen, Simulationsverfahren und der *Projektinformation* durch Berichtswesen, diverse Auswertungs- und Ausgabemöglichkeiten.

5.2.6 Zur Informationsgewinnung

Dokumentenanalyse[42]

(Schriftliche) Unterlagen erleichtern die Orientierung, ersetzen jedoch nicht die Kommunikation vor Ort. Beispiele solcher Unterlagen sind: Organigramm, Stellenbeschreibung, Richtlinien, Arbeitsablaufdiagramme, Formulare, Pflichtenheft, Datenflußpläne, etc.

(klass.) Kreativitätsmethoden[43]

"Die Kreativitätsmethoden ermöglichen die gezielte Erarbeitung kreativer Lösungen. Es werden flüchtige Ideen, Gedanken und Vorstellungen nutzbar gemacht. Dabei werden, die jedem Individuum eigenen, unzähligen Einstellungen und

---

[39] Vgl. Voss 1989, Sommerville 1989.

[40] Vgl. Altrogge 1979, Neumann o.J. .

[41] Vgl. Zehnder 1986, S. 186.

[42] Vgl. Grochla 1982, Dunckel 1989a.

[43] Vgl. Wifi 1986, Grochla 1982.

Ideen, welche durch individuelle, unterschiedliche Erfahrungen, Erziehungs- und Denkstrukturen usw. gekennzeichnet sind, gezielt genutzt."[44]

Da der notwendige Aufwand zum Erlernen und zur Anwendung einer dieser Methoden in vielen Fällen ein K.O.-Kriterium sein wird, sind nur die Methoden Brainstorming, Funktionsanalyse und Methode 635 – in selbiger Reihenfolge – empfehlenswert:

- Beim *Brainstorming* werden freie Ideen zu einem vorgestellten Problem und zu den Ideen anderer Gruppenmitglieder entwickelt. Es handelt sich um eine intuitive Vorgehensweise bei der emotional gesteuerte Assoziationsketten gebildet und anschließend ausgearbeitet werden. Sie ist insbesonders für Probleme geeignet, die rasch gelöst werden müssen. Komplexe Sachverhalte lassen sich damit kaum lösen.
- *Funktionsanalyse* wird dagegen logisch, analytisch betrieben. Funktionen (Probleme) werden in übersichtlicher Form z.B. in Matrixform analysiert, Lösungsmöglichkeiten entwickelt und miteinander kombiniert.
- Auch die *Methode 635* beinhaltet eine vorwiegend logisch analytische Vorgehensweise, bei der Assoziationsketten zu exakt beschriebenen Problemstellungen formal gesteuert gebildet werden.

Methoden aus der empirischen Sozialforschung[45]

Die nachfolgenden Methoden wurden in benutzerorientierte – d.h. der Benutzer ist Informationsquelle – und expertenorientierte – d.h. der Experte gibt die Informationen – gegliedert.[46]

Benutzerorientierte Methoden

objektive Methoden: Sie sind durch eine systematische Beobachtung des Benutzerverhaltens bzw. von Arbeitssituationen gekennzeichnet, um darüber objektive Daten zu gewinnen.

Beobachtung[47]

Beispielsweise wird anhand eines Schemas das Verhalten der "beobachteten" Person einen Tag lang protokolliert. Der Beobachter ist dabei auf ganz bestimmte Ereignisse – wie: Wie oft beansprucht man die Hilfe-Funktion des Systems? – sensibilisiert. Anschließend wird daraus ein "Tätigkeitsprofil" erstellt.

Dabei sollte diese Methode nur angewendet werden, wenn die Zustimmung der Beobachteten eingeholt wurde, verdeutlicht wurde, daß das System und nicht die Person betrachtet wird, der Zweck und Inhalt der Analyse offengelegt wurde und

---

[44] Vgl. Wifi 1986, S. 7.

[45] Vgl. Friedrichs 1985, Grochla 1982, Clegg 1988, Piepenburg 1989.

[46] in Anlehnung an Howard 1987, Karat 1988 und Bertaggia 1989.

[47] Vgl. Friedrichs 1985, Grochla 1982, Clegg 1988.

ein Vergleich der gezogenen Schlüsse und Interpretationen mit der Meinung des Beobachteten vorgenommen wird. Dann eignet sich Beobachtung vornehmlich für komplexe Sachverhalte, die von den Betroffenen nicht angemessen wahrgenommen, zumindest jedoch nicht zuverlässig berichtet werden. Dabei ist mit folgenden Problemen zu rechnen:

- Fehler durch die begrenzte Beobachtungszeit
- geistige Arbeit (Kopfarbeit) läßt sich schwieriger als Handarbeit beobachten
- Wahl der zu Beobachtenden: Häufig wird die Auswahl so getroffen, daß das Ergebnis – z.B. gegenüber externen Beobachtern – nicht zu schlecht ausfällt.
- Effekte der Beobachtung: Häufig entsprechen die zu beobachtenden Personen, Arbeitsbedingungen, usw. nicht der Realität. Der Beobachtete möchte in einem möglichst positiven Lichte erscheinen. Untersuchungen zeigen, daß das Verhalten des Beobachteten sich erst nach 2 bis 3 Tagen normalisiert.

Subjektive Methoden: Bei diesen Verfahren ist der Benutzer selbst derjenige, der aufgrund seines Wissens Informationen über das System gibt.

Befragung (Interview, schriftliche Befragung)

In Abhängigkeit davon, ob die Befragung mündlich oder schriftlich erfolgt, stehen als Techniken das "Interview" oder die "schriftliche Befragung" beispielsweise mittels Fragebogen zur Wahl. Beide werden in der Praxis auch in Kombination eingesetzt.

Im Interview[48] wird versucht, durch entsprechende Fragen ein möglichst genaues Bild einer Situation – z.B. der Ist-Situation – zu erhalten. In einer "lockeren" Gesprächsatmosphäre kommt es nicht nur auf sachliche, nüchterne Fakten an, sondern es können vom Betragten auch subjektive Einschätzungen eingebracht werden. Das Interview ist eine eher zeitaufwendige Methode, die daher nicht bei jedem Problem, an jedem Arbeitsplatz angewendet werden kann. Aufgrund unterschiedlicher Qualifikationen des Interviewers und des Befragten kann zu es Verständnisproblemen kommen.

Schriftliche Befragung (Fragebögen)[49]: Eine vorgefertigte Liste von Fragen wird ausgegeben, die innerhalb eines bestimmten nicht zu lang bemessenen Zeitraumes zu beantworten sind. Fragebögen können im Gegensatz zu Interviews "flächendeckend" und für die Befragenden zeitsparend eingesetzt werden. Zur Gestaltung des Fragebogens ist Erfahrung unerläßlich, da die Fragestellungen schon grob festlegen, wie die Ergebnisse aussehen werden. Die Auswertung kann mittels statistischer Methoden erfolgen. Den Vorteilen gegenüber dem Interview – geringere Kosten, geringerer Zeitaufwand, einfachere Befragung geographisch verstreuter Personen, kein Einfluß des Interviewers, stärkeres Durchdenken der Fragen – stehen die Nachteile – niedrige Rücklaufquote, Unkontollierbarkeit der Erhebungssituation, Unkenntnis der Art der Ausfälle – d.h. warum wurden Bögen nicht zu-

---

[48] Vgl. Friedrichs 1985, S. 207-224, Grochla 1982, S. 361-364.

[49] Vgl. Friedrichs 1985, S. 236-246, Clegg 1988, S. 159-162, Grochla 1982, S. 364-366.

rückgeschickt, keine Möglichkeit der individuellen Erläuterung der Fragen durch einen Interviewer – gegenüber. Als eine spezielle Art von Fragebögen können *Checklisten* angesehen werden. In diesen wird ein Katalog von Fragen – in Frageform oder in Form von Sachverhaltsdarstellungen – mit vorgegebenen Antwortalternativen (z.B. ja, teilweise, nein) dem Befragenden bzw. Befragten in die Hand gegeben. Die Fragen sind dabei meist so aufgebaut, daß ein "ja" ein anzustrebender Zustand, ein "nein" ein zu vermeidender beinhaltet. Checklisten sind einfach handhabbar und eignen sich gut zur Durchleuchtung "qualitativer" Aspekte.

Selbstaufschreibung[50]

Die Mitarbeiter werden gebeten, beispielsweise für eines bestimmten Zeitraum anzugeben, welche Aufgaben sie durchzuführen haben. Als typische Form dieser Methode sind die Tages- bzw. Wochenberichte zu nennen, bei denen der Mitarbeiter unter einem Zeitbalken die von ihm durchgeführten Aufgaben nach Art und Dauer aufführt.

Selbstaufschreibung eignet sich z.B. für die Ermittlung von Tätigkeitsprofilen, von Arbeitsabläufen, Aufgabenverteilungen, insbesondere dann, wenn der Aufwand für Befragungen und/oder Beobachtungen zu hoch wäre, weil beispielsweise der Umfang des Untersuchungsbereiches zu groß ist.

Das Hauptproblem liegt im Erhalten von verläßlicher Information durch den Aufschreibenden. Bewußter Manipulation ist Tür und Tor geöffnet. Wichtig ist, daß die gewonnen Daten nicht die einzige Quelle darstellen. Stichprobenartige Ergänzungen und Überprüfungen durch einzelne Befragungen bzw. Beobachtungen sind empfehlenswert. Da die gewonnenen Informationen i.d.R. nicht von sehr hoher Zuverlässigkeit sind, eignet sich diese Methode nur in Kombination mit anderen wie z.B. Befragung, Beobachtung bzw. für Situationen, bei denen die Kosten der Untersuchung die primäre Restriktion darstellen. Letzteres wird eher bei Kleinbetrieben der Fall sein.

Expertenorientierte Methoden: Ein Experte liefert Informationen aufgrund seines Wissens und seiner Erfahrung.

Expertenurteil[51]

Prinzipiell geht es beim Expertenurteil um die Begutachtung und Bewertung eines Gegenstandes oder Bereiches durch eine Person, die ausweislich durch formale oder inhaltliche Qualifikationen hierfür einen hohen Kenntnisstand aufweist. Üblicherweise wird das Prüfungsergebnis in schriftlicher Form niedergelegt. Das Expertenurteil ist die in der Praxis am häufigsten angewendete Methode. Eine nähere Bestimmung dessen, was einen Experten ausmacht, ist nicht immer leicht; eine pauschale Definition erscheint unmöglich.

---

[50] Vgl. Grochla 1982, S. 370-372, Synonym: user diaris Clegg 1988, S. 166f.

[51] Vgl. Piepenburg 1989, S.30-33, 60f und Kapitel 6, Hoyos 1988, S.12.

Nach dem Grad der Strukturiertheit eines solchen Urteils lassen sich drei methodische Vorgehensweisen unterscheiden:

- *frei strukturiert Expertenurteil*: Der Kenntnisstand des Experten allein bildet die Grundlage zur Bewertung. Die Nachvollziehbarkeit solcher Urteile ist kaum möglich.
- *Kriteriengeleitete Expertenurteil*: Dem Experten liegt eine Liste von vorgegebenen Kriterien vor, nach denen er zu beurteilen hat. Die Stellungnahme kann dabei entweder frei, oder in Form von vorgegebenen Antwortvorgaben abgegeben werden.
- *methodengeleitete Expertenurteil*: Neben den Kriterien sind dem Prüfer auch noch die anzuwendenden Methoden – z.B. in Form eines Prüfleitfadens – vorgegeben. Hierbei ist die größte Nachvollziehbarkeit gegeben.

5.3 Spezielle Methoden und Werkzeuge für die Organisations- und Aufgabengestaltung

5.3.1 Normen und Richtlinien für die Organisations- und Aufgabengestaltung

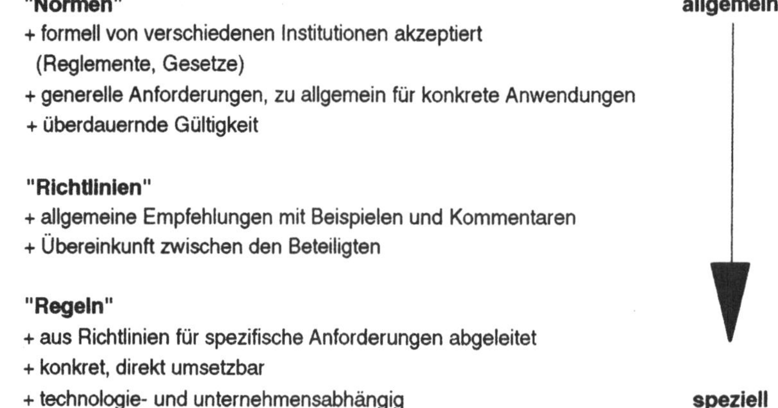

Abb. 5.3. (Quelle: in Anlehnung an Ackermann 1990)

"Smith versteht unter Normen eine Anzahl genereller Anforderungen, welche formell von verschiedenen Institutionen akzeptiert sind. Normen können in Vereinbarungen, Reglements oder gar Gesetzen dokumentiert werden. Ein Beispiel hierfür sind die Deutschen Industrie Normen DIN (ein weiteres die ÖNORMEN,

Anm. d. Verf.). Richtlinien dagegen sind allgemeine Empfehlungen mit Beispielen, zusätzlichen Erläuterungen und Kommentaren. Sie beruhen auf einer Übereinkunft zwischen den Beteiligten und werden meist aus empirischen Befunden und/oder bekannten Theorien hergeleitet. Dabei sind Richtlinien meist allgemein formuliert und müssen entsprechend den tatsächlichen Gegebenheiten auf die spezifische Zielsetzungen des zu entwickelnden Produkts zugeschnitten werden. Regeln werden aus den Richtlinien für eine spezifische Anwendung hergeleitet und gelten nur für diese. Die Regeln beruhen demzufolge auf einem Konsens der Beteiligten aufgrund der Anforderungen an das Produkt und der zutreffenden Richtlinien."[52]

Normen

für Bildschirmarbeitsplätze – Gestalten des Arbeitssystems

ISO 9241 Visual display terminals (VDTs) user for office tasks – Ergonomic requirements, Part 1: General introduction und Part 2: Task requirement, Proposals, 1988
DIN 33400: Gestalten von Arbeitssystemen nach arbeitswissenschaftlichen Erkenntnissen; Begriffe und allgemeine Leitsätze
ÖNORM A 8000: Gestalten von Arbeitssystemen nach arbeitswissenschaftlichen Erkenntnissen; Begriffe und allgemeine Leitsätze
ÖNORM A 8050: Arbeitsanalyse; Allgemeines

Richtlinien[53]

Im folgenden werden einige allgemein anerkannte Richtlinien für unterschiedliche Gestaltungsbereiche präsentiert:

Mensch-Mensch Funktionsverteilung

- Vor der eigentlichen Beschaffung von Bürosystemen ein organisatorisch-technisches Gesamtkonzept (z.B. Vorstudie, Organisations- und Aufgabenkonzepte) erstellen, um das Risiko ungeplanter, negativer Auswirkungen auf die Arbeitsorganisation zu verringern. Möglichkeiten der neuen Technologien zur Schaffung flexibler, dezentraler Organisationsstrukturen ausnutzen.
- Im Rahmen des organisatorisch-technischen Gesamtkonzeptes sind die Teilbereiche der Organisation, die von einem Einsatz eines Bürosystems betroffenen sein könnten, gründlich zu untersuchen. Bestehende Verflechtungen sind aufzuzeigen, um unkontrollierte Auswirkungen zu vermeiden.
- Flexibilität der Arbeitsorganisation: Den Gestaltungsspielraum der Mitarbeiter nicht durch unangemessene Standardisierung und Formalisierung – im Zuge der Einführung von Bürosystemen – einschränken.

---

[52] Vgl. Ackermann 1988, S. 255.

[53] Vgl. Tjoa 1990.

- Extreme Formen der Arbeitsteilung (Spezialisierung) vermeiden, um negative Auswirkungen auf die Mitarbeiter zu verhindern (z.B. sinnentleerte Resttätigkeiten, soziale Isolation, Demotivation, hohe Fluktuationsrate).
  ufgabenbereiche bilden, die eine sachlogisch vollständige Aufgabendurchführung ermöglichen (z.B. vollständige Bearbeitung eines Schadensfalles) und Kooperation mit Mitarbeitern unterschiedlicher Arbeitsplätze unterstützen.
  Beispiele: "kooperative Arbeitsteilung/qualifizierte Assistenz"; "selbstregulierende Gruppen".
- Organisationskonzepte durch eine entsprechende Personalstruktur und eine ausreichende Personalbemessung ergänzen.

Gestaltung der Arbeitsabläufe

- ganzheitliche Aufgabendurchführung: Mitarbeiter erledigt möglichst alle zur Bearbeitung einer Aufgabe (z.B. Geschäftsfall) nötigen Arbeitsschritte (Integration von planenden, ausführenden und kontrollierenden Tätigkeiten). Beispiel: "qualifizierte Mischarbeit"
- Bei der Aufgabengestaltung Bezug zur Gesamtaufgabe herstellen, indem beispielsweise neben Tätigkeiten am Bürosystem, auch Beratungs- und Betreuungstätigkeiten in das Aufgabenspektrum aufgenommen werden.
- Aufgaben mit realistischen Anforderungen für den Mitarbeiter an sein Können und Wissen. Er soll seine Fähigkeiten und Kenntnisse voll entfalten und weiterentwickeln können, ohne durch zu leichte, eintönige Aufgaben unterfordert (Langeweile, Desinteresse) und durch zu schwierige Aufgaben überfordert (Streß) zu werden.
- Bei Aufgabenerfüllung dem Mitarbeiter Autonomie zugestehen, die es ihm erlauben seine persönliche Arbeitsweise und Handlungsstrategie zu entwickeln.
- Aufgabenkontrolle soweit wie möglich durch Selbstkontrolle und Eigenverantwortung.

Mensch-Rechner Funktionsverteilung

- vollständige Bearbeitung zusammengehöriger Arbeitsschritte mit Hilfe des Bürosystems ermöglichen (vorgangsorientierte Bearbeitung), keine Zerstückelung von Aufgaben ("aufgabenorientierte Software").
- Womöglich keine Arbeitsplätze mit ausschließlicher Bildschirmarbeit schaffen, sondern Mischtätigkeiten: z.B. Kombination von Aufgaben am Bildschirm mit vor- und/oder nachgelagerten Aufgaben ohne Bildschirmbenutzung.
- Bürosystem an die Arbeitsverhältnisse des Menschen anpassen, d.h. die Mensch-Rechner Funktionsverteilung darf nicht so sein, daß der Mensch nur mehr jene "Restaufgaben" bearbeiten darf (z.B. Erfassen von Daten), die derzeit nicht oder nur mit großem Aufwand automatisierbar sind.
- Entscheidungen sollen beim Menschen verbleiben. Dabei sicherstellen, daß es zu keiner Überforderung des Benutzers kommt. Benutzer muß einerseits über die notwendigen Qualifikation verfügen, und andererseits die entsprechenden Informationen zur Entscheidungsfindung vom Bürosystem zur Verfügung gestellt bekommen.

- Arbeitsteilung zwischen Mensch und Rechner hat so zu erfolgen, daß der Benutzer jene Vorgehensweise zur Aufgabenerfüllung entwickeln kann, die seiner Persönlichkeit angepaßt ist.
- Extrem belastende, monotone, geringe geistige Anforderungen stellende Aufgaben automatisieren. Dadurch für den Benutzer Freiräume schaffen, die es ihm ermöglichen, sich mehr anspruchsvollen Aufgaben zu widmen.
- Problemlösen bleibt beim Menschen. Bürosystem dient nur als Hilfsmittel, über dessen Einsatz zur Aufgabenerfüllung der Mensch teilweise autonom entscheiden kann. Dies bedingt auch eine möglichst freie Wahl der Kommunikationsmittel (z.B. persönliche Kommunikation, elektronische Post, Datenträger, Telefax, Telefon).
- Abhängigkeit des Benutzers vom Bürosystem minimieren. Daher Benutzer die Möglichkeit zu einer eigenverantwortlichen, lokalen Verarbeitung, Verwaltung und Sicherung der Daten einräumen.
- Kooperative Aufgabenerfüllung mittels Bürosystem unterstützen und die persönliche Kommunikation nicht vollständig ersetzen.
- keine personenbezogene Leistungs- oder Verhaltenskontrolle mit Hilfe des Bürosystems
- Protokollierungsmöglichkeiten des Bürosystems offen legen

Im Buch von Clegg finden sich zahlreiche Operationalisierungen dieser Richtlinien für den Praktiker in Form von sehr detaillierten Checklisten[54]. eitere teilweise spezifischere Richtlinien lassen sich aus den Prüffragen von Aufgabenanalyseverfahren ableiten. Vergleiche dazu die Ausführungen im folgenden Kapitel.

Im Vergleich zur Operationalisierung und Anzahl an Richtlinien für die Benutzerschnittstelle existieren für den organisatorischen Bereich nur sehr eingeschränkt konkrete Anhaltspunkte zur ergonomischen Gestaltung.

5.3.2 Arbeitsanalyseverfahren

Der Schwerpunkt liegt in der Gestaltung von (Arbeits-) Systemen, die an den Menschen mit seinen Aufgaben angepaßt sind. Dabei spielen Erkenntnisse aus der Arbeitspsychologie eine wesentliche Rolle.

Die Werkzeuge zur Unterstützung dieser Sichtweise lassen sich grob zwei Methodengruppen zuordnen: Einerseits die *objektiven Methoden* – d.h. Einflüsse von Individuen werden weitgehend elimeniert – und andererseits die *subjektiven* – bei denen diese Individuen geradezu im Mittelpunkt stehen.

Den objektiven Methoden lassen sich vorwiegend diejenigen Methoden zuordnen, die die Aufgabe primär im Blickwinkel haben, also aufgabenorientiert sind. Analog lassen sich die personenorientierten den subjektiven Methoden zuordnen, da die Person, im Mittelpunkt der Analyse stehen.

---

[54] Vgl. Clegg 1988.

Konkret zu empfehlen Werkzeuge sind:[55] von den *objektiven*, aufgabenorientierten Verfahren:

* *Verfahren zur Ermittlung von Regulationserfordernissen in der Arbeitstätigkeit im Büro* (VERA/B)[56]
* *Tätigkeitsanalyseinventar* (TAI)[57]
* Kontrastive Aufgabenanalyse (KABA)[58]

von den aufgabenorientierten Checklisten:
* *Verfahren zur Beschreibung und Bewertung von Arbeitstätigkeiten* (VBBA)[59]

von den *subjektiven*, personenorientierten Verfahren:
* Fragebogen zur *subjektiven Arbeitsanalyse* (SAA)[60]
* Subjektive Tätigkeitsanalyse (STA)[61]
* *Job Diagnostic Survey* (JDS)[62]

von den personenbezogenen Checklisten:
* Fragebogen zur Beurteilung von Dialog-Bildschirmen[63]

Zusammenfassend ist festzustellen, daß die Werkzeuge eher zur Analyse und Bewertung, denn zur Gestaltung anwendbar sind. Ein Kernproblem besteht in der uneinheitlichen Terminologie in und zwischen den Verfahren. Dies beruht wahrscheinlich auf einer fehlenden einheitlichen Notation für psychische Prozesse. Ein weiteres liegt in der völligen Vernachlässigung von Wirtschaftlichkeitsaspekten in den Verfahren und für deren Anwendung. Die Anwendung solcher Verfahren ist aber trotzdem notwendig und dient als Korrektiv für die überwiegend wirtschaftlich orientierten betriebswirtschaftlichen und informatischer Verfahren. Nach eingehender Qualifizierung bzw. unter Zuhilfenahme von externen Beratern sind die Verfahren praktikabel.

---

[55] Auswahlkriterien: Anwendungsbereich Büro oder universell, theoretische Grundlage vorwiegend die Handlungstheorie, das Reiz-Reaktionsmodell erscheint für den Bereich geistiger Arbeit wenig praktikabel. Vergleiche dazu Kröger 1989, Leitner 1987, S. 28-37, Aufwand, Entwicklungsstand, etc.

[56] Vgl. Rödiger 1986, 1987, Piepenburg 1989, S. 49-59, Nullmeier 1988, S. 155-204, 229-244.

[57] Vgl. Facaoaru 1985, 1986, 1988.

[58] Vgl. Dunckel 1989, 1989a, 1989b, 1989c, Beck 1989, S. 3f, Volpert 1986.

[59] Vgl. Bonitz 1987, 1989.

[60] Vgl. Martin E. 1980, Baitsch 1989.

[61] Vgl. Ulich 1983, Baitsch 1989.

[62] Deutsche Fassung verfügbar, vgl. Schmidt K. 1979, 1985, Ulich 1989.

[63] Vgl. ETH-LAO 1986.

5.4 Spezielle Methoden und Werkzeuge für die Softwaregestaltung

5.4.1 Normen und Richtlinien für die ergonomische Softwaregestaltung

Normen:[64]

Bildschirmarbeitsplätze – Begriffe:

DIN E 2140 Teil 1: Büro- und Datentechnik; Textverarbeitende Systeme; Begriffe und Einteilung

DIN E 2140 Teil 2: Büro- und Datentechnik; Textverarbeitende Systeme; Mindestangaben

DIN 2148: Büro- und Datentechnik; Tastaturen; Begriffe und Einteilung

DIN 66233 Teil 1: Bildschirmarbeitsplätze; Begriffe

DIN 66233 Teil 2: Bildschirmarbeitsplätze; Übersicht von Begriffen aus anderen Normen

DIN E 66233 (neu) Bildschirmarbeitsplätze; Begriffe, Entwurf, 1989

ÖNORM A 2611 Teil 1: Bildschirmarbeitsplätze; Benennungen und Definitionen

Bildschirmarbeitsplätze – Dialog und Informationsdarstellung:[65]

ISO 9241 Visual display terminals (VDTs) user for office tasks – Ergonomic requirements, Part 10: Dialogue Principles, Proposal (Version 2), 20.7.1990

ISO 9241 Visual display terminals (VDTs) user for office tasks – Ergonomic requirements, Part 11: Usability Statements, Proposal (Version 2.5), 8.7.1990

ISO 9241 Visual display terminals (VDTs) user for office tasks – Ergonomic requirements, Part 14: Menu dialogues, Proposal, 10.8.1990

ISO 9241 Visual display terminals (VDTs) user for office tasks – Ergonomic requirements, Part 15: Command dialogues, Proposal, 6.1990

DIN 1450: Schriften, Leserlichkeit

DIN 2340: Abkürzungsregeln für Benennungen von Fachbegriffen

DIN 66230: Programmdokumentation

DIN 66234 Teil 1: Bildschirmarbeitsplätze; Geometrische Gestaltung der Schriftzeichen

DIN 66234 Teil 2: Bildschirmarbeitsplätze; Wahrnehmbarkeit von Zeichen auf Bildschirmen

DIN 66234 Teil 3: Bildschirmarbeitsplätze; Gruppierung und Formatierung von Daten

DIN E 66234 Teil 3 neu: Bildschirmarbeitsplätze; Strukturierung von Bildschirm-Information

---

[64] Der Buchstabe "E" bei DIN-Normen weist auf einen Normenentwurf hin, der Buchstabe "V" bei ÖNORMEN auf eine Vornorm.

[65] Insbesondere für die Dialog- und Ein-/Ausgabe-Ebene.

DIN E 66234 Teil 3 Beiblatt 1: Bildschirmarbeitsplätze; Gruppierung und Formatierung von Daten; Hinweise und Beispiele
DIN 66234 Teil 5: Bildschirmarbeitsplätze; Codierung von Informationen
DIN E 66234 Teil 5 Beiblatt 1: Bildschirmarbeitsplätze; Codierung von Informationen; Verwendung von Grafik
DIN 66234 Teil 8: Bildschirmarbeitsplätze; Grundsätze ergonomischer Dialoggestaltung[66]
DIN E 66234 Teil "x": Bildschirmarbeitsplätze; Funktionen zur Dialogsteuerung
DIN E 66290 Teil 1: Informationsverarbeitung; Gestaltung von maskenorientierten Dialogsystemen; Gestaltung von Masken[67]
ÖNORM A 2630 Teil 2: Bildschirmarbeitsplätze in der digitalen Daten- und Textverarbeitung; Gestaltung und Wahrnehmbarkeit von Schriftzeichen auf dem Bildschirm
ÖNORM A 2630 Teil 3: Bildschirmarbeitsplätze in der digitalen Daten- und Textverarbeitung; Darstellung von Daten und Informationen
ÖNORM A 3000: Graphische Symbole; Allgemeine Grundsätze

Richtlinien

Im folgenden werden in alphabetischer Reihenfolge die *derzeit relevanten Richtlinien* – unterteilt in jene, die als primäre Zielgruppe die Gestalter (Entwicklersicht) und solche die primär die Evaluatoren (Bewertungssicht) einnehmen – in differenzierter Weise dargestellt.

Richtlinien mit primärer Zielgruppe der Gestalter (Entwicklersicht)

Baitsch C., Katz C., Spinas P., Ulich E.: Computerunterstützte Büroarbeit, ein Leitfaden für Organisation und Gestaltung; vdf Verlag, Zürich, 1989

Einordnung

- Beschreibung der theoretischen Grundlagen. Die Autoren beginnen mit einer guten Fallstudie zur Einführung in die Problematik. Im drei Kapitel umfassenden "Allgemeinen Teil" werden die Grundlagen der Arbeitspsychologie, Bildschirmarbeit und zukünftige Entwicklungen dargestellt. Im anschließenden "Prozeßteil" folgt ein vier phasiges Vorgehensmodell zur menschengerechten Entwicklung und Implementierung von EDV-Systemen. Im Rahmen von "Einsatzaspekten", die zur Vertiefung dienen, werden die Themen Beteiligung, Kriterien zu Benutzerfreundlichkeit, Arbeitsplatz und Arbeitsumgebung, Ausbildung und Arbeitsgestaltung angesprochen. Anschließend folgt der Teil "Methoden", der einige Methoden zur Unterstützung der vorgeschlagenen Vorgehensweise enthält.

---

[66] Vgl. dazu die Besprechung in Ackermann 1988, S. 260f.

[67] Diese Norm wurde zurückgezogen und durch die Norm DIN 66 234 Teil "x" ersetzt.

- primäre Quelle zur Ableitung der Richtlinien. Ergebnisse, die im Rahmen des Nationalen Schweizerischen Forschungsprogrammes 15 "Arbeitswelt" entstanden sowie Ergebnisse aus früheren Projekten
- Gliederung der Richtlinien. 95 Richtlinien zu Allgemeines, Maske, Eingabe, Menü, Sprache, Fehlermeldung, Help
Die Richtlinien wurden technischen Komponenten zugeordnet.
- Darstellung der Richtlinien. Listenform, Numerierung, Definition
- Zusammenfassung, Glossar, Index der Richtlinien. Die Richtlinien werden nur zusammengefaßt dargestellt. Ein Glossar wurde nicht entwickelt. Ein eher oberflächlicher Index ist vorhanden, aber für die Richtlinien nicht relevant.

Bewertung

Das Werk stellt ein sehr gutes Lehrbuch dar. Als Richtlinien Handbuch scheint es weniger geeignet, da diese nicht beschrieben, erläutert, kommentiert sind. Beispiele, Literaturverweise, Querverweise zu anderen Richtlinien, usw. fehlen. Zudem sind diese eher auf die Schnittstelle für Bildschirme von Host-Systemen ausgelegt. In Kombination zu beispielsweise (Smith 1986) gewinnt das Werk neue Qualität, da der Grundlagenteil sehr gut, einfach, verständlich und übersichtlich dargestellt wurde.

Brown C. Marlin: Human-Computer Interface Design Guidelines, Ablex Publishing Corp., Norwood, 1988

Einordnung

- Beschreibung der theoretischen Grundlagen. Auf ca. 20 Seiten werden psychologische Grundlagen der Mensch-Maschine Kommunikation vermittelt. Kapitel 10 beschäftigt sich mit der Implementation der Richtlinien.
- primäre Quelle zur Ableitung der Richtlinien. Expertenwissen, praktische Erfahrungen, gesunder Menschenverstand
- Gliederung der Richtlinien. ca. 230 Richtlinien zu Designing Display Formats, Effective Wording, Color, Graphics, Dialogue Design, Data Entry, Control and Display Devices, Error Messages and Online Assistance
Die Richtlinien wurden technischen Komponenten zugeordnet. Insbesonders Dialogtechniken, Fehler, Hilfen, Eingabe-Medien, Eingabe allgemein, Informationsdarstellung und Sprache sind durch Richtlinien gut abgedeckt. Die eigene Zuordnung zu den software-ergonomischen Kriterien ergab, daß nur die Kriterien "Selbstbeschreibungsfähigkeit", "Erwartungskonformität" und "Fehlerrobustheit" hinreichend abgedeckt wurden.
- Darstellung der Richtlinien. eigener Absatz, Numerierung, Kurztitel, Definition, relativ häufig graphische Beispiele teilweise in positiver und negativer Form, Erläuterungen, Ausnahmen, Literaturverweise
- Zusammenfassung, Glossar, Index der Richtlinien. Kapitel 14 enthält alle Kurztitel der Richtlinien mit der Zuordnung zum jeweiligen Kapitel und zur eindeu-

tigen Numerierung. Glossar ist keiner vorhanden. Ein 14-seitiger Index mit keinen direkten Verweisen zu einzelnen Richtlinien wird geboten.

Bewertung

Der Autor beschränkt sich auf die Kernbereiche der Schnittstellen-Gestaltung, liefert eine raschen Überblick über die psychologischen und organisatorischen Grundlagen, und stellt die Richtlinien in knapper und einfacher Form für den Praktiker dar. Kapitel 5 "Graphics" liefert Richtlinien, die in den meisten anderen vernachläßigt werden, aber zunehmend an Bedeutung gewinnen. Insgesamt ist das Werk empfehlenswert.

Brown J.R., Cunningham S.: Programming the User Interface, Principles and Examples, John Wiley & Sons, New York, 1989

Einordnung

- Beschreibung der theoretischen Grundlagen. In einem Einführungskapitel werden auf ca. 10 Seiten zu sehr gerafft die Themen "Interaktives System", "Systementwurf", "Prinzipien der Gestaltung der Benutzerschnittstelle" (= Kriterien) und "Werkzeuge" dargestellt. Kapitel 10 enthält Grundlagen und Beispiele zu Fenstersystemen und UIMS.
- primäre Quelle zur Ableitung der Richtlinien. Literatur und Studien aus dem Forschungsgebiet (Software-) Ergonomie, Gestaltung von Benutzerschnittstellen, eigene Erfahrungen
- Gliederung der Richtlinien. ca. 80 Richtlinien zu Principles of user input, Programming menus, Programming command-based systems, Programming data input, Giving information back to the user, Screen techniques, Using color in output, Direct manipulation systems and specials environments, Helping the user work with the program, Programming help systems, Handling and avoiding errors
  Die Richtlinien wurden technischen Komponenten zugeordnet. Dabei bilden Dialogsprachen, Menüs, Hilfen, Informationsdarstellung allgemein und insbesonders Hervorhebungen die Schwerpunkte. Die eigene Zuordnung zu den software-ergonomischen Kriterien ergab, daß nur das Kriterium "Selbstbeschreibungsfähigkeit" sowie das der "Übersichtlichkeit" jedoch nur für den Ausschnitt Hervorhebungen – hinreichend beschrieben wurde.
- Darstellung der Richtlinien; teilweise im Text, meist in Form von "Principles" hervorgehoben, zahlreiche graphische Beispiele, zahlreiche Beispiele zur Operationalisierung in Programmcode
- Zusammenfassung, Glossar, Index der Richtlinien. Alle "Principles" sind zusammengefaßt. Ein Glossar ist nicht verfügbar. Ein 7-seitiger und mehrstufiger Index ist vorhanden.

Bewertung

Obwohl die Richtlinien teilweise im Text versteckt sind, liefert dieses Buch eine hervorragende Unterstützung für Programmierer von Benutzerschnittstellen. Zahlreiche Erläuterungen, Tips und Richtlinien werden gegeben. Psychologische Konzepte sowie weitere notwendige Grundlagen werden dabei nicht dargestellt[68]. Das Buch ist einfach und gut geschrieben, daher für Praktiker als auch für Studenten empfehlenswert.

Dumas Joseph S.: Designing user interface for software, Prentice Hall, New Jersey, 1988

Einordnung

- Beschreibung der theoretischen Grundlagen. Kapitel 1 enthält Hinweise für die Notwendigkeit einer Benutzerorientierung. Kapitel 2 stellt in Kurzform dar, wie Richtlinien organisatorisch implementiert werden. Kapitel 3 liefert Anleitungen zur Erstellung eines firmeninternen Regelwerkes.
- primäre Quelle zur Ableitung der Richtlinien. Erfahrung des Autors als "cognitive psychologist" und Berater von Software-Designern, neuere Human-Computer Interaction Forschung
- Gliederung der Richtlinien. Ca. 90 Richtlinien zu General Principles, Controlling Transactions, Displaying Information, Entering Data, Smoothing Communication with Online Documentation
  Die Richtlinien wurden nach technischen Komponenten zugeordnet. Dabei bildeten Dialogtechniken, Hilfen (!), Eingabe allgemein und Informationsdarstellung allgemein die Schwerpunkte. Die eigene Zuordnung zu den software-ergonomischen Kriterien ergab, daß nur die Kriterien "Selbstbeschreibungsfähigkeit", "Erwartungskonformität" und "Übersichtlichkeit" abgedeckt wurden.
- Darstellung der Richtlinien; eigener Absatz, Numerierung, Definition, relativ umfangreiche Beschreibung (ca. 3/4 einer Seite pro Richtlinie), psychologische Grundlagen, zahlreiche graphische Beispiele, Querverweise zu anderen Richtlinien
- Zusammenfassung, Glossar, Index der Richtlinien. Im Anhang ist eine Liste der Richtlinien der vier Hauptkapitel mit eindeutiger Zuordnung der Richtlinien und Seitenverweisen zu den Kapiteln dargestellt. Glossar ist keiner vorhanden. Ein sehr spärlicher Index mit keinen direkten Verweisen zu den einzelnen Richtlinien wird geboten.

Bewertung

Das Buch ist eher als Lehrbuch geeignet. Das Hauptproblem liegt darin, daß die Richtlinien zu unübersichtlich dargestellt und schwer zu finden sind. Die Anzahl der Richtlinien erscheint auch eher an der Untergrenze zu sein, zumal allein für die Komponente "Hilfe" 30 Richtlinien definiert wurden. Generell scheint das Werk für Schnittstellen von Host-Systemen ausgerichtet zu sein.

---

[68] Vgl. die Buchrezension in "Ergonomie & Informatik", 3.1990, S. 53f.

Smith L.S., Moisier J.: Guidelines for Designing User Interface Software, MI-TRE, Bedford, 1986

Einordnung

- Beschreibung der theoretischen Grundlagen: keine
- primäre Quelle zur Ableitung der Richtlinien. Zusammenfassung theoretischer und experimenteller Erkenntnisse
- Gliederung der Richtlinien; ca. 940 Richtlinien zu Data Entry (200), Data Display (300), Sequence Control (180), User Guidance (110), Data Transmission (80), Data Protection (70)
  Die Richtlinien wurden technischen Komponenten zugeordnet. Die eigene Zuordnung zu den software-ergonomischen Kriterien ergab, daß alle Kriterien hinreichend abgedeckt wurden. Am schlechtesten ist dies für das Kriterium "Kooperations- und Kommunikationsförderlichkeit" der Fall.
- Darstellung der Richtlinien; eigener Absatz, Numerierung, Kurztitel, Definition, verbale Beispiele, Kommentare, Ausnahmen, Literaturverweise, Querverweise zu anderen Richtlinien
- Zusammenfassung, Glossar, Index der Richtlinien. Eine Zusammenfassung, ein Glossar und ein sehr umfangreiches, 38 Seiten umfassendes Index-Register der Richtlinien ist vorhanden.

Bewertung

Trotz des Umfanges des Werkes (478 Seiten) stellt dieses einen Fundus an gut brauchbaren, gezielt einsetzbaren Richtlinien dar, der bisher von keinem anderen Werk in selbiger Qualität erreicht wurde. Laut Ackermann darf dieses Werk als "die Richtlinie" bezeichnet werden[69]. Leider werden keine theoretischen Grundlagen zur ergonomischen Gestaltung vermittelt. Daher ist das Werk nur als Ergänzung zu anderen zu sehen. Geeignete Beispiele im deutschsprachigen Raum sind (Baitsch 1989), (Tjoa 1990) und dieses Buches.

Richtlinien mit primärer Zielgruppe der Evaluatoren (Bewertungssicht):

Clegg C., u.a.: People and Computers: How to Evaluate Your Company's New Technology, Ellis Horwood, John Wiley, Chichester, 1988

Einordnung

- Beschreibung der theoretischen Grundlagen. Grundlagen zur Gestaltung von Hardware und Arbeitsraum, Benutzerschnittstellen, Organisation und Aufgaben, inklusive Vorgehensweise werden dargestellt und jeweils mit Richtlinien angereichert.

---

[69] Vgl. Ackermann 1988, S. 264.

- primäre Quelle zur Ableitung der Richtlinien; eigene Erfahrungen, Diskussionen mit Praktikern, u.a.
- Gliederung der Richtlinien. 60 allgemeine Fragen und ca. 100 Richtlinien zu Ease of learning, Being in control, Degree of effort, System speed, Getting information in and out, Errors and error correction, Avoiding serious errors
  Diese wurden dabei weder eindeutig technischen Komponenten noch software-ergonomischen Kriterien, sondern einer Mischform, zugeordnet. Die eigene Zuordnung zu technischen Komponenten ergab, daß Menüs, Direkte Manipulation, Statusinformation und Meldungen, Fehlerdiagnose, Online-Hilfe und insbesonders Benutzerhandbücher die Schwerpunkte bildeten. Die Zuordnung zu den software-ergonomischen Kriterien ergab, daß nur das Kriterium "Selbstbeschreibungsfähigkeit" gut abgedeckt wurde.
- Darstellung der Richtlinien; eigener Absatz, Numerierung, Definition in Frageform, Beispiele, Kommentar, Querverweise jeweils für mehrere Richtlinien
- Zusammenfassung, Glossar, Index der Richtlinien. Weder eine Zusammenfassung noch ein Glossar ist vorhanden. Der Index umfaßt 5 Seiten.

Bewertung

Dieses Buch wurde primär für die Evaluation aller Gestaltungsbereiche durch Evaluatoren konzipiert. Dazu liefert es auch fundierte Grundlagen und Anleitungen für den Praktiker. Überdies sind die Kapitel 3 und 10 auch für den Entwickler von Nutzen. Die übersichtliche Darstellung der Richtlinien in Form von Checklisten ist dazu sehr geeinget.

Oppermann R., u.a.: Evaluation von Dialogsystemen, Der software-ergonomische Leitfaden EVADIS, Walter de Gruyter, Berlin, 1988

Einordnung

- Beschreibung der theoretischen Grundlagen. Kapitel 1 enthält eher knapp gefaßte Informationen über den Gegenstand und Methoden der Software-Ergonomie.
- primäre Quelle zur Ableitung der Richtlinien. Literaturauswertungen, Fachgespräche, eigene Erfahrungen mit Software-Systemen
- Gliederung der Richtlinien; ca. 120 Richtlinien zur Ein-/Ausgabe-, Dialog-, Werkzeug- Schnittstelle
  Dabei wurden diese gemäß dem IFIP-Modell[70] nach technischen Komponenten einerseits und nach software-ergonomischen Kriterien andererseits differenziert.
- Darstellung der Richtlinien; eigene Seite, Numerierung, Zuordnung zu technischen Komponenten und software-ergonomischen Kriterien, Prüffrage, mögliche Ausprägungen (Antwortvorgaben), Gestaltungsrichtlinie (= Kommentar), Gruppenzuordnung, Testvorschrift

---

[70] Vgl. Dzida 1988.

- Zusammenfassung, Glossar, Index der Richtlinien. Weder eine Zusammenfassung noch ein Glossar oder ein Index ist vorhanden.

Bewertung

EVADIS wurde primär für die Evaluation – d.h. Zielgruppe der Evaluatoren – konzipiert. Ein Einsatz als Richtlinien Handbuch für Entwickler ist trotzdem möglich, da jede Richtlinie sowohl den software-ergonomischen Kriterien als auch technischen Komponenten zugeordnet wurde. EVADIS wird derzeit von der Gesellschaft für Mathematik und Datenverarbeitung (GMD) und dem Institut für Statistik und Informatik der Universität Wien, Abteilung für Informationssysteme, weitgehend überarbeitet[71]. Das Ziel besteht unter anderem auch darin, eine stärkere Entwickler-Orientierung anzustreben, indem die technischen Komponenten zielgruppenspezifischer gegliedert werden.

Ravden S., Johnson G.: Evaluating usability of human-computer interfaces, a practical method, Ellis Horwood, John Wiley, Chichester, 1989

Einordnung

- Beschreibung der theoretischen Grundlagen. In Kapitel 2 werden die Kriterien vorgestellt nach denen gestaltet – eigentlich bewertet – werden soll.
- primäre Quelle zur Ableitung der Richtlinien. (Smith 1986), (Gardiner 1987), (Shneiderman 1987) und (Clegg 1988)
- Gliederung der Richtlinien; ca. 120 Richtlinien zu visual clarity, consistency, compatibility, informative feedback, explicitness, appropriate functionality, flexibility and control, error prevention and correction, user guidance and support Jedem dieser software-ergonomischen Kriterien wurde eine Checkliste zugeordnet, die jeweils ca. 15 Richtlinien enthält – d.h. hier wurde eine kriterienweise Zuordnung vorgenommen. Die Kriterien "Erwartungskonformität", "Selbstbeschreibungsfähigkeit", "Übersichtlichkeit" und "Fehlerrobustheit" bilden dabei die Schwerpunkte. Die eigene Zuordnung zu technischen Komponenten ergab, daß Zugriffsmöglichkeiten auf Systemleistungen, Direkte Manipulation, Dialogablauf allgemein, Statusinformation und Meldungen, Fehlerbehandlung, Eingabe und Informationsdarstellung allgemein sowie textuelle/numerische Darstellung und Hervorhebungen gut abgedeckt wurden.
- Darstellung der Richtlinien; eigener Absatz, Numerierung, Definition, verbale Beispiele und Kommentare im Vertiefungsteil (Kapitel 4) zu jeder Richtlinie, Querverweise im Vertiefungsteil bzw. in einer tabellarischen Übersicht, in der 25 globale Richtlinien den 9 Kriterien gegenübergestellt werden
- Zusammenfassung, Glossar, Index der Richtlinien. Weder eine Zusammenfassung noch ein Glossar ist verfügbar. Ein 4-seitiger Index ist vorhanden.

---

[71] Vgl. Koch 1990c, Reiterer 1990.

Bewertung

Das Buch ist primär als Leitfaden / Checkliste für die Evaluation von Benutzer-schnittstellen konzipiert. Der Einsatz als Gestaltungswerkzeug für Entwickler ist trotzdem möglich und durchaus empfehlenswert. Der Prototyp der Benutzer-schnittstelle kann mittels den detaillierten Richtlinien bewertet werden. Der gravierende Nachteil des Werkes stellt aus Entwicklersicht die alleinige Zuordnung der Richtlinien zu den software-ergonomischen Kriterien dar. Das Finden der für spezifische technische Komponenten relevanten Richtlinien ist mühsam und wird die meisten Entwickler überfordern.

Zusammenfassend: Normen und Richtlinien sind rasch praktikabel und liefern eine Fülle an ergonomischen Hilfestellungen für alle am Gestaltungsprozeß Beteiligten zur Ableitung von betriebsspezifischen Regeln. TÜV-Etiketten wie dies beispielsweise im Hardware-Bereich (z.B. bei Bildschirmen) üblich ist, wären auch im Software-Bereich wünschenswert. Mit der Festschreibung von Normen und Richtlinien wurden die Grundlagen für solche Etiketten geschaffen. Die vermehrte Einrichtung von Prüfstellen ist dazu erforderlich[72].

Für den Entwickler stellt sich aufgrund der Fülle an Normen und Richtlinien einesteils das Problem welche davon die 'Richtigen' für ihre Zwecke sind und wie die in einer spezifischen Projektphase relevanten gefunden werden können. Ersteres wird durch obige überblicksartige Ausführungen erleichtert. Letzeres bedarf idealerweise einer Unterstützung durch computerunterstützte Werkzeuge.

Zwei Beispiele an computerunterstützten Werkzeugen zur Richtlinien Auswahl sollen kurz vorgestellt werden[73]:

User-Computer Interface Design Tool (Abb. 5.4)

Wie die Abbildung zeigt, kann mittels einer Funktion des Werkzeuges gesucht und spezifiziert werden, welche Richtlinien relevant sind und ins ergonomische "Pflichtenheft" übernommen werden sollen. Dies bedeutet, daß im Werkzeug "Richtlinien" integriert sind, die rasch mittels Retrieval-Funktion gefunden und somit genutzt werden können.

Documentation Toolset (Abb. 5.5)

87 Richtlinien zur Dokumentation insbesonders für Handbücher werden in Papier- als auch in Online-Form angeboten. Unterstützungen zum Online-Retrieval von Richtlinien sind dabei verfügbar. Die computerunterstützten Werkzeugen zur Auswahl von Richtlinien sind meist noch im Entwicklungsstadium.

---

[72] Zu der Praxis der Prüfstellen in Deutschland vgl. Piepenburg 1989, Kapitel 6.

[73] Vgl. Allison 1989.

Guidelines:

WIll the user be making enquiries?

References

Notes

quit

☐ If experienced/trained users and user-controlled dialog...
   consider command language

☒ If casual but trained users and user-controlled dialog...
   consider natural language

☐ If casual and untrained users and user-controlled dialog..
   consider form-filling

☒ If novice users and computer-guided dialog...
   consider question and answer style or structured menus

☐ For frequent enquiries ...
   Consider pre-storing these to be called up via commands or
   function keys

General user needs:

- to make simple keyword enquiries or more complex enquiries using
  logical relations (and, or , > etc.)
- knowledge of request language
- ease of formulating request
- rapid access

Continue

Abb. 5.4. (Quelle: Allison 1989, S. 37)

Ensuring consistency between diagrams and text

Guideline

There must be no inconsistency between what is presented in the diagrams and the text.

Explanation

Inconsistencies often occur because the elevation of the diagram does not agree with the elevation dealt with in the text.

In addition, there are often cases where the diagram is wrong or has elements missing. Such inconsistencies cause confusion in users.

Example

Connect the parallel input to the socket. Press
the on switch and wait for the red light, also
on the rear of the machine, to light up.

Qualifications/Suggestions

Wherever possible, it would be best for the author to do at least the first sketches of diagrams.

Abb. 5.5. (Quelle: Allison 1989, S. 49)

5.4.2 Zur Auswahl von Standard-Software

Leitfaden

Vorgehensmodelle: Bestehende Modelle, die die Differenzierung von Software in Individuelle- und Standard-Software bereits beinhalten, können weitgehend angewendet bzw. müssen nur mehr geringfügig angepaßt werden. Ein Beispiel dazu ist das Modell "OBAS" von Spitta[74], jenes von Lang[75] sowie das Vorgehensmodell dieser Arbeit.

Adaption bestehender (betriebsinterner) Phasenmodelle: Ein Phasenmodell für die Entwicklung von Individueller Software wird dahingehend erweitert, daß Standard-Software ebenfalls als Alternative berücksichtigt wird und klare organisatorische Richtlinien für den Einsatz, analog zur Individuellen Software-Entwicklung, vorgegeben werden.

(Standard-) Pflichtenheft zur Grob- und Feinauswahl

Durch die Zusammenfassung der Anforderungen an die Soft- und Hardware entsteht eine detaillierte Spezifikation. Diese wird auch als "Pflichtenheft" bezeichnet und liegt in der Regel in Form eines Textdokumentes vor, das, in Abhängigkeit von den eingesetzten Werkzeugen zur Spezifikation der Anforderungen, durch Prototypen ergänzt sein kann.

Der Aufbau und Inhalt eines Pflichtenheftes sollte entlang eines betriebsspezifischen *Standards* erfolgen. Dieser könnte wie folgt aussehen:

1. Projektbeschreibung: Eine grobe, stichwortartige Einführung in den Gegenstand der Ausschreibung, Ansprechpartner, Termin- und Kostenvorgaben, usw. sollten am Beginn der Ausschreibung gegeben werden.
2. Unternehmensprofil: Rechtsform, Standort(e), Beschäftigtenzahl, Umsatz, Produktpalette, Dienstleistungen, usw.
3. Betriebstypisierung: Organigramm, Aufgaben, eingesetzte Technologien
4. Mengen- und Leistungsdaten: Richtwerte über voraussichtliche Aufträge, Belege, Datenmengen, -anfallzeitpunkte und -häufigkeiten etc. sind grob zu quantifizieren.
5. *Systemorientierte Checklisten* für die Hard- und Software: Sie beinhalten in Stichworten die grundlegend zu beachtenden Anforderungen an das EDV-System und müssen betriebsspezifisch adaptiert werden. Ein Beispiel speziell für die Auswahl von Bürosystemen ist die Checkliste von Hartmann. Sie gliedert sich in: Allgemeine Bürosystem-Charakteristika, Benutzerfreundlichkeit, Textverarbeitung, Dokumentenablage, Datenbank, Tabellenkalkulation, Grafikmo-

---

[74] Vgl. Spitta 1989.

[75] Vgl. Lang G. 1989.

dul, Terminkalender, Electronic Mail-System, Kommunikationsmodul und Integrationsgrad der Module[76].

6. **Fragen zu allgemeinen Merkmalen:** über die Soft- und Hardware, Basissoftware, Preise / Kosten, Anbieter[77]

7. **Rahmenbedingungen für die Anbieter:** Es ist festzulegen, welche Lieferungen und Leistungen (z.B. Lieferzeiten, Service) zu erfüllen sind. Vertragsbedingungen bilden einen weiteren wichtigen Punkt. Weiters muß der Aufbau und Inhalt des Angebotes den Anbietern (zwingend) vorgeschrieben werden, um eine raschen Vorauswahlprozeß durchführen zu können.

8. **Glossar** betriebsinterner Fachbegriffe (vgl. *zentraler Begriffskatalog* im Kapitel 5.2.4)

Dieses Pflichtenheft kann in einer groben Form zur raschen Vorauswahl von Standard-Software herangezogen werden. Der Auswahlvorgang läßt sich dabei wesentlich beschleunigen, wenn von vornherein Kriterien überlegt werden, die die Software unbedingt zu erfüllen hat (Ziele in Form von Muss-Anforderungen) und was sie in keinem Fall aufweisen darf (Rahmenbedingungen). Diese werden auch als *K.O.-Kriterien* bezeichnet und dienen zur schnellen Vorauswahl[78].

Zur Auswahl von Anbietern von Soft- und Hardware bedarf es geeigneter Informationsquellen. Dazu bieten *Marktübersichten*, wie der Nomina (Hrsg.) ISIS-Software-Report (für den deutschsprachigen Raum liefert dieser Report gute Einstiegshilfen zur ersten Abgrenzung der am Markt verfügbaren Produkte), Fachmessen (eine erste Hilfestellung zur Erlangung einer Marktübersicht bieten z.B. die IFABO und die CEBIT) und Marktstudien, die meist ein Marktsegment untersuchen[79], geeignete Unterstützung.

5.4.3 Zum Entwerfen und Programmieren von Individueller Software

Entwurfsprinzipien[80]

- *Geheimnisprinzip (Abstraktion):* "Abstraction is the conception or view of something separate from its realities. Is is a simplification of facts describing what is being done without explaining how it is being done. Abstraction allows us to imaging a desired problem solution without immediatly being restricted by the peripheral and irrelevant detail surrounding reality."[81]

- *Strukturierte (normierte) Programmierung.* Ein wohlstrukturiertes Programm basiert, unabhängig von der Programmiersprache, auf den drei Grundbaustei-

---

[76] Vgl. Hartmann 1988, S.194f, S.205-229 Ein weiteres Beispiel für den Funktionsumfang heutiger Bürosysteme befindet sich in Koch 1990c, Reiterer 1990.

[77] Vgl. Lang G. 1989, S. 62-73.

[78] Vgl. Schmitt 1989, Woschinski 1989a, Voss 1989, Lang G. 1989.

[79] Vgl. Woschinski 1989a, Voss 1989.

[80] Vgl. Schulz 1988, Martin 1988, Kapitel 2.

[81] Vgl. Martin 1988, S. 16.

nen: Sequenz (Folge von Anweisungen), Selektion (mehrere Programm-Verzweigungen) und Iteration (Wiederholung von Programmteilen). In der Praxis sind zahlreiche Methoden im Einsatz, die in der Regel die strukturierte Erstellung der Programme unterstützen bzw. sogar vorschreiben. Es kann davon ausgegangen werden, daß Richtlinien zur strukturierten Programmierung für nahezu alle gängigen Programmiersprachen verfügbar sind. Teilweise sind diese so detailliert und zwingend, daß von "normierter" Programmierung gesprochen wird. Der Einsatz solcher Richtlinien ist ein MUSS für die Erstellung pfleg-/wartbarer Programme.

- *Schrittweise Verfeinerung.* Bei dieser wird die Strategie der Aufgabenlösung – d.h. Zerlegen einer Aufgabe in lösbare Teilaufgaben – auf den Software-Entwurf übertragen. Dies bedeutet, daß schrittweise Programme vom Abstrakten zum Konkreten hin detailliert werden, bis diese vom Rechner verarbeitet werden können (Top-Down-Entwurf).
- *Hierarchisches Konzept:* "Always organizing program modules into a tree-like hierarchical structure enhances understandability."[82]

Methoden des Software-Engineerings

Entwurfsmethoden sind eine aus obigen Entwurfsprinzipien abgeleitete Menge von Regeln, die den Systementwickler aufgrund einer Modellvorstellung anleiten, wie er vorzugehen hat, um seine Aufgabe zu lösen und die Ergebnisse zu dokumentieren. Dieses "Regelwerk" sollte programmiersprachen- und betriebsartenunabhängig sein. Die strukturierten Darstellungstechniken unterstützen die Modellvorstellungen des Entwicklers.

Strukturierte Darstellungstechniken[83]

Dekompositionsdiagramm (decomposition diagram)

"A high-level function is decomposed into lower-level functions; these are decomposed further; and so on. A tree structure shows the decomposition."[84]

Datenflußdiagramm (data flow diagram)

Diese zeigen Prozesse und Datenflüsse zwischen diesen und können hierarchisch aufgebaut sein.

Entity-Relationship Diagramm (ERdiagram)

"To run an enterprise efficiently, certain data are needed. ... The data need to be planned and described. We need data about these data. Data about data are referred to as metadata. A data model contains metadata."[85]

---

[82] Vgl. Martin 1988, S. 19.

[83] Nur die für den Bürobereich als relevant erachteten werden in Anlehnung an Martin 1988 erläutert.

[84] Vgl. Martin 1988, S. 165.

"Ziel ist es, Datenobjekte (entities) zu erfassen und diese mittels ihrer Merkmale (attributes) zu beschreiben, und die Beziehungen (relationships) zwischen den einzelnen Objekten aufzuzeigen."[86]

Strukturdiagramm (structure chart)

"The structure chart is a tree or hierarchical diagram that defines the overall architecture of a program by showing the program modules and their interrelationships."[87]

Jackson Diagramm (Michael Jackson chart)

Die Programmstruktur soll die Datenstruktur des Problems widerspiegeln. Aus der Datenstruktur wird demzufolge die Programmstruktur abgeleitet.

Aktionsdiagramm (action diagram)

Diese dienen zur Dokumentation und Veranschaulichung der Geschäftslogik von Prozessen. Mittels Pseudocode-artiger Beschreibung wird der Ablauf eines Prozesses Schritt für Schritt festgehalten. Kontrollstrukturen und Zugriffe auf benötigte Daten werden dabei je nach Detaillierungsgrad des Diagrammes ebenfalls in die Beschreibung aufgenommen. Hiermit werden also die prozeß- und datenorientierte Sichtweise vereint.

Entscheidungstabelle (decision table)

"In einer Entscheidungssituation kann man die verschiedenen Beziehungen, die zwischen den Bedingungen und den von ihnen abhängigen Aktionen herrschen, mit Entscheidungsregeln angeben. ... Die Zusammenfassung der Entscheidungsregeln einer Entscheidungssituation wird Entscheidungstabelle genannt."[88]

Zustandsübergangsdiagramm (state-transition diagram)

Diese beschreiben Zustände eines Systems und Übergänge/Ereignisse, die eine Veränderung veranlassen. D.h. ein System wird beschrieben durch die Zustände, die es annehmen kann und die Zustandsübergänge – d.h. das System geht durch das Eintreffen eines Ereignisses von einem Zustand zum nächsten über und führt dabei bestimmte Aktionen durch. "Mittlerweile wird diese Methode (Technik, Anm. d. Verf.) zunehmend zur Spezifizierung und Konstruktion von Dialogen eingesetzt."[89]

---

[85] Vgl. Martin 1988, S. 297.

[86] Vgl. Beck 1990, S. 133.

[87] Vgl. Martin 1988, S. 181.

[88] Vgl. Platz 1985, S. 147.

[89] Vgl. Beck 1990, S. 133.

Die nachfolgende Abbildung gibt einen ersten Überblick über die Anwendungsmöglichkeit und Eigenschaften obiger Darstellungstechniken.

	Dekompositions-Diagramm	Datenfluß-Diagramm	Entity-Relationship-Diagramm	Struktur-Diagramm	Jackson-Diagramm	Aktions-Diagramm	Entscheidungs-Bäume und Tabellen	Zustandsübergangs-Diagramm
Was kann mit der Technik dargestellt werden? **Welche Eigenschaften besitzt die Technik?**								
Unternehmensmodell d. Funktionen/Prozesse	O			O		O		
Funktionen-/Prozesse-Hierarchie	O			O	O	O		
Zusammenhang zwischen Geschäftsereignissen		O				O		
Datenflüsse		O				O		
Kontrollstrukturen	O				O	O	O	O
gut für komplexe Logik						O	O	O
(unternehmensweite) Datenmodelle			O					
leicht lesbar	O	O	O	O		O	O	
rasch zu Zeichnen und zu Ändern	O	O	O			O	O	
benutzerfreundlich (leicht zu lehren)	O	O	O			O	O	
eher problemorientierte Terminologie	O	O	O				O	O
geeignet zur Online-Editierung	O	O	O	O	O	O	O	O
geeignet zur schrittweisen Verfeinerung				O		O		
autom. in Programmgerüste konvertierbar				O	O	O		O
autom. in Programmcode konvertierbar						O	O	

(Zeilengruppen: **Zweck** / **Eigenschaften**)

Abb. 5.6. Darstellungstechniken im Vergleich
(Quelle: in Anlehnung an Martin 1988)

Methoden des Software-Engineerings[90]

Strukturierte Analyse (Structured Analysis, SA)[91]

Diese zielt darauf ab, die "wahren" bzw. "essentiellen" (= logischen, Anm. d. Verf.) Anforderungen an ein System zu identifizieren. Diese Anforderungen entstehen durch (Geschäfts-) Ereignisse auf die das System mittels "geplanter Reaktionen" vollständig reagieren muß, unabhängig davon, mit welcher Technologie diese Reaktion unterstützt wird (= logisches System). Diese ereignisorientierte Sichtweise erweist sich als gutes Kommunikations- und Verständnismittel zwi-

---

[90] Auswahl anhand der Rangfolge der häufigsten in CASE-Produkten vorkommenden Methoden. Daten dazu vgl. Woschinski 1989, 1989a.

[91] Vgl. McMenamin 1988.

schen den Benutzern und Entwicklern. Durch die ereignisorientierte Zerlegung entstehen i.d.R. hierarchisch angeordnete Datenflußdiagramme. Zusätzlich werden zur Beschreibung des Systems – insbesonders der Daten – Entity-Relationship Diagramme verwendet. Damit kommt eine "objektorientierte" Sichtweise hinzu. Die geplanten Reaktionen werden in "Mini-Spezifikationen" (Aktionsdiagrammen, Anm. d. Verf.) beschrieben.

Den Vorteilen dieser Methode – kurze und prägnante Modelle (jede Aktivität wird idealerweise nur einmal beschrieben), relativ ähnliche logische Modelle unabhängig vom speziellen Entwickler (aufgrund des ereignisorientierten Ansatzes), objektorientierte Sichtweise der Daten (entspricht eher der realen Welt), unterstützt die schrittweise Zerlegung in logische Aktivitäten und weitgehende Unabhängigkeit von jeglicher Technologie (das Modell wird rein aus logischer Sicht dargestellt) – steht als Nachteil die Schwierigkeit der Entwickler die logische Sichtweise der Daten und Prozesse einzunehmen, gegenüber.

Strukturierte Analyse wird vorwiegend in der Systemanalysephase eingesetzt, um die oberen Ebenen eines komplexen Daten- und Funktions-/Prozeßmodells zu beschreiben. Je detaillierter desto aufwendiger wird die Methode.

Strukturiertes Design (Structured Design, SD, bzw. Composite Design)

Mit dieser Methode soll erreicht werden, daß die mittels strukturierter Analyse gewonnene logische Problemstruktur eines Systems "ordnungsgemäß" in eine Modulstruktur der Software übergeführt wird. Dabei sind einheitliche Regeln vorgegeben. Die Module sollten schlußendlich möglichst lose aneinander gekoppelt sein – d.h. die Kommunikation zwischen diesen soll vorwiegend über Datenaustausch erfolgen, ohne daß ein Modul in die Struktur eines anderen eingreift. Zur Darstellung der Modulstruktur werden Strukturdiagramme verwendet. Die Methode wird insbesonders zur Software-Erstellung in der Entwurfsphase eingesetzt.

Entity-Relationship Modelling (ERM)[92]

"Entity Relationship Modelling is a technique for defining the information needs of your organization. It provides a firm foundation for delivering high-quality, appropriate systems that meet your business needs. ... In its simplest form, Entity Relationship Modelling involves identifying the things of importance in an organization (entities, objects, Anm. d. Verf.), the properties of those things (attributes) and how they are related to one another (relationships). But this is only of value within the context of what is done in the business and how these business functions act upon this information model."[93]

Diese Methode verwendet zur Modellierung Entity-Relationship Diagramme und wird hauptsächlich in der Planungs-, Analyse- und Designphase angewendet.

---

[92] Vgl. Barker 1990, Vetter 1987, Vinek 1981, Finkelstein 1989.

[93] Vgl. Barker 1990, S. 1-1.

Entscheidungstabellen-Technik (decision tables)

"Eine komplexe Entscheidungssituation, die sich durch die intensive Verknüpfung mehrerer Bedingungen auszeichnet, kann mit Hilfe dieser Methode gut dargestellt werden. Es kann genau und vollständig beschrieben werden, was bei bestimmten Verknüpfungen von Bedingungen als Aktion ausgeführt werden soll."[94]

Als graphisches Beschreibungsmittel zu dieser Technik dienen Entscheidungstabellen. Die Methode ist nahezu überall anwendbar, wo kleine detaillierte Problemstellungen genau und vollständig zu definieren sind.

Jackson Structured Programming (JSP)

JSP beruht auf einem datenorientierten Ansatz, bei dem die Programmstruktur eines Problems aus der im voraus ermittelten langlebigeren Datenstruktur abgeleitet wird.

Die Methode bedient sich dabei der Jackson Diagramme. Sie ist so an den Problembereich der "großen Datenmengen" angepaßt, daß sie großen Anklang insbesonders im kommerziellen Bereich der Datenverarbeitung und hier wiederum speziell für Batch-Programme gefunden hat. Um größere Softwaresysteme bzw. kompliziertere Programmlogik zu entwickeln, ist die Methode ungeeignet. "In general, the Jackson design methodology is more difficult to use than other structured design methodologies. The steps are tedious to apply. For problems with complex data structures, the extra effort may be worthwhile because the resulting program structure is likely more complex and correct. ... helpful for only a certain class of problems, serial file systems. It breaks down completely when applied to data-base systems."[95]

Endliche Automaten (Zustandsgraphen bzw. -diagramme, Finite State Machines)

Grundlage der Methode ist die Automaten-Theorie. Mittels Zustandsübergangs-Diagrammen wird ein System beschrieben. Die Methode eignet sich insbesonders für Systemteile mit einer hohen Anzahl an verschiedenen Zuständen, die vollständig beschrieben werden sollen.

Petri-Netze

Diese wurden insbesonders für die Entwicklung von Realzeit-Software entwickelt. Sie eignen sich auch für die Beschreibung von Dialog- und betrieblichen Abläufen. Aktionen, die zeitlich parallel durchgeführt werden und voneinander unabhängig sind, können damit modelliert werden.

Den Vorteilen der Methode, Darstellung von sequentiellen und parallelen Abläufen und leichtes Erkennen von Abläufen, Konfliktsituationen und Fehlern, stehen an Nachteilen die Schwierigkeit komplexe Entscheidungen nachzuvollziehen,

---

[94] Vgl. Woschinski 1989a, Platz 1985, DIN 66 241.

[95] Vgl. Martin 1988, S. 485f.

der nicht vorhandenen Repräsentation von Daten und in den mangelnden zusätzlichen Beschreibungsmittel der Methode gegenüber.

"Interaktionsnetze sind vereinfachte Petri-Netze, die Interaktionen zwischen Mensch und Maschine beschreiben. ... In der Regel werden Interaktionsnetze im Entwurf von Dialogschnittstellen eingesetzt, ..."[96]

Structured Analysis and Design Technique (SADT)

Vom Prinzip her ist SADT sowohl zur Beschreibung von Funktionen/Prozessen als auch von Daten (= daten- und prozeßorientierter Ansatz) geeignet. Sie wird jedoch meist zum ersteren verwendet.

Die Methode ist vorwiegend zur Analyse vor größeren Systemen mit komplexen Zusammenhängen der Daten und Funktionen/Prozesse auf oberen Ebenen geeignet. Je detaillierter die Beschreibung, desto notwendiger wird eine softwaretechnische Unterstützung.

Den Vorteilen der leichten Erlernbarkeit, Verständlichkeit und guten Kommunikationsbasis stehen an Nachteilen die Änderungsfeindlichkeit, die rasche Unübersichtlichkeit und der rasch wachsende Aufwand gegenüber.

Information System Work and Analysis of Changes (ISAC)[97]

Die Methode ist in den 70er Jahren in Skandinavien entwickelt worden. Diese Methode geht von den Bedürfnissen, Problemen und Ideen der Betroffenen aus und führt über eine Anzahl von überschaubaren Arbeitsschritten und Regeln zur Spezifikation von manuellen und EDV-gestützten Tätigkeiten. Die Methode enthält genaue Dokumentationsvorschriften wie und was zu Dokumentieren ist und verwendet dazu eine eigene, aussagekräftige graphische Beschreibungsform, die durch entsprechende Texte und Tabellen ergänzt wird. Die Methode ISAC wurde mittlerweile in eine Reihe anderer Methoden des Software-Engineerings übernommen und integriert[98].

Im folgenden werden einige statistische Daten zu obigen Methoden vorgestellt, die in einer Studie zum Vergleich von 71 im deutschsprachigen Raum verfügbaren CASE-Produkten erhoben wurden[99]:

---

[96] Vgl. Beck 1990, S. 128-131.

[97] Vgl. Lundeberg 1981.

[98] Vgl. Spitta 1989, Vetter 1988.

[99] Vgl. Woschinski 1989, 1989a.

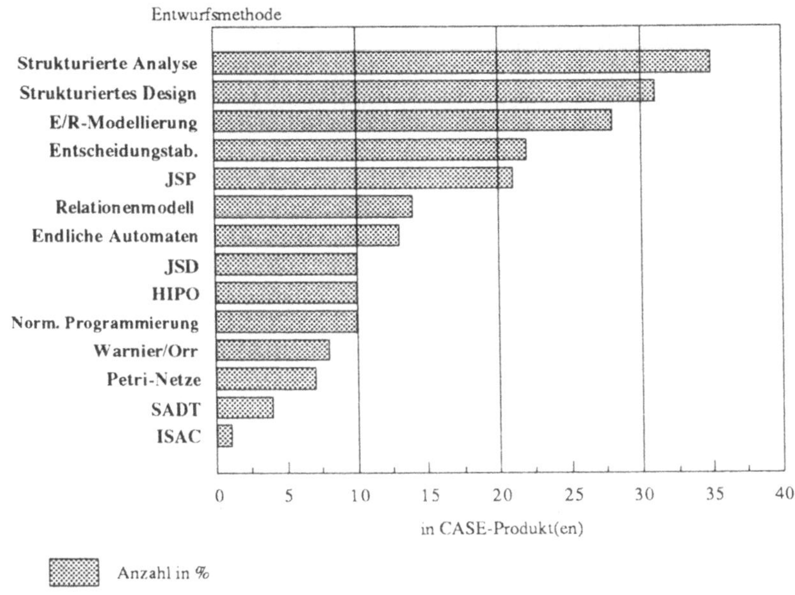

Abb. 5.7. Unterstützte Entwurfsmethoden in CASE–Produkten

Empfehlung: Es sollten nur Methoden angewendet werden, die mindestens zwei Sichtweisen in sich vereinigen. (Vgl. verschiedene Sichtweisen im Kapitel 5.2.4). *Zusammenfassend:* "... system analysis techniques (auch design techniques, Anm. d. Verf.) ... are primarily concerned with information and object flow within a system. Although users are considered to some extent, the central focus is upon the system and the information and objects it must deal with. These sorts of methodologies do not describe users or usage very well."[100] Trotz dieser Kritik bedarf es mangels geeigneter Alternativen der Anwendung obiger Methoden. Durch eine verstärkte Benutzerorientierung bei deren Anwendung lassen sich diese i.d.R. auch hinsichtlich den vertretenen Sichtweisen dieser Arbeit erfolgversprechend anwenden.

4. Generationssprachen (4. GL) und Computer-Aided-Software-Engineering (CASE)

Die Entwicklung in der Software-Technologie weist auf verschiedene Wege hin, um die Probleme der sogenannten "Software-Krise" zu beseitigen. Einerseits werden zunehmend 4. Generationssprachen, mit denen insbesonders auch Nicht-EDV-

---

[100] Vgl. Booth 1989, S. 139, vgl. auch Martin F. 1988.

Experten, wie z.B. Fachkräfte, qualifizierte Sachbearbeiter, ihre Probleme lösen können. Andererseits bedarf es trotz dieser Werkzeuge für komplexere Probleme effizienter Werkzeuge speziell für den EDV-Experten. Diese Werkzeuge werden als CASE (*C*omputer *A*ided *S*oftware *E*ngineering) bezeichnet.

Die Abgrenzung dieses Begriffes ist sehr unscharf. Die folgenden zwei Abbildungen versuchen eine Abgrenzung dieser Begriffe zu verdeutlichen.

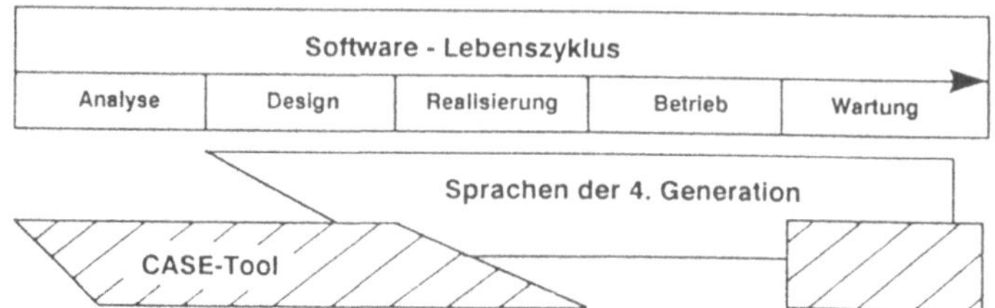

Abbildung 3: Schwerpunkte von CASE und 4GL im Software-Lebenszyklus

Abb. 5.8. (Quelle: Bauer 1990, S. 54)

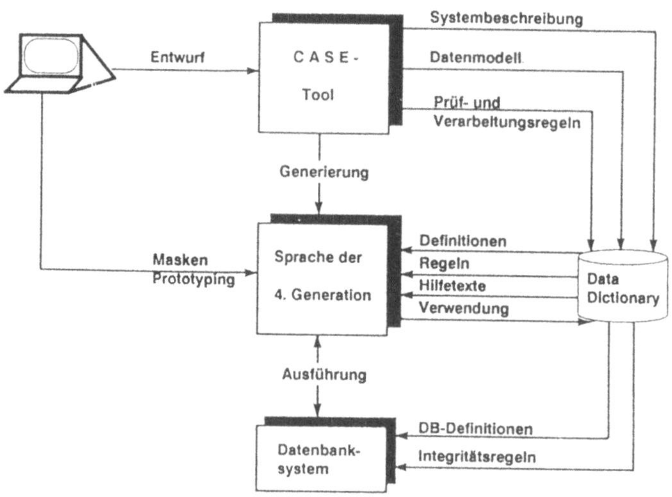

Abb. 5.9. (Quelle: Bauer 1990, S. 54)

Die erste Abbildung verdeutlicht, daß CASE historisch und von den theoretischen Grundlagen her eher die frühen Phasen im Software-Lebenszyklus abdecken, während 4. GL eher aus Bestrebungen der Programmierung entstanden sind. Die beiden Ansätze – CASE von oben nach unten, 4. GL von unten nach oben im Lebenszyklus – überschneiden sich vorwiegend in der Designphase.

Der Pflege-/Wartungsaspekt wird von 4. GL her zwar erleichtert, dies reicht jedoch dennoch nicht aus. CASE-Produkte speziell für die Pflege/Wartung werden zunehmend am Markt unter dem Schlagwort "Reverse-Engineering" angeboten.

Die zweite Abbildung offenbart, daß CASE und 4. GL aus obiger Sicht durchaus keine Gegensätze implizieren, sondern sehr wohl integriert werden können. Laut Bauer ist dies keineswegs illusorisch, denn die Entwicklung vorhandener Produkte weist in diese Richtung[101]. Alle Bestandteile dieser Abbildung sind überdies in eine Integrierte Software-Produktionsumgebung (IPSE) einzubetten.

Die klassische Trennung zwischen Systemanalytiker und Programmierer, der die Vorgaben des Analytikers in eine maschinenlesbare Form übersetzen muß, wird mit solchen Werkzeugen aufgehoben. Es kommt zum Verschmelzen dieser Funktionen. Eine neue Berufsbezeichnung, die des "Software-Engineers"[102], scheint sich zu etablieren.

4. Generationssprachen (4. GL)[103]

Diese sind stark problem- bzw. aufgabenorientiert und daher verhältnismäßig einfach zu handhaben. Es brauchen nur die Daten und ihre Beziehungen untereinander beschrieben werden – d.h. das "Was", nicht aber das "Wie" und in welcher Reihenfolge sie vom Rechner verarbeitet werden sollen. Sie eignen sich eher zur Entwicklung kleiner bis mittelgroßer kommerzieller Anwendungen.

Grundmerkmale von 4.GL:

* Ergebnisse, Lösungen werden schneller als mit herkömmlichen Mitteln – wie 3. GL – erreicht
* auch Nicht-EDV-Experten können damit Probleme lösen (Benutzerprogrammierung)
* Nicht-prozedurale Anweisungen stehen im Vordergrund (d.h. das "Was" und nicht das "Wie")
* Benutzerfreundlich
* "intelligente" Standard-Annahmen durch das System (z.B. für Einstellgrößen)
* leistungsfähige Entwurfssprachen
* unterstützen die Prinzipien des Entwurfes insbesonders der strukturierten Programmierung (s.o.)
* direkter Entwurf am Bildschirm (Online)
* allgemein verständliche Beschreibungssprache (nahe der natürlichen Sprache) z.B. für Abfragen
* Prototyping
* Einlernzeit für die Grundfunktionen in kurzer Zeit
* Testunterstützungen
* ein Datenbank-Management-System ist inkludiert

---

[101] Vgl. Bauer 1990, S. 56.

[102] Vgl. Österle 1988, S. 135-146, Gibbs 1987.

[103] Vgl. Martin 1985, Kozar 1989.

Computer Aided Software Engineering (CASE)[104]

Dieser Begriff wird insbesonders dann verwendet, wenn Werkzeuge für den Systementwickler – also den EDV-Experten – angeboten werden, die ihn bei der Durchführung seiner Aufgaben unterstützen. Dies ist zwar ein neuer Begriff, aber ein altes Konzept. Werkzeuge zum Entwickeln sind schon seit geraumer Zeit verfügbar. Neue billige PC's erlauben jedoch deren wesentlich breiteren Einsatz. Das der Markt sich erst im Aufbruch befindet, zeigt eine Studie, in der erhoben wurde, daß in den USA erst 3 Prozent der Systementwickler CASE-Produkte einsetzen[105]. Dies führt Chikofsky auf das sogenannte "Shoemaker's Children" – Syndrom zurück, das besagt, daß die Kinder des Schuhmachers zuletzt Schuhe erhalten. Die Analogie zu den Systementwicklern drängt sich geradezu auf[106].

Komponenten einer CASE-Workbench (Werkbank):

- Diagramme-Editier-System: Mit diesem können verschiedene Darstellungsarten (z.B. Datenfluß-Diagramme, Struktur-Diagramme, Datenmodell-Diagramme) ein und derselben Information quasi "per Knopfdruck" gewechselt werden. Änderungen in den Diagrammen werden automatisch in allen anderen nachvollzogen.
- Entwurfs-(Prototyping) und Testmöglichkeiten mit automatischen Prüfungen wie z.B. Syntax, Vollständigkeit, Konsistenz
- Abfragesprache zum Durchsuchen der Information und der Programme
- Data-Dictionary
- Import/Export-Möglichkeiten von zentral gespeicherten Informationen auf den PC und umgekehrt
- Berichtsgeneratoren (Reports) zur automatischen Erstellung von System-Dokumenten
- automatische Rahmenprogramm-Generatoren für Standard-Probleme
- Unterstützung bei der Anwendung strukturierter Methoden (z.B. strukturierte Programmierung)
- Projekt-Management-Werkzeuge (vgl. zum Projekt-Management)

Alle Komponenten erhalten die notwendigen Informationen aus *einem* zentralen "Repository" (entspricht in etwa einem Datenbank-Management-System). Der Einsatz von CASE verheißt oft zahlreiche *Vorteile* wie:

- Steigerung der Produktivität, Produkt-, Projekt-Qualität
- die Anwendung der Entwurfsmethoden wird praktikabel
- ingenieurmäßiges Vorgehen auch im Software-Produktionsbereich
- ermöglicht praktikables Prototyping
- vereinfacht die Pflege von Programmen
- beschleunigt den Entwicklungsprozeß

---

[104] Vgl. McClure 1989, EDV 1990, Woschinski 1989b, Balzert 1989.

[105] Vgl. Simonsmeier 1988, S. 41.

[106] Vgl. Chikofsky 1988, S. 11.

- entlastet den Entwickler von Routinetätigkeiten
- unterstützt eine evolutionäre und schrittweise Vorgehensweise
- ermöglicht die Wiederverwendbarkeit von Programmteilen
- langfristige Kosteneinsparung
- höhere Transparenz durch sichtbaren Projektfortschritt und bessere Dokumentation

5.4.4 Zum Testen und Bewerten von Software

Die nachfolgenden Methoden wurden in benutzerorientierte Evaluation – d.h. der Benutzer ist die Quelle für die Bewertung – und expertenorientierte Evaluation – d.h. der Experte bewertet – gegliedert[107].

Die benutzerorientierte Evaluation wurde weiter differenziert in objektive Verfahren – d.h. der Benutzer ist zwar Informationsquelle für die Bewertung, sein Urteil wird jedoch objektiviert – und subjektive Verfahren – d.h. der Benutzer selbst gibt sein Urteil zur Bewertung ab, ohne daß dieses abgeändert wird.

Benutzerorientierte Evaluation

Objektive Verfahren

"Sie sind durch eine systematische Beobachtung des Benutzerverhaltens bzw. von Arbeitssituationen gekennzeichnet, um darüber objektive Daten zu gewinnen. Hier bildet der Benutzer zwar die Quelle für die Daten, die mittels objektiver Methoden erhoben werden, gibt aber nicht selbst ein Urteil ab. Die so in systematischer und nachvollziehbarer Weise erhobenen Daten bilden den Ausgangspunkt zur Urteilsbildung. Voraussetzung dafür ist, daß es operationalisierte und präzise Kriterien gibt, die eine Urteilsbildung aufgrund eindeutiger Testvorschriften und intersubjektiv nachvollziehbaren Bedingungen ermöglichen."[108]

Rechnerprotokolle (Logfiles)[109]

Diese zeichnen Häufigkeiten, Reihenfolge und Zeitpunkt der Nutzung bestimmter Funktionen auf und dienen primär als Hintergrundinformation über den Dialogablauf, um beispielsweise häufige Fehler bzw. Hilfe-Aufrufe sowie nicht verwendete Funktionen zu analysieren.

Der große Vorteil liegt in der Objektivität der Aufzeichnungen. Als Nachteile sind die Fülle von auszuwertenden Informationen und die offene Frage nach den Gedankengängen der Benutzer anzuführen. Ersteres kann durch genaue Zielfestlegung der zu bewertenden Aspekte und durch zusätzliche Auswertungsprogramme für Logfiles geschmälert werden. Letzeres bedarf einer Ergänzung dieser Methode durch andere wie beispielsweise das Laute Denken und die Videokonfrontation.

---

[107] In Anlehnung an Howard 1987, Karat 1988 und Bertaggia 1989 .

[108] Vgl. Reiterer 1990, S. 147.

[109] Vgl. Hoyos 1988, Moll 1987, Clegg 1988.

Rechnerprotokolle sind praktikabel, wenn entsprechende Software zur Auswertung verfügbar sind. Die Anwendung dürfte für die Zielgruppe dieser Arbeit kein Problem bereiten, da diese sicher schon Bekanntschaft mit dieser Methode in anderen Bereichen – beispielsweise bei Testprotokollen – gemacht haben.

Automatisierte Werkzeuge zur objektiven Analyse von Teilen der Benutzerschnittstelle

Mittels Programmen werden diverse Aspekte der Benutzerschnittstelle objektiv bewertet. Ein Beispiel dazu ist das Display Analysis Program[110]:

Dieses Programm analysiert monochromatische, alphanumerische Bildschirme hinsichtlich der ergonomischen Aspekte: Füllungsgrad des Bildschirmes (d.h. die Anzahl der dargestellten Zeichen bezogen auf die am gesamten Bildschirm darstellbaren), Grad der Dichte der dargestellten Zeichen, Anzahl und Größe der Gruppierungen von Zeichen, Zeilenanzahl und Komplexität des gesamten Bildschirm-Layouts aufgrund der obigen Berechnungen.

Zur raschen Analyse sind solche Werkzeuge hilfreich. Ihre Aussagekraft ist jedoch eingeschränkt, zumal nur die Syntax und nicht die Semantik der Zeichen am Bildschirm bewertet wird. Für Anwendungen mit Direkter Manipulation erscheint eine solches Werkzeug kaum definierbar zu sein.

Subjektive Verfahren

Bei diesen Verfahren ist der Benutzer selbst derjenige, der aufgrund seines Wissens ein Urteil über das zu bewertende System gibt. Eine Objektivierung dieser Urteile findet dabei nicht statt.

Lautes Denken[111]

Die Benutzer geben während der Arbeit mit den Produkten laufend Auskunft über ihre Denkweisen, indem sie diese laut aussprechen. Die daraus resultierenden Protokolle – beispielsweise Band- und Videoaufzeichnungen – werden ausgewertet. Hiermit läßt sich überprüfen, ob die Denkweise mit den von den Entwicklern angenommenen übereinstimmen. Bei komplexen Problemen versagt diese Methode, da der Benutzer mit der Problemlösung vollauf beschäftigt ist.

Wird die Methode eher oberflächlich zum raschen Finden von Problemen der Benutzer eingesetzt, so ist der damit verbundene Zeitaufwand vertretbar.

Befragung

Zur Bewertung sind zahlreiche Werkzeuge verfügbar, die auf der Methode der Befragung beispielsweise in Form von Fragebögen beruhen[112].

---

[110] Vgl. Tullis 1986, 1988, 1988a.

[111] Vgl. Hoyos 1988, Karat 1988, Moll 1987, Sweeney 1987.

[112] Beispiele in: Clegg 1988, ETH-LAO 1986, Norman K. 1989, Ravden 1989.

Da diese Werkzeuge bereits bei der Gestaltung sinnvoll angewendet werden kann, sind sie bereits unter dem Abschnitt "Normen und Richtlinien für die ergonomische Softwaregestaltung", insbesonders unter denjenigen, mit der primären Zielgruppe der Evaluatoren, abgehandelt worden. Dabei sind die Werkzeuge (Clegg 1988) und (Ravden 1989) besonders geeignet, wie aus dem eigenen praktischen Einsatz hervorgegangen ist.

Nicht zuletzt sind auch die zahlreich vorhandenen Normen und Richtlinien zur Gestaltung an sich für eine Bewertung heranziehbar, indem die jeweils geforderten Inhalte mit den tatsächlichen Gegebenen abgeglichen werden.

Walkthrough[113]

Personen werden aufgefordert typische Aufgaben mit dem zu bewertenden System zu lösen bzw. sich in das System einzuarbeiten.

Dabei werden konfuse, unklare, unvollständige Funktionen, Befehle, Ausgaben des Systems durch die Personen identifiziert. Handelt es sich bei den Personen um Experten, so handelt es sich hierbei um ein Expertenurteil (s.u.).

Expertenorientierte Evaluation

Expertenurteil

Dieses wurde bereits unter den "allgemeinen Methoden und Werkzeugen zur Informationsgewinnung" geschrieben. Im folgenden werden nur mehr jene Verfahren angeführt, die zur Bewertung von Benutzerschnittstellen nach ergonomischen Gesichtspunkten verwendet werden können:
- EVADIS[114]
- Prüfinventar zu Minimalanforderungen der Software-Ergonomie (Verfahren des TÜV-Bayerns)[115]
- Software Gütesicherung RAL-GZ 901 (= DIN V 66 285)[116]

5.4.5 Zum Pflegen von Software

Konfigurations-Management

Zur Planung der Fehlerbehebung und der Änderungsdurchführung gelangen spezielle Management-Methoden zur Anwendung. Sie werden als *Konfigurations-Management*[117] bezeichnet und gelangen sowohl bei der Entwicklung als auch bei der Pflege von Hardware und Software zum Einsatz, umfassen also den gesamten Lebenszyklus eines Bürosystems.

---

[113] Vgl. Evans 1987, S. 217-222, Piepenburg 1989, S. 48, 76f, Clegg 1988, S. 162-164.

[114] Vgl. Oppermann 1988, 1988a, Piepenburg 1989, Reiterer 1990, Koch 1990c.

[115] Vgl. Lang 1988, Piepenburg 1989, S. 89f.

[116] Vgl. Schmidt 1988, RAL 1985, Piepenburg 1989, S. 82-88.

[117] Configuration Management Sommerville 1989, Kapitel 28, Bernasch 1987, Evans 1987, S. 200-211.

Unter einer Konfiguration ist eine nach bestimmten Gesichtspunkten zusammengestellte Menge von aufeinander abgestimmten Entwicklungsergebnisse (= Ergebnisse der einzelnen Phasen) zu verstehen.

Beim Konfigurations-Management handelt es sich um eine festgelegte, disziplinierte Vorgehensweise zur Gewährleistung der Konsistenz und Vollständigkeit der Elemente einer Konfiguration, zur Sichtbarmachung ihrer Beziehungen und zur Nachvollziehbarkeit der zugehörigen Prozeßschritte.

Ziel des Software-Konfigurations-Management ist die ergonomische, funktional-technische und wirtschaftliche Qualität der Software eines Bürosystems positiv zu beeinflussen, eine bessere Kosten- und Terminvorhersage zu ermöglichen und den Aufwand und die Kosten für die Pflege drastisch zu reduzieren.

Das Software-Konfiguration-Management besteht aus folgenden *Komponenten*:
- *Konfigurationsbestimmung*: die Eigenschaften des Bürosystems werden festgelegt, die Fehlermitteilungen und Änderungswünsche werden systematisch erfaßt (Reports) und bewertet, die Fehlerbehebung bzw. die Änderungsdurchführung wird veranlaßt
- *Änderungssteuerung*: der Ablauf der Fehlerbehebung bzw. der Änderungsdurchführung wird gesteuert
- *Änderungsüberwachung*: anhand von Qualitätsmerkmalen werden die durchgeführten Änderungen bzw. Fehlerbehebungen überwacht und kontrolliert
- *Projektbibliothek und Buchführung*: dient der Verwaltung von Objekten (z.B. Spezifikationen, Lösungsentwürfe, Programm-Module, Testdaten) und deren Eigenschaften, ermöglicht ein lückenloses Nachvollziehen des Lebenszyklus der Software

Werkzeuge für das Software-Konfiguration-Management existieren vorwiegend auf dem amerikanischen Markt und haben noch nicht die selbe Reife und Verbreitung wie Software-Entwicklungswerkzeuge erreicht. Sie basieren auf einer sehr leistungsfähigen Projektbibliothek (mit einem Data Dictionary), die sämtliche erforderlichen Dokumente (z.B. Protokolle, Spezifikationen) verwaltet und die notwendigen Aktivitäten koordiniert und überwacht.

Wartungsvertrag

In der Regel schließt der Anwender beim Kauf / bei der Miete von Soft- und Hardware mit deren Hersteller / Anbieter einen Vertrag ab, indem festgelegt wird, zu welchen Konditionen Fehler, Mängel, Erweiterungen – d.h. die Wartung – berücksichtigt werden. Musterverträge, wie die von Neeb et al. vorgeschlagenen, bilden dabei eine gute Ausgangsbasis zur Erstellung und Verhandlung von betriebsspezifischen Vertragsinhalt[118].

---

[118] Vgl. Neeb 1987.

6. Umsetzung der ergonomischen Kriterien mittels Methoden und Werkzeugen im Gestaltungsprozess

Um ein Bürosystem – anhand der im Kapitel 4 vorgestellten Kriterien und der im Kapitel 5 präsentierten Methoden und Werkzeuge – ergonomisch gestalten zu können, müssen die am Gestaltungsprozeß Beteiligten (z.B. Systementwickler) wissen, was sie gestalten sollen und wie der Gestaltungsprozeß vor sich gehen soll. Dabei sollten sie nicht von einer Einzelmaßnahme zur nächsten übergehen, sondern diese systematisch aufeinander abstimmen. Hierzu benötigen sie eine Arbeitsanleitung, in der das Was und das Wie der Gestaltung zusammengeführt wird. Dies ist der Schwerpunkt dieses Kapitels, das einen möglichen Weg des Vorgehens zur Umsetzung von ergonomischen Kriterien bei der Gestaltung von Bürosystemen zeigt.

6.1 Vorgehensmodell zur ergonomischen Gestaltung von Bürosystemen

6.1.1 Darstellung des Vorgehensmodells

An der Erstellung von Bürosystemen sind mehrere Personen über einen längeren Zeitraum beteiligt. Um die Arbeit vernünftig aufteilen zu können, müssen Aufgaben, Rollen und Kompetenzen definiert werden, die festlegen, wer wann für was zuständig ist. Zur Koordination der Arbeit und der Kontrolle des Projektfortschritts ist daher eine zeitliche Gliederung der Arbeitsschritte erforderlich.

Dazu bedient man sich sogenannter Vorgehensmodelle (auch Phasenmodelle genannt), mit deren Hilfe die Entwicklung/Auswahl und Einführung von Bürosystemen in eine Reihe von aufeinanderfolgenden und in sich abgeschlossenen "Phasen" unterteilt wird. In jeder Phase wird das einzusetzende Bürosystem unter einem bestimmten Blickwinkel bearbeitet.

Eine Unterscheidung in Phasen ist immer idealtypisch. Die einzelnen Phasen werden sich in der Praxis teilweise überlappen und es kann jederzeit zu Rücksprüngen – etwa bedingt durch neue Erkenntnisse oder entdeckter Fehler – in frühere Phasen kommen. Prinzipiell hat sich aber ein strukturiertes und zeitlich gegliedertes Vorgehen für Problemlösungsprozesse – und bei der Gestaltung von Bürosystemen handelt es sich um einen oft sehr komplexen Problemlösungsprozeß – bewährt.

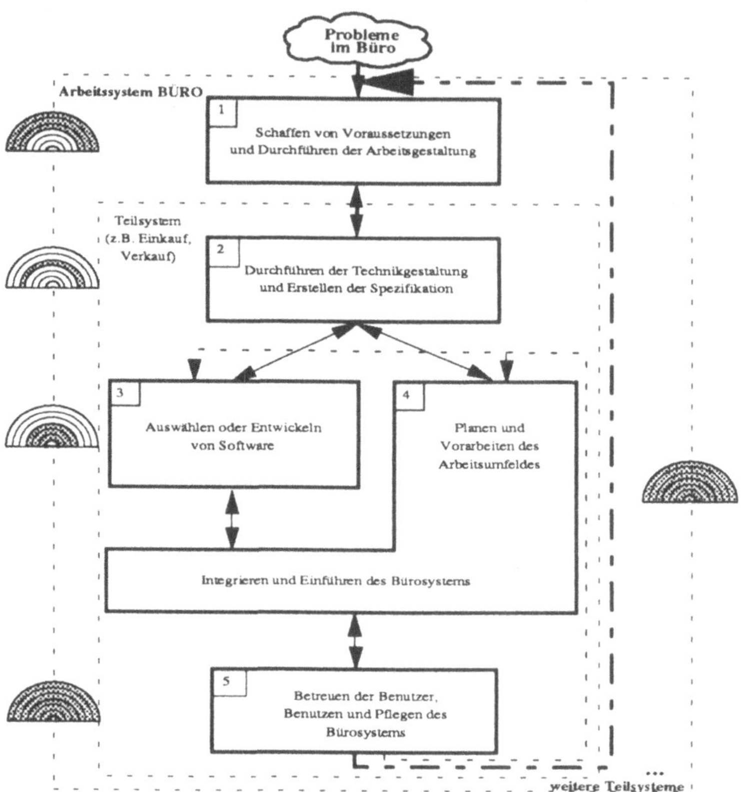

Abb. 6.1. Vorgehensmodell

Wir unterscheiden in unserem Vorgehensmodell *fünf Phasen*. Diese wurden unter dem Gesichtspunkt der Anwendung unterschiedlicher ergonomischer Kriterien sowie von Methoden und Werkzeugen im Gestaltungsprozeß gebildet.

Die Verbindungen zwischen den Phasen sind in der Abb. 6.1 durch *Doppelpfeile* verdeutlicht. Jede Verbindung ist stellvertretend für die Übergabe einer Reihe von Dokumenten bzw. Produkten. Die Übergabe kann sowohl von oben nach unten – z.B. von Phase 3 nach Phase 4 -, als auch von unten nach oben – z.B. von Phase 4 nach Phase 3 (= Rücksprung) – erfolgen. Stehen einzelne *Phasen nebeneinander*, so verdeutlicht dies, daß diese teilweise gleichzeitig bzw. parallel ablaufen können. Die *Pfeile* deuten an, daß dem Vorgehensmodell eine evolutionäre zyklische Vorgehensweise zugrunde liegt (vgl. Kapitel 3).

Die *halbkreisförmigen Symbole* zeigen, welche Gestaltungsebenen des Gestaltungsebenenmodells in den entsprechenden Phasen zu gestalten sind. Die zu gestaltenden Ebenen sind dunkel unterlegt.

6.1.2 Aufbau der einzelnen Phasen des Vorgehensmodells

Um den Leser die Orientierung zu erleichtern und ihm einen gezielten Einstieg zu ermöglichen, wurde jede Phase nach einem einheitlichen Schema aufgebaut:

Phasenkennung

- jede der Phasen hat eine Nummer, die im obigen Vorgehensmodell ersichtlich ist
- jede Phase hat einen Phasennamen
- die Fußnote nach dem Phasennamen enthält weitere übliche Bezeichnungen in der Literatur für diese Phase

Phasenablauf

In Abb. 6.2 wird schematisch ein Phasenablauf dargestellt und mittels Legende beschrieben. Daraus ist ersichtlich, daß anhand von Ergebnissen aus früheren Phasen, mittels der Gestaltungsaktivitäten der aktuellen Phase, neue Ergebnisse geschaffen werden.

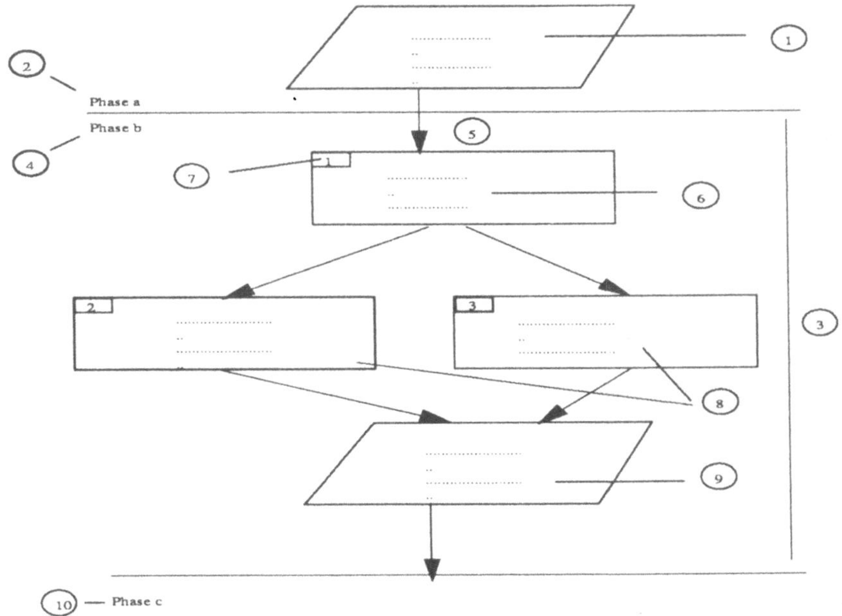

(1) Ergebnisse, Produkte, Dokumente aus vorheriger Phase
(2) Phasenkennzeichnung der vorherigen Phase
(3) Abgrenzung der aktuellen Phase
(4) Phasenkennzeichnung der aktuellen Phase
(5) Daten-, Material-, Dokumentenfluß
(6) Gestaltungsaktivität
(7) Nummer der Aktivität in der textuellen Beschreibung
(8) Gleichzeitig ablaufende Aktivitäten
(9) Ergebnisse, Produkte, Dokumente der aktuellen Phase
(10) Phasenkennzeichnung der nächsten Phase

Abb. 6.2. Schematischer Phasenablauf

Ziele und Ergebnisse dieser Phase

In diesem Abschnitt wird kurz dargestellt, welche Ziele in dieser Phase verfolgt werden und welche Ergebnisse zu erwarten sind. Dies ermöglicht einen schnellen Überblick über den Inhalt der Phase, ohne genau auf die einzelnen Gestaltungsaktivitäten eingehen zu müssen.

Gestaltungsbereich und Gestaltungsspielraum in dieser Phase

Hier wird dargestellt, welche Ebenen des Gestaltungsebenenmodells (vgl. Abb. 6.1) in dieser Phase (mit) zu gestalten sind. Zusätzlich wird aufgezeigt, welcher Gestaltungsspielraum in diesem Bereich vorhanden ist.

Gestaltungsaktivitäten

Dieser Abschnitt stellt jeweils den Hauptteil der Phase dar. Die einzelnen Gestaltungsaktivitäten, die bereits im Phasenablauf aufgezeigt wurden, werden eingehend erläutert.

Der Schwerpunkt der beschriebenen Gestaltungsaktivitäten liegt – aufgrund der Themenstellung dieses Buches – auf jenen, die zur Umsetzung der in dieser Phase zu berücksichtigenden ergonomischen Kriterien sowie zur Anwendung der vorgeschlagenen Methoden und Werkzeuge erforderlich sind.

Methoden und Werkzeuge zur Unterstützung
der Gestaltungsaktivitäten

Im folgenden werden die fünf Phasen des Vorgehensmodelles dieser Arbeit im Detail beschrieben. Ein wesentlicher Bestandteil bildet dabei die konkrete Zuordnung von Methoden und Werkzeugen des Kapitels 5 "Methoden und Werkzeuge für die Gestaltung von Bürosystemen" zur Unterstützung konkreter Gestaltungsaktivitäten. Dabei haben sich die folgenden Methoden und Werkzeuge als für alle fünf Phasen gleichermaßen relevant herauskristallisiert:[1]

- evolutionäres Vorgehensmodell → 5.2.1
- Partizipation → 5.2.2
- Projektbegleitendes Qualifizierungsprogramm → 5.2.3
- Methoden und Werkzeuge zur Kommunikation → 5.2.4

---

[1] Das Symbol "→" stellt dabei einen Verweis zu den Detailbeschreibungen der in Kapitel 5 angeführten Methoden und Werkzeuge dar. Dies gilt auch für die Zurordnungen der Methoden und Werkzeuge in den einzelnen Phasen.

6.2 Die Phasen des Vorgehensmodells[2]

6.2.1 Phase 1: Schaffen von Voraussetzungen und Durchführen der Arbeitsgestaltung[3]

Phasenablauf[4]

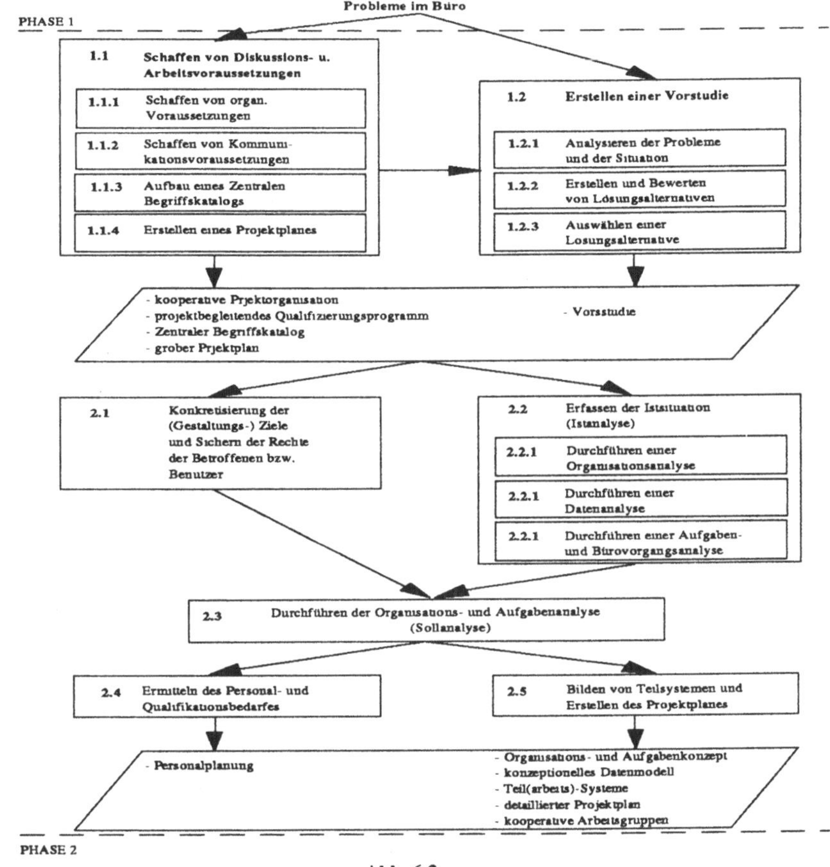

Abb. 6.3.

---

[2] In den Phasen 1 bis 5 folgt die Numerierung der Kapiteln der in den jeweiligen Phasenabläufen gewählten Numerierung der Gestaltungsaktivitäten. Dies ermöglicht dem Leser ein direktes Verzweigen vom graphischen Phasenablauf zur - ihm interessierenden - Gestaltungsaktivität im Text.

[3] Weitere Phasennamen: Erstellen einer Vorstudie, Zielfindung Spitta 1989, Strategiefestlegung Vetter 1988, Problemanalyse Gewerkschaft der Privatangestellten 1988, Istanalyse, Problemanalyse Gewerkschaft der Privatangestellten 1988, Systemabgrenzung Spitta 1989, Objektsystem-Design Vetter 1988, Strategic Study Olle 1988, Information Strategic Planning Martin 1986a, Information System Planning Olle 1988.

[4] Die Trennung dieser Schritte ist nicht scharf, es kann jederzeit zu Rücksprüngen - bedingt durch neue Erkenntnisse - kommen.

Ziele und Ergebnisse dieser Phase

Die Ziele und die damit angestrebten Ergebnisse des *ersten Hauptschrittes* bestehen im:

- Herausarbeiten der eigentlichen *Wünsche* bzw. *Probleme* und Ermitteln deren Ursachen
- Feststellen welche Abteilungen und Personen bei der Verwirklichung einzelner Lösungsvorschläge betroffen wären, darauf aufbauend Etablieren einer *kooperativen Projektorganisation*
- Initiieren eines *projektbegleitenden Qualifizierungsprogrammes* zur Erreichung eines Qualifikationsniveaus, das allen Beteiligten eine aktive Teilnahme am Systementwicklungsprozeß ermöglicht
- Festlegen einheitlicher Begriffe des Arbeitsbereiches (Wie wird Was benannt) mittels eines *Zentralen Begriffskataloges*
- Erstellen eines *Projektplans*
- Bilden und Beschreiben der Stellen und Arbeitsabläufe sowie der Aufgaben der zukünftigen Benutzer mittels eines *Organisations- und Aufgabenkonzeptes*
- Erstellen eines *konzeptionellen Datenmodelles*
- Abgrenzen von *Teil(arbeits) Systemen*
- Ermitteln des *prinzipiellen Qualifikationsbedarfs* der Betroffenen bzw. Benutzer zum Erstellen von Schulungsprogrammen, sowie Festlegen des erforderlichen *Personalbedarfes*

Sollte es sich um ein mittleres bis größeres Projekt handeln ist

- das Entwickeln einer *Vorstudie* als Entscheidungsgrundlage für die Auswahl einer Lösungsalternative sinnvoll.

Gestaltungsbereich und Gestaltungsspielraum in dieser Phase

Im wesentlichen besteht der Gestaltungsbereich dieser Phase aus dem *organisatorischen Bereich*, wobei primär die folgenden Gestaltungsebenen betroffen sind (vgl. Abb. 6.1):

- Mensch-Mensch Funktionsverteilung,
- Gestaltung der Arbeitsabläufe

Für die Mensch-Rechner Funktionsverteilung werden zwar prinzipielle Lösungsvorschläge erarbeitet (z.B. mögliche EDV-Konfigurationen im Rahmen einer Vorstudie), detaillierter wird diese Ebene erst in Phase 2 gestaltet.

Der große Gestaltungsspielraum in dieser frühen Phase des Gestaltungsprozesses ermöglicht eine vorausschauende (prospektive) Arbeitsgestaltung, d.h. es bestehen Möglichkeiten zu einer bewußten Vorwegnahme von unterschiedlichen Lösungsalternativen zur Beseitigung von Problemen bzw. zur Erfüllung von Wünschen (z.B. durch den Entwurf von aufgaben- und benutzerangepaßten Organisations- und Aufgabenkonzepten).

Gestaltungsaktivitäten

1. Schaffen von Voraussetzungen

Ausgangspunkt für den erstmaligen Einsatz oder die Weiterentwicklung von Bürosystemen können Probleme (z.B.: die Durchführung eines administrativen Vorganges dauert zu lange; die Arbeit ist sehr belastend) bzw. neu erkannte Möglichkeiten, technische Systeme für sich zu nutzen, oder zu entwickeln (z.B. ein Tabellenkalkulationsprogramm für Preisberechnungen), sein. Diese Anstösse erfolgen gegenwärtig meist von den Anwendern, können aber auch von Mitarbeitern kommen.

Den Systementwicklern kommt bereits in dieser Phase die Rolle eines "Motors" der Entwicklung des Projekts zu, wobei sie die verschiedenen – oft widersprüchlichen – Interessen der Anwender, der Betroffenen bzw. Benutzern zu berücksichtigen haben.

1.1 Schaffen von Diskussions- und Arbeitsvoraussetzungen

Beim Schaffen von Diskussions- und Arbeitsvoraussetzungen gibt es zahlreiche Möglichkeiten für Konfliktsituationen. Dies ist in den Interessensgegensätzen begründet, die zwischen den am Gestaltungsprozeß beteiligten Personen (Anwender, Systementwickler, Betroffenen sowie Benutzer und deren Interessensvertreter) bestehen. Daher sollten Befürchtungen und mögliche *Konflikte* gleich am *Beginn* angesprochen und *offengelegt* werden sollte. Eine offene Konfliktaustragung unterschiedlicher Interessen ist fruchtbringender als ein Verschweigen oder Darüberhinweggehen, um den Preis nachträglicher Ablehnung oder "Sabotage" von durchgeführten Maßnahmen. Dies basiert auf der Einsicht, daß Konflikte durchaus produktive Resultate hervorbringen und zu Ergebnissen führen können, die für alle Beteiligten vorteilhaft sind[5].

1.1.1 Schaffen von organisatorischen Voraussetzungen für einen kooperativen Gestaltungsprozeß

Damit eine Konfliktbewältigung im obigen Sinne möglich wird, sollte eine kooperative Projektorganisation etabliert werden. Diese stellt gleichzeitig eine wesentliche Voraussetzung zur Einbindung der Benutzer bzw. Betroffenen in den Gestaltungsprozeß dar. Kooperativ bedeutet, daß die Mitglieder der Projektorganisation unterschiedliche Interessensgruppen und Betroffenenkreise des Unternehmens repräsentieren und gleichberechtigt die Möglichkeit erhalten, ihre Interessen und Gestaltungsvorschläge einzubringen.

Die dabei auftretenden Konflikte und Interessensgegensätze sind offen anzusprechen und in den Gestaltungsprozeß miteinzubeziehen. Das bedingt aber, daß alle Beteiligten auch eine reale Chance sehen, daß ihre Interessen Berücksichtigung finden können.

---

[5] Vgl. Müller 1988.

In dieser frühen Phase werden die Betroffenen bzw. Benutzer in der Regel durch gewählte Vertreter der betroffenen Abteilungen repräsentiert sein (indirekte Beteiligung). Die Auswahl dieser sollte keinesfalls durch die Anwender oder Systementwickler erfolgen, denn in diesem Fall kann nicht mehr von einer kooperativen Beteiligung gesprochen werden. Es werden dabei demokratische Prinzipien so sehr verletzt, daß die Betroffenen bzw. Benutzer nicht sicher sein können, ob ihre Interessen ausreichend wahrgenommen werden[6]. Die Auswahl sollte daher von den Betroffenen selbst vorgenommen werden (z.B. durch Wahl). Die gewählten Vertreter sollten für die Dauer des Gestaltungsprozesses (zumindest teilweise) von ihrer täglichen Arbeit freigestellt werden. Eine der wesentlichen Aufgaben der gewählten Vertreter besteht darin, dafür Sorge zu tragen, daß Mitarbeiter ihrer Abteilung im Zuge des Gestaltungsprozesses Gelegenheit erhalten, ihre Probleme, Wünsche und Gestaltungsvorstellungen direkt einzubringen (direkte Beteiligung).

1.1.2 Schaffen von Verständigungs- und Kommunikationsvoraussetzungen

Die kooperative Projektorganisation bedarf als Ergänzung der Etablierung eines – den gesamten Gestaltungsprozeß begleitenden – Qualifizierungsprogrammes, das allen Beteiligten die erforderlichen Gestaltungskenntnisse vermittelt, um ihnen eine *aktive* Teilnahme am Gestaltungsprozeß zu ermöglichen. Damit wird auch eine Basis für ein gemeinsames Verständnis der zu bewältigenden Probleme geschaffen (= gemeinsames "geistiges" Modell bzgl. der Probleme), die gleichzeitig die Kommunikation zwischen Systementwicklern und Betroffenen bzw. Benutzern wesentlich erleichtert.

Die im Rahmen eines projektbegleitenden Qualifizierungsprogrammes zu vermittelnden Qualifizierungsinhalten stellen eine wertvolle Investition in die Zukunft dar, da – bei entsprechend umfangreicher und sorgfältiger Schulung – der Qualifizierungsaufwand nach Einführung des Bürosystems geringer gehalten werden kann. Gleichzeitig werden die Betroffenen bzw. Benutzer früher in die Lage versetzt, die sich durch das Bürosystem bietenden neuen Möglichkeiten voll auszuschöpfen und anzuwenden.

1.1.3 Aufbauen eines Zentralen Begriffskatalogs

In vielen Betrieben sind die Beziehungen zwischen Systementwicklern und Betroffenen durch eine "babylonische" Sprachverwirrung gekennzeichnet. "Historisch gewachsene" Begriffe, oft von Abteilung zu Abteilung für gleiche Dokumente, Sachverhalte usw. verschieden, erschweren Analysen und Kooperationen.

Als Grundlage für eine einheitliche Terminologie sollte ein Zentraler Begriffskatalog des Unternehmens, zumindest des Bürobereiches, existieren (z.B. in Organisationshandbüchern festgelegt oder in einem Datenmodell fixiert). Das dem Aufbau eines Zentralen Begriffskatalogs innewohnende Konfliktpotential darf aber nicht unterschätzt werden, bedeutet doch ein derartiger Katalog eine gewisse Normierung und Standardisierung, die oft zur Aufgabe liebgewordener Begriffe zwingt

---

[6]Vgl. Holl 1989, S. 64.

und gleichzeitig zu einer verstärkten Datentransparenz führt. Damit einher gehen Befürchtungen, durch einen Zentralen Begriffskatalog an Einfluß zu verlieren und verstärkt unter zentrale Kontrolle zu geraten.

1.1.4 Erstellen eines Projektplanes

Dieser Projektplan sollte zumindestens erste (meist noch nicht sehr konkrete) Angaben zu folgenden Punkten enthalten:
- das Ausmaß der notwendigen Ressourcen (Personal, finanzielle Mittel, usw.) für den Entwicklungs- und Einführungsprozeß
- eine erste Strategie der Verwirklichung (z.B. entweder Gesamtlösung oder Aufteilen in Teillösungen, die parallel oder zeitlich versetzt entwickelt werden können; Entwicklung intern oder extern; individuelle Lösung oder Standardlösung)
- die erforderlichen organisatorischen Maßnahmen (Arbeitsorganisation, Arbeitsabläufe, usw.)
- die erforderlichen personalpolitischen Maßnahmen (Personalstruktur, Personalveränderung, Qualifizierung, usw.)
- die erforderlichen technischen Maßnahmen (die Hard- und Software betreffend)

1.2 Erstellen einer Vorstudie (Machbarkeitsstudie, Feasibility Study)[7]

Vorstudien werden in der Regel nur bei mittleren und größeren Projekten durchgeführt. Trotzdem möchten wir ausdrücklich auf die prinzipielle Bedeutung und den Wert einer Vorstudie – auch für kleinere Projekte – hinweisen.

Der Verzicht auf eine solche Vorstudie führt dazu, daß die eigentlichen Ursachen der Probleme und Wünsche nicht erkannt werden. Die eingesetzte Hard- und Software kann zwar vielleicht kurzfristig die Symptome "kurieren", in der Regel treten aber früher oder später die alten (und oft auch noch neue) Probleme wieder auf. Hier ist aber in der Praxis vielfach noch ein grundlegender Bewußtseinswandel von Seiten der Anwender von Nöten. Die Erstellung einer Vorstudie sollte nicht als zusätzlicher Aufwand verstanden werden, denn die daraus gewonnen Erkenntnisse und Ergebnisse (z.B. Istsituation, Lösungsvorschläge) können direkt in die nachfolgenden Phasen übernommen werden und reduzieren dort den erforderlichen Arbeitsaufwand erheblich.

Eine Vorstudie besteht in der Regel aus folgenden Aktivitäten:
- Analysieren der Probleme und der bestehenden Situation, Zielfindung und Ermitteln der Änderungsbedürfnisse:
- Erstellen eines problembezogenen Schwachstellenverzeichnisses
- Erstellen eines Betroffenenverzeichnisses
- Erstellen eines funktionsbezogenen Schwachstellenverzeichnisses
- Beschreiben der derzeitigen Situation (Istanalyse)
- Durchführen der Zielfindung

---

[7] Die hier vorgestellte Vorgehensweise folgt weitgehend der Methode ISAC von Lundeberg 1981.

- Ermitteln von Änderungsbedürfnissen
- Erstellen und Bewerten von Lösungsalternativen (Sollanalyse)
- Auswählen einer Lösungsalternative

2. Durchführen der Arbeitsgestaltung

Die Gestaltungsaktivitäten dieser Phase sind *entscheidend* für die Verwirklichung einer menschengerechten Arbeitsgestaltung, da die zukünftige Organisationsstruktur und Aufgabenverteilung festgelegt werden.

2.1 Konkretisieren der (Gestaltungs-) Ziele

Wenn eine Vorstudie vorliegt, kann auf die dort erarbeiteten Ziele zurückgegriffen werden, ansonsten muß der Zielfindungsprozeß in dieser Phase nachgeholt werden.

Die Ziele sind – soweit als möglich – zu quantifizieren, bestehende Zielkonflikte bzw. Zielunterstützungen sind aufzuzeigen (Zielmatrix). Durch die kooperative Projektorganisation soll sichergestellt werden, daß alle Interessensgruppen ihre speziellen Zielvorstellungen einbringen können.

Neben funktional-technischen und wirtschaftlichen Zielen sollten auch ergonomische Zielvorstellungen *gleichberechtigt* Berücksichtigung finden. Um der ergonomischen Zielvorstellung – "menschengerechte Arbeitsgestaltung" – gerecht zu werden, sollten hierbei die ergonomischen "Kriterien der Organisations- und Aufgabengestaltung" beachtet werden[8].

2.2 Erfassen der Istsituation (Istanalyse)

2.2.1 Durchführen einer Organisationsanalyse

Prinzipiell setzt sich eine Organisationsanalyse aus folgenden Einzelschritten zusammen:
- Erstellen eines Organigramms
- Ermitteln der Tätigkeitsprofile pro Stelle
- Ermitteln der Arbeitsabläufe der Tätigkeiten
- Ermitteln des Informationsflusses pro Arbeitsablauf (Informations- und Kommunikationsanalyse)

Bei der Erhebung der Istsituation im Rahmen der Organisationsanalyse ist grundsätzlich darauf zu achten, daß die Zeit und der Umfang aller analysierten Tätigkeiten in einem realistischen Ausmaß erfaßt werden, damit ein wirklichkeitsgetreues Bild der Arbeitsbelastung eines jeden Betroffenen entsteht. Hier ist vor allem sicherzustellen, daß nicht nur die theoretisch an einem Arbeitsplatz zu erbringenden Tätigkeiten (z.B. laut Stellenbeschreibung des Organisationshandbuches) erfaßt werden, sondern auch alle darüber hinaus gehenden Tätigkeiten. Diese sind oft für die Aufgabenerfüllung unerläßlich, da ein "Dienst nach Vorschrift" in vielen Fällen zum Erliegen eines Unternehmensbereiches führen würde.

---

[8] Vgl. Kapitel 4.

Eine Offenlegung der mit der Istanalyse verfolgten Ziele ist sicherzustellen. Dazu müssen alle Dokumente und Ergebnisse der kooperativen Projektgruppe zur Verfügung gestellt werden, damit dort alle Betroffenen Stellung nehmen können. Beim Auftreten von Unklarheiten oder unüberwindlichen Konflikten sollte von externen Beratergruppen Gebrauch gemacht werden.

2.2.2 Durchführen einer Datenanalyse

Basierend auf dem Zentralen Begriffskatalog, der in Hauptschritt 1 "Schaffen von Voraussetzungen" entwickelt wurde (andernfalls ist dies hier unbedingt nachzuholen), wird eine genaue Datenanalyse durchgeführt.

Die im Zentralen Begriffskatalog festgelegten Begriffe werden fortgeschrieben (detailliert), wobei die bei der Organisationsanalyse erhobenen Informationen bzw. Daten bzgl. der "Durchführung der Arbeitsabläufe" und der "Informationsflüsse" als Grundlage der Datenmodellierung dienen.

Es werden Begriffe zu Objekttypen zusammengefaßt (z.B. Kunden, Lieferanten), die Beziehungen (Relationen) zwischen diesen Objekttypen modelliert (z.B. Bestellen, Verkaufen) und den Objekttypen die sie charakterisierenden Eigenschaften (Attribute) zugeordnet (Kunden: Kundennummer, Kundenname, Adresse). Das Ergebnis dieses Gestaltungsschrittes ist ein konzeptionelles Datenmodell, das als Integrationsbasis für sämtliche Aktivitäten in unterschiedlichen Unternehmensbereichen dient. Dieses konzeptionelle Datenmodell ist für die Entwicklung Individueller Software genau so wichtig, wie für die Prüfung der Einsetzbarkeit von Standard-Software. Gerade bei der Standard-Software besteht die Gefahr, daß das dort "unterstellte" Datenmodell von den Systementwicklern für vollständig in Bezug auf die abzubildende "Datenrealität" des zukünftigen Einsatzbereiches gehalten wird[9]. Damit besteht die Gefahr, daß die ausgewählte Standard-Software ungeeignet ist bzw. nachträgliche aufwendige Anpassungen an das unternehmeneigene Datenmodell erforderlich sind.

Ganz wesentlich ist die Überprüfung des konzeptionellen Datenmodells auf seine fachbezogene Richtigkeit durch die Betroffenen. Dafür stellt eine leicht verständliche und anschauliche graphische und textuelle Präsentation eine wesentliche Voraussetzung dar.

Beim Entwerfen des konzeptionellen Datenmodells ist darauf zu achten, welcher Art die erfaßten Daten sind. Die in das Datenmodell aufgenommen Daten sollten nur zum Zweck der Aufgabenerfüllung erforderlich sein (ergonomisches Kriterium: "Persönlichkeitsschutz"). Daten, die ausschließlich der Kontrolle der Mitarbeiter dienen (das sind vor allem personenbezogene Daten) sind in keinem Fall in das Datenmodell aufzunehmen. Bezüglich der Ermittlung und Verarbeitung von personenbezogenen Daten sind beispielsweise die Bestimmungen des österreichischen Datenschutzgesetzes zu beachten[10].

---

[9] Vgl. Spitta 1989, S. 46.

[10] Vgl. Dohr 1988.

2.2.3 Durchführen einer Aufgabenanalyse und einer Analyse der Bürovorgänge

Die Aufgabenanalyse basiert auf den Ergebnissen der Organisationsanalyse. Jede Organisationseinheit (z.B. Hauptabteilung, Unterabteilung, Stabsabteilung, Stelle) hat eine Anzahl von Aufgaben zu erfüllen, die entweder explizit vorgegeben sind (z.B. in Organisationshandbücher, Stellenbeschreibungen) oder "historisch gewachsen" sind.

Eine Aufgabe kann folgendermaßen definiert werden: "Eine Aufgabe ergibt sich durch eine Anforderung oder Auftrag, durch zielgerichtetes Handeln einen gegebenen Zustand (z.B. Auftrag zur Erstellung eines Angebotes an einen Kunden) in einen Zielzustand (z.B. Angebot) überzuführen." Dementsprechend wird eine Aufgabe durch ein Ziel (z.B. Erstellen des Angebotes) mit entsprechenden Unter- oder Teilzielen (z.B. Sammeln von Informationen über den Kunden) sowie durch die erforderlichen Operationen (z.B. Abfragen der Informationen aus einer Datenbank) und Methoden zur Erreichung des Zielzustandes charakterisiert.

Ziel der Aufgabenanalyse ist es, die Aufgaben des zu gestaltenden Arbeitssystems zu erfassen, wobei die für die Aufgabenerfüllung notwendigen Informationen und Daten (vgl. Datenanalyse) in die Betrachtung miteinbezogen werden müssen. Das Ergebnis ist ein statisches Aufgabenmodell.

Die Analyse der Bürovorgänge basiert auf der Analyse der Informationsflüsse und den Ergebnissen der Datenanalyse und kann gleichzeitig mit der Aufgabenanalyse durchgeführt werden. Es wird ermittelt, welche Tätigkeiten (Elementaraufgaben) in den einzelnen Stellen Änderungen in den dazu notwendigen Informationen bzw. Daten (Datenobjekten) bewirken. Als Ergebnis lassen sich die "Abläufe der Bürovorgänge" (z.B. Beleg- und Formularfluß) rekonstruieren, die gleichzeitig den dynamischen Teil des Aufgabenmodells darstellen.

Das gesamte Aufgabenmodell (statischer und dynamischer Teil) zeigt die Verteilung der verschiedenen Aufgaben des untersuchten Bereiches auf die einzelnen Stellen und Abteilungen (Organisationseinheiten). Dabei kann sich durchaus zeigen, daß gleiche Aufgaben von verschiedenen Organisationseinheiten durchgeführt werden, oder das durch die Aufsplittung einer Aufgabe auf unterschiedliche Organisationseinheiten große Redundanzen, Informationsverluste, sinnentleerte Tätigkeiten usw. entstehen.

Durch das Aufgaben- und Datenmodell wird prinzipiell festgelegt, welche Daten (Datenqualität und Datenquantität), wo (Datenlokalität), wem (Datenzugriffsrechte) zur Verfügung stehen. Hier ist darauf zu achten, daß die in ihrer Art, Umfang und Ort festgelegten Daten eine menschengerechte Arbeitsgestaltung nicht be- oder verhindern (z.B. durch sehr eingeschränkte Zugriffsrechte der Benutzer, keine Möglichkeiten zur lokalen Datenhaltung).

2.3 Durchführen der Organisations- und Aufgabengestaltung (Sollanalyse)

Das Ziel besteht in einer Um- bzw. Neugestaltung
* der Stellen (Mensch-Mensch Funktionsverteilung),
* der Arbeitsabläufe (Tätigkeitsprofile pro Stelle),
* der Aufgaben und der Bürovorgänge (Aufgabenmodell),

unter Berücksichtigung von funktional-technischen, wirtschaftlichen und ergonomischen Zielvorstellungen.

Die folgenden Konzepte der Aufgaben- und Organisationsgestaltung sollen vor allem eine Umsetzung der im ersten Gestaltungsschritt "Konkretisieren der (Gestaltungs-) Ziele" beschriebenen "Kriterien der Organisations- und Aufgabengestaltung" ermöglichen. Wie das diese Konzepte unterstützende Technikkonzept zu gestalten ist, wird in Phase 2 "Durchführen der Technikgestaltung und Erstellen der Spezifikation" dargestellt.

Voraussetzung für eine derartige Vorgehensweise ist, daß die technischen Merkmale heutiger Bürosysteme eine offene Nutzung – und damit auch eine offene Gestaltung – ermöglichen. D.h. sie bieten eine Vielfalt von "allgemeinen" Diensten und Funktionen an, die zur Unterstützung von verschiedenen Aufgaben herangezogen werden können.

2.3.1 Durchführen der Aufgabengestaltung

Das Ziel der ergonomischen Aufgabengestaltung besteht darin, die Beziehung zwischen dem Betroffenen bzw. Benutzer und seinen Aufgaben – die Aufgabenbewältigung – ergonomisch zu gestalten. Dies bedingt eine entsprechende Aufgabenintegration, unter Beachtung der "Kriterien der Organisations- und Aufgabengestaltung". Durch den Einsatz von Bürosystemen werden verschiedene Formen der Aufgabenintegration – im Bezug auf die Aufbauorganisation möglich[11]:

- Horizontale Aufgabenintegration (Arbeitserweiterung, Job Enlargement). Hierbei werden sachverwandte Aufgaben, die auf der gleichen Hierarchiestufe angesiedelt sind, zusammengefaßt. Dadurch wird das Aufgabenspektrum des einzelnen Mitarbeiters durch Bündelung möglichst vieler Teilaufgaben *eines* Aufgabenbereiches erweitert.
  Beispiel: Die mit einem Bestellvorgang verbundenen vor- und nachgelagerten ausführenden Teilaufgaben (z.B. Entgegennehmen der Bestellung, Durchführen des Bestellvorganges, Versenden der Auftragsbestätigung) werden an einem Arbeitsplatz zusammengefaßt. Die horizontale Aufgabenintegration ist durch das Zusammenfassen von Teilaufgaben des gleichen Qualifikationsniveaus gekennzeichnet.
- *Vertikale Aufgabenintegration* (Arbeitsbereicherung, Job Enrichment). Hierbei werden Aufgaben, die auf verschiedenen Hierarchiestufen angesiedelt sind, zusammengefaßt. Dadurch wird das Aufgabenspektrum des einzelnen Mitarbeiters durch Bündelung von Aufgaben *unterschiedlicher* Aufgabenbereiche erweitert.
  Beispiel: Die mit einem Bestellvorgang verbundenen planenden, ausführenden und kontrollierenden Teilaufgaben (z.B. Optimieren von Bestellvorgängen, Bonitätsprüfung des Kunden) werden an einem Arbeitsplatz zusammengefaßt. Die vertikale Aufgabenintegration ist durch das Zusammenfassen von Teilaufgaben unterschiedlichen Qualifikationsniveaus gekennzeichnet.

---

[11] Vgl. Hartmann 1988.

Die horizontale und vertikale Aufgabenintegration führt zu einem neuen Aufgabenmodell der Aufbauorganisation. Durch die horizontale Integration kommt es zu neuen Kriterien der Aufgabenteilung, wie beispielsweise Bürovorgänge. Dies wird auch als *vorgangsorientierte Arbeitsteilung*, im Unterschied zur traditionellen funktionsorientierten, bezeichnet.

Auch beim Einsatz von Standard-Software spielt das Aufgabenmodell eine wichtige Rolle als Prüfraster, das aufzeigt welche Aufgaben vom auszuwählenden Standard-Software-Produkt zu unterstützen sind.

Auch die *Hierarchiestruktur* einer Organisation wird durch die Aufgabenintegration verändert. Durch die vertikale Integration kommt es zu einer Enthierarchisierung, d.h. die Kontroll- und Leitungsspannen werden kürzer und damit die Hierarchie *flacher*.

Ebenso erfährt das Kommunikationssystem durch die Aufgabenintegration eine Veränderung. Diese Veränderung ist von der gewählten Kooperationsform der Organisationsgestaltung abhängig und kann entweder zu einer Intensivierung, oder zu einer Verminderung der Kooperationserfordernisse bei der Aufgabenerfüllung führen.

Schlagwort: "Qualifizierte Mischarbeit"

Konzepte der Aufgabenintegration werden vielfach unter dem Begriff "qualifizierte Mischarbeit" zusammengefaßt. Im Sinne einer menschengerechten Arbeitsgestaltung werden hier einerseits sachlogisch zusammenhängende ausführende Tätigkeiten einer Aufgabe (Bürovorgang) zusammengefaßt (horizontale Integration). Dies schafft die Voraussetzung für die "Durchschaubarkeit " der Aufgaben durch den Mitarbeiter und erhöht gleichzeitig die "Ganzheitlichkeit" seiner Aufgaben.

Andererseits werden die mit der Aufgabenerfüllung im Zusammenhang stehenden planenden und kontrollierenden Tätigkeiten in das Aufgabenspektrum eines Mitarbeiters integriert (vertikale Aufgabenintegration). Dies schafft wiederum die Voraussetzungen für eine "Anforderungsvielfalt" und erhöht die "Autonomie" des Mitarbeiters. Damit werden ihm entsprechende "Lern- und Entwicklungsmöglichkeiten" geboten. Daher wird diese Form der "Mischarbeit" auch als "qualifizierte Mischarbeit"[12] bezeichnet, um zu verdeutlichen, daß erst ab dieser Stufe der Aufgabenintegration die Voraussetzungen für eine "Persönlichkeitsförderlichkeit" der Mitarbeiter durch ihre Arbeit erfüllt sind.

2.3.2 Durchführen der Organisationsgestaltung

Ziel der ergonomischen Organisationsgestaltung in dieser Phase ist es, die Einbettung des Aufgabenmodelles in die Ablauforganisation des Büros ergonomisch zu gestalten. Dabei gilt es, die bei der Gestaltung des Aufgabenmodelles berück-

---

[12] Vgl. Krüger 1988, Kiesmüller 1987.

sichtigten "Kriterien der Organisation und Aufgabengestaltung" nicht durch eine rigide Arbeitsteilung zunichte zu machen. Dies bedingt vor allem eine Beachtung des Kriteriums "Kooperations- und Kommunikationsförderlichkeit".

Beispiele für Gestaltungsstrategien zur Organisations- und Aufgabengestaltung:

Vorweg ist anzumerken, daß es nicht *ein* Modell "richtiger" Organisations- und Aufgabengestaltung gibt[13] und daher die folgenden Gestaltungsstrategien als Anregungen für mögliche Konzepte menschengerechter Arbeitsgestaltung zu verstehen sind. Welche Gestaltungsstrategie konkret anzuwenden ist, ist von einer Reihe von aufgaben-, umwelt- und personenbezogenen Faktoren abhängig[14].

Die *aufgabenbezogenen Faktoren*[15] charakterisieren den "Grad der Formalisierbarkeit der Aufgaben"[16] und "Art der Kooperationsbeziehungen (Arbeitsteilung) bei der Aufgabenerfüllung"[17].

Der *umweltbezogene Faktor* beschreibt den Grad der Umweltstabilität bzw. -labilität und wird als Umweltdynamik bezeichnet. Wenn die Umwelt relativ stabil ist, können die Arbeitsabläufe eher standardisiert (routinisiert) werden. Bei einer dynamischen Aufgabenumwelt sind Veränderungen schlecht vorhersehbar und erfordern daher eine Gestaltung von Arbeitsabläufen, die eine flexible Anpassung an die Umwelt ermöglichen. Dies bedingt gleichzeitig ein hohes Maß an Informations- und Entscheidungsprozessen als Bestandteile der Aufgaben.

Zu den *personenbezogenen Faktoren* zählen einerseits das Bedürfnis nach sozialen Beziehungen und andererseits das Bedürfnis nach persönlicher Entfaltung. Das Ausmaß an sozialen Bedürfnissen ist bedeutsam im Hinblick auf die Frage, ob Aufgaben eher als Einzelarbeit oder als Gruppenarbeit zu gestalten sind. Das Ausmaß an Entfaltungsbedürfnissen entscheidet über den Grad der Arbeitsteilung bzw. der Ganzheitlichkeit von Aufgaben.

Die folgende Abbildung zeigt vier mögliche Gestaltungsstrategien in Abhängigkeit von den oben erwähnten Faktoren.

---

[13] Vgl. Rödiger 1987, S. 93.

[14] Vgl. Ulich 1989.

[15] Ulich bezeichnet sie als "technologische Schlüsselmerkmale", vgl. Ulich 1989.

[16] Ulich spricht von "technischer Ungewißheit", vgl. Ulich 1989.

[17] Ulich spricht von "technischer Verkoppelung", vgl. Ulich 1989.

Faktoren / Gestaltungsstrategien	aufgabenbezogen				umwelt-bezogen		personenbezogen			
	Formali-sierbarkeit		Kooperations-beziehungen		Umwelt-dynamik		Entfaltungs-bedürfnisse		Soziale Bedürfnisse	
	gering	hoch	gering	hoch	gering	hoch	gering	hoch	gering	hoch
1 Traditionelle Einzelarbeit		X	X		X		X		X	
2 Traditionelle Gruppenarbeit		X		X	X		X			X
3 Individuelle Aufgabenerweiterung	X		X			X		X	X	
4 Kooperative Arbeitsteilung selbstregulierende Gruppen	X			X		X		X		X

Abb. 6.4. Mögliche Gestaltungsstrategien
(Quelle: Ulich 1989)

Im folgenden soll auf die Gestaltungsstrategien 3 und 4 näher eingegangen werden, da sie unserer Meinung noch am ehesten den Anforderungen an eine menschengerechte Arbeitsgestaltung gerecht werden.

Gestaltungsstrategie 3: "Individuelle Aufgabenerweiterung"

Die Grundprinzipien dieser Gestaltungsstrategie bestehen in einer
- autarken Form der Aufgabenerfüllung ,
- einseitigen Verteilung von unterschiedlichen Aufgaben auf einen Mitarbeiter.

Das Konzept der individuellen Aufgabenerweiterung mit hoher Anforderungsvielfalt und Autonomie verspricht dort erfolgreich zu sein, wo ein geringer Kooperationsbedarf zur Aufgabenerfüllung bei geringer Formalisierbarkeit der Aufgaben und hoher Umweltdynamik vorliegt, bei gleichzeitigem starken Wunsch nach persönlicher Entfaltung, aber gering ausgeprägten sozialen Bedürfnissen der Mitarbeiter.

Beispiel: "Autarker Sachbearbeiter/Fachkraft" [18]

Das Beispiel: "Bearbeitung eines Bestellvorganges eines Kunden" zeigt das Organisationskonzept bei individueller Aufgabenerweiterung (Schlagwort: "autarker Sachbearbeiter"):

---

[18] Vgl. Bahl-Benker 1986.

Der Sachbearbeiter prüft bei der Annahme der Bestellung zunächst die Bonität des Kunden, indem er auf die Kundendatei zugreift (kontrollierende Tätigkeit); anschließend prüft er die Verfügbarkeit der gewünschten Artikel durch Zugriff auf die Artikel-/Lagerdatei (kontrollierende Tätigkeit); bei Vorhandensein der gewünschten Artikel löst er eine Reservierung aus (ausführende Tätigkeit); falls dies nicht der Fall sein sollte, stellt er durch Zugriff auf den Produktionsplan den frühesten Termin für neuverfügbare Artikel fest (planende Tätigkeiten); ermittelt den aktuellen Liefertermin durch Zugriff auf den Versandplan (ausführende Tätigkeit); druckt anschließend dem Kunden eine Auftragsbestätigung aus und veranlaßt die Speicherung des Kundenauftrages (ausführende Tätigkeiten).

Dieses Beispiel zeigt sowohl die erfolgte horizontale (ein geschlossener Bürovorgang) als auch die vertikale (planende, ausführende und kontrollierende Tätigkeiten) Aufgabenintegration.

Dies beinhaltet für den Sachbearbeiter durchaus *positive* Aspekte, wie "Rückmeldungen", "Anforderungsvielfalt", "Durchschaubarkeit" und große "Autonomie" bei der Aufgabenerfüllung. Diese eröffnen für den Sachbearbeiter entsprechende "Lern- und Entwicklungsmöglichkeiten".

Andererseits sind damit auch eine Reihe von *negativen* Aspekten verbunden, indem es etwa zu einer Verminderung der innerbetrieblichen Kooperationsbeziehungen (Widerspruch zum Kriterium "Kooperations- und Kommunikationsförderlichkeit") kommt und damit zur sozialen Isolation des Mitarbeiters führen kann. Weiters besteht die Gefahr, daß der Anteil der Bildschirmarbeit an der täglichen Arbeitszeit sehr hoch wird. Durch die "Rückdelegation" von Tätigkeiten der Bürohilfskräfte in den Aufgabenbereich des Sachbearbeiters unterliegen die Bürohilfskräfte einem starken Rationalisierungsdruck.

Trotz der möglichen negativen Aspekte kann diese Gestaltungsstrategie für bestimmte Aufgabenbereiche durchaus sinnvoll sein. Dies trifft vor allem auf Aufgaben zu, die nur einen sehr geringen administrativen Unterstützungsbedarf haben und vorwiegend analytisch-kreativer Natur sind. Beispiele hierfür sind: Forschungs- und Entwicklungsaufgaben, Aufgaben der Rechtsberatung, Aufgaben von Stabsabteilungen.

Gestaltungsstrategie 4: "Kooperative Arbeitsteilung, selbstregulierende Gruppen"

Die Grundprinzipien dieser Gestaltungsstrategien bestehen in einer
* kooperativen Form der Aufgabenerfüllung (Kooperationsmodell),
* gleichmäßigeren Verteilung von unterschiedlichen Aufgabentypen
  auf alle Mitarbeiter.

Kooperative Arbeitsteilung und selbstregulierende Gruppen sind dann besonders erfolgreich, wenn die Formalisierbarkeit der Aufgaben gering und der Kooperationsbedarf bei der Aufgabenerfüllung hoch ist, gleichzeitig starke Bedürfnisse nach persönlicher Entfaltung und sozialen Beziehungen vorliegen und die Umwelt sich als nur wenig stabil erweist.

Beispiel: "Kooperative Arbeitsteilung/qualifizierte Assistenz"[19]

Hier bearbeiten Sachbearbeiter (aber auch Fachkräfte) und Bürohilfskräfte (diese werden dann als Assistenzkräfte bezeichnet) in kooperativer Weise die ihnen zugeteilten Aufgaben. Eine vertikale Arbeitsteilung bleibt zwar im Prinzip bestehen, doch werden von den Assistenzkräften auch einfachere Sachbearbeitungen übernommen. Von den Sachbearbeitern (Fachkräften) werden teilweise Routineaufgaben durchgeführt.

Dieses Organisationskonzept bedeutet für die Assistenzkräfte Erhalt ihres Aufgabenbereiches, bei gleichzeitig bestehender "Lern- und Entwicklungsmöglichkeiten". Für die Sachbearbeiter (Fachkräfte) bedeutet dies Erhalt der (innerbetrieblichen) "Kooperations- und Kommunikationsförderlichkeit", bei gleichzeitiger Entlastung von einfacheren Sachaufgaben. Dies schafft ihnen – bei gleichbleibender Arbeitsbelastung – mehr Zeit für kreative (planende, kontrollierende) Tätigkeiten. Bei krankheits- oder urlaubsbedingten Ausfällen kann in einem gewissen Rahmen eine Vertretung durch die Assistenzkräfte erfolgen.

Dies alles trägt zu einer flexibleren Organisationsstruktur bei, in der auf neue oder geänderte Anforderungen (Aufgaben) wesentlich schneller reagiert werden kann. Voraussetzung für die Realisierung eines derartigen Organisationskonzeptes ist, daß die kooperativ zu lösenden Aufgaben:
- Flexibilität erfordern
- wenig formalisierbar sind
- einen hohen Bedarf an administrativer Unterstützung haben
- heterogene Qualifikationsanforderungen stellen
- widersprüchliche Arbeitsanforderungen stellen
  (z.B. ungestörtes Arbeiten versus Ansprechbarkeit).

Dies sind typischerweise Aufgaben im marktnahen Bürobereich wie Einkauf, Verkauf, Marketing, Parteienverkehr in der öffentliche Verwaltung, usw.

Beispiel: "Selbstregulierende Gruppen"[20]

Bei selbstregulierenden Gruppen – man spricht auch von "teilautonomen oder selbststeuernden Arbeitsgruppen" bzw. "Verwaltungsinseln" – wird der Gruppe eigenverantwortlich ein Aufgabenbereich, einschließlich der zugehörigen planenden, ausführenden und kontrollierenden Tätigkeiten, übertragen.

Die Gruppe ist für die Verteilung und Koordination der einzelnen Aufgaben selbst verantwortlichen. Dies setzt allerdings voraus, daß alle Gruppenmitglieder gleichberechtigt sind (es also keinen Vorgesetzten innerhalb der Gruppe gibt) und daß alle für alle anfallenden Tätigkeiten qualifiziert werden. Die für eine Arbeitsgruppe ideale Größe liegt bei 5 bis 7 Mitarbeitern[21]. Die Kontrolle der Gruppe erfolgt ergebnisorientiert, etwa durch einen Abteilungsleiter, der für die Koordination und Kontrolle der Arbeitsgruppen seiner Abteilung verantwortlich ist.

---

[19] Vgl. Kiesmüller 1987, Bahl-Benker 1986.

[20] Vgl. TBS 1988, Hartmann 1988, Bahl-Benker 1986.

[21] Vgl. Mumford 1984, S. 281.

Dieses Organisationskonzept geht über das vorhin beschriebene ("kooperative Arbeitsteilung/qualifizierte Assistenz") hinaus, indem es auch die vertikale Arbeitsteilung (innerhalb der Gruppe) aufhebt.

Voraussetzung für ein derartiges Organisationskonzept ist ein Aufgabenbereich, der umfassend und vielfältig ist, unterschiedliche Qualifikationen erfordert, sowie Herausforderung und Verantwortung bietet.

2.4 Ermitteln des Personal- und Qualifikationsbedarfs der Betroffenen bzw. Benutzer

Das durch die Organisations- und Aufgabengestaltung neu entstande Aufgabenmodell zeigt die Veränderungen und neuen Anforderungen an die Personalstruktur und an die Qualifikationen der Betroffenen auf. Daraus ist in Zusammenarbeit mit der Personalabteilung eine entsprechende Personalbemessung vorzunehmen und der erforderliche Qualifizierungsbedarf zu ermitteln.

2.4.1 Ermitteln des Personalbedarfes

Die vorhin vorgestellten Gestaltungsstrategien zur Verwirklichung von ergonomischen Organisationskonzepten müssen durch eine entsprechende Personalstruktur und -bemessung (Personalbedarf) abgesichert werden. Unterbleibt dies, so sind die angestrebten ergonomischen Ziele nicht erreichbar. Dies soll an Hand der vorgestellten Beispiele erläutert werden.

Beispiel: "Kooperative Arbeitsteilung/qualifizierte Assistent"

Dieses Konzept wird ad absurdum geführt, wenn das Zahlenverhältnis zwischen Assistenzkräften und Sachbearbeitern nicht ausgewogen ist. Bei einer Unterbemessung der Assistenzkräfte (bzw. Überbemessung der Sachbearbeiter) sind diese derart mit "Mengenarbeiten" (Schreiben, Erfassen, usw.) beschäftigt, daß für eine Übernahme einfacher Sachbearbeitungen keine Zeit mehr bleibt. Damit wird ihnen jede Möglichkeit einer laufenden Qualifizierung verwehrt. Es sollte das Zahlenverhältnis zwischen Sachbearbeitern und den Assistenzkräften so bemessen sein, daß "Mengenarbeiten" im Durchschnitt nicht mehr als 50% der täglichen Arbeitszeit je Arbeitsplatz in Anspruch nehmen[22].

Beispiel: "Selbstregulierende Gruppen"

Auch hier ist die ergonomische "Qualität" dieses Organisationskonzeptes von einer ausreichenden personellen Bemessung der Gruppe abhängig. Sollte diese zu gering sein, entsteht innerhalb der Gruppe eine hohe Arbeitsbelastung pro Gruppenmitarbeiter, die die Gefahr in sich birgt, daß auch innerhalb der Gruppe wieder zu traditionellen Formen der Arbeitsteilung zurückkehrt wird.

Beispiel: "Autarker Sachbearbeiter"

Hier besteht die Gefahr für den Sachbearbeiter, daß bei einer knappen Bemessung der Stellen mit Arbeitsplätzen, er einem hohen Anteil seiner täglichen Arbeitszeit am Bildschirm verbringen muß und damit den hiermit verbunden physischen und psychischen Belastungen (Streß) ausgesetzt ist. Es sollte hier die Perso-

---

[22] Vgl. Kiesmüller 1987, S. 68.

nalbemessung so vorgenommen werden, daß die tägliche Bildschirmarbeitszeit 50% der täglichen Arbeitszeit nicht übersteigt (bzw. max. 4 Stunden pro Tag).

Mit diesem Organisationskonzept ist auch die Gefahr einer "Entsolidarisierung" der Personalpolitik verbunden, indem es zu einer Trennung in "Rationalisierungs-gewinner" und "-verlierer" kommen kann. Während der autarke Sachbearbeiter zu den "Gewinnern" zu zählen ist, laufen die "Bürohilfskräfte" Gefahr zu "Verlier-ern" zu werden. Daher sollte ein derartiges Organisationskonzept nur für die oben vorgeschlagenen Aufgabenbereiche (mit geringem administrativen Unterstützungs-bedarf) Anwendung finden.

2.4.2 Ermitteln des Qualifikationsbedarfs

Für alle vorhin vorgestellten Organisationskonzepte gilt, daß durch die Aufga-benintegration für alle Betroffenen bzw. Benutzer ein zusätzlicher Qualifikations-bedarf entsteht. Dieser ist durch entsprechende Schulungsprogramme abzu-decken[23], um eine problemlose Benutzung des Bürosystems sicherzustellen. In dieser Phase sind notwendige Erweiterungen der Qualifikation bzgl. der folgenden Qualifizierungsinhalte zu ermitteln:

- Erweiterung des *Organisationswissens*. Durch die Veränderungen der Organisa-tionsstruktur müssen die Mitarbeiter über diese Veränderungen unterrichtet werden. Dazu gehören Kenntnisse über vor- und nachgelagerte Arbeitsgänge; welche Abteilung für welche Aufgaben zuständig ist; wer die unmittelbaren in-nerbetrieblichen Kommunikationspartner sind; usw.
- Erweiterung des *Fachwissens*. Durch die Integration von neuen Aufgaben in das Aufgabenspektrum eines Mitarbeiters, muß diesem zusätzliches Fachwissen zur Erfüllung dieser Aufgaben vermittelt werden. Das Ausmaß der Erweiterung des Fachwissens ist vom gewählten Organisationskonzept abhängig.
- Erweiterung des *sozialen-strategischen-formalen Wissens*. Vor allem bei Orga-nisationskonzepten die auf dem Kooperationsmodell basieren, ist eine Erweite-rung dieser Qualifizierungsinhalte unerläßlich. Sie schaffen die Voraussetzun-gen für eine kooperative und reibungsfreie Zusammenarbeit zwischen den Mit-arbeitern (Sachbearbeiter – qualifizierte Assistenzkraft; Gruppenmitarbeiter – Gruppenmitarbeiter).

2.5 Bilden von Teilsystemen und Erstellen bzw. Detaillieren des Projektplanes

2.5.1 Bilden von Teilsystemen

Die zu modellierende Komplexität und oft auch die vorhandenen Ressourcen (finanzielle Mittel, verfügbares qualifiziertes Personal, usw.) machen in der Regel eine schrittweise Einführung von Bürosystemen erforderlich.

Dazu bedarf es einer Abgrenzung des Arbeitssystems in Teil(Arbeits-) Systeme. Die abgegrenzten Teilsysteme stellen gleichzeitig eine wesentliche Voraussetzung

---

[23] Vgl. Phase 4 "Planen und Vorbereiten des Arbeitsumfeldes, Integrieren und Einführen des Büro-systems".

für die hier vorgeschlagene evolutionäre Gestaltung von Bürosystemen dar, da jedes Teilsystem (z.B. Einkaufsabteilung) als eine Ausbaustufe (= Version auf dem Weg zum angestrebten Gesamt(Büro-) System (z.B. der gesamte kaufmännische Bürobereich eines Unternehmens) angesehen werden kann.

Somit wird eine schrittweise Entwicklung möglich, wobei die Realisierung jedes weiteren Teilsystems einen neuerlichen Durchlauf (= Zyklus) des Vorgehensmodelles bedeutet. Dies hat gleichzeitig den Vorteil, das jede Version bzgl. allfälliger Änderungswünsche und Verbesserungsvorschläge ausgewertet werden kann und diese in der folgenden Version Berücksichtigung finden können[24].

Die Reihenfolge der Realisierung der Teilsysteme ergibt sich vielfach aus sachlogischen Gründen. Bei der Abgrenzung kommt es darauf an, in sich geschlossene Teilsysteme zu finden, die eine sachlogische Durchführung von Aufgaben durch verschiedene Stellen ermöglichen und möglichst wenig Schnittstellen zu anderen Teilsystemen aufweisen. Als *Abgrenzungskriterium* können hier *geschlossene Bürovorgänge* herangezogen werden, die einen zusammengehörigen Beleg- bzw. Formularfluß darstellen. Damit werden ganze Aufgaben durch das Bürosystem unterstützt und es kann daher von einer ablauforientierten Einführungsstrategie gesprochen werden.

Die kooperative Projektorganisation kann nun für jedes Teilsystem um eine kooperative Arbeitsgruppe erweitert werden, die für die Realisierung dieses Teilsystems verantwortlich ist. Die kooperative Projektgruppe übernimmt in weiterer Folge die Koordination der verschiedenen Arbeitsgruppen und ist der kooperativen Projektkommission gegenüber verantwortlich.

2.5.2 Detaillieren des Projektplanes

Der im Schritt 1 "Schaffen von Voraussetzungen" erstellte Projektplan kann nun detailliert und konkretisiert werden. Dieser Projektplan dient zur Koordination der Realisierung der verschiedenen Teilsysteme und regelt:

- die zeitliche Verwirklichung der Teilsysteme und damit zusammenhängend
  das Ausmaß der notwendigen Ressourcen
  (Personal, finanzielle Mittel, usw.)
- die Strategie der Verwirklichung der Teilsysteme
  (parallele oder zeitlich versetzte Entwicklung;
  interne oder externe Entwicklung;
  individuelle Lösung oder Standardlösung; usw.)
- die erforderlichen organisatorischen Maßnahmen
  (Arbeitsorganisation, Arbeitsabläufe, usw.)
- die erforderlichen personalpolitischen Maßnahmen
  (Personalstruktur, Personalveränderung, Schulungsprogramme, usw.)

---

[24] Vgl. Phase 5 "Betreuen der Benutzer, Benutzen und Pflegen des Bürosystems".

Methoden und Werkzeuge zur Unterstützung der Gestaltungsaktivitäten[25]:

Für alle Phasen relevante Methoden und Werkzeuge → Kapitel 6.1.2

zu 1. Schaffen von Voraussetzungen:

zu 1.1. Schaffen von Diskussions- und Arbeitsvoraussetzungen:

zu 1.1.1. Schaffen von organisatorischen Voraussetzungen für einen kooperativen Gestaltungsprozeß:
- Kooperative Projektorganisation → 5.2.2

zu 1.1.2. Schaffen von Verständigungs- und Kommunikationsvoraussetzungen:
- Projektbegleitendes Qualifizierungsprogramm, Werkzeuge zum Ermitteln des Qualifizierungsbedarfs, organisatorische Vorgehensweise zur Qualifizierung und unterstützende Werkzeuge → 5.2.3

zu 1.1.3. Aufbauen eines Zentralen Begriffskatalogs:
- Zentraler Begriffskatalog → 5.2.4
- Datenbank-Management-System, Werkzeuge zur Datenmodellierung[26]
- Dokumentenanalyse, Befragung, Selbstaufschreibung → 5.2.6

zu 1.1.4. Erstellen eines Projektplanes:
- Projektmanagement → 5.2.5

zu 1.2. Erstellen einer Vorstudie:
- Prototyping → 5.2.1
- Dokumentenanalyse, (klass.) Kreativitätsmethoden, Befragung, Selbstaufschreibung, Expertenurteil → 5.2.6
- Normen und Richtlinien für die Organisations- und Aufgabengestaltung → 5.3.1
- Methoden und Werkzeuge zur (klass.) organisatorischen Gestaltung → 3.3.2
- Arbeitsanalyseverfahren → 5.3.2
- Normen und Richtlinien für die ergonomische Softwaregestaltung → 5.4.1
- CASE (sofern die Planungs- und Analysephase sehr gut unterstützt werden) → 5.4.3
- (klass.) Kreativitätsmethoden → 3.2.8
- (Standard-) Pflichtenheft zur Grob- und Feinauswahl → 5.4.2

zu 2. Durchführen der Arbeitsgestaltung:

zu 2.1. Konkretisieren der (Gestaltungs-) Ziele:
- (klass.) Kreativitätsmethoden, Befragung → 5.2.6
- Normen und Richtlinien für die Organisations- und Aufgabengestaltung → 5.3.1

---

[25] Eine detaillierte Beschreibung der empfohlenen Methoden und Werkzeuge befindet sich im Kapitel 5 "Methoden und Werkzeuge für die Gestaltung von Bürosystemen".

[26] In diesem Buch nicht beschrieben.

- methodische Anleitung dazu liefern Arbeitsanalyseverfahren, wie z.B. KABA, VERA/B, STA → 5.3.2
- CASE (Produkte mit starker Planungsphasenunterstützung) → 5.4.3

zu 2.2. Erfassen der Istsituation (Istanalyse):

zu 2.2.1. Durchführen einer Organisationsanalyse:
- Dokumentenanalyse, Beobachtung, Befragung, Selbstaufschreibung, Expertenurteil → 5.2.6
- Methoden und Werkzeuge zur (klass.) organisatorischen Gestaltung → 3.3.2
- CASE (Produkte mit starker Planungsphasenunterstützung) → 5.4.3

zu 2.2.2. Durchführen einer Datenanalyse:
- Zentraler Begriffskatalog → 5.2.4
- Dokumentenanalyse, Befragung, Selbstaufschreibung → 5.2.6
- Datenbank-Management-System, Werkzeuge zur Datenmodellierung[27]

zu 2.2.3. Durchführen einer Aufgabenanalyse und einer Analyse
der Bürovorgänge:
vergleiche zu 2.2.1
- Normen und Richtlinien für die Organisations- und Aufgabengestaltung → 5.3.1
- Arbeitsanalyseverfahren → 5.3.2

zu 2.3. Durchführen der Organisations- und Aufgabengestaltung (Sollanalyse):
vergleiche zu 2.2.3
- Arbeitsanalyseverfahren (insb. jene mit "Gestaltung" als Schwerpunkt: KABA, VERA/B, STA) → 5.3.2

zu 2.4. Ermitteln des Personal- und Qualifikationsbedarfes der Betroffenen
bzw. Benutzer:
- Methoden und Werkzeuge zur Qualifizierung → 5.2.3

zu 2.5. Bilden von Teilsystemen und Erstellen bzw. Detaillieren des Projektplanes:

zu 2.5.1. Bilden von Teilsystemen:
- CASE- Produkte, die Abgrenzungshilfsmittel, wie die Affinitätsanalyse (= Clusteranalyse), integriert haben, mit der im wesentlichen die in dieser Gestaltungsaktivität durchzuführenden Aufgaben rasch und relativ einfach erledigt werden können → 5.4.3

zu 2.5.2. Detaillieren des Projektplanes:
- Projektmanagement → 5.2.5

---

[27] In diesem Buch nicht beschrieben.

6.2.2 Phase 2: Durchführen der Technikgestaltung und Erstellen der Spezifikation[28]

Phasenablauf[29]

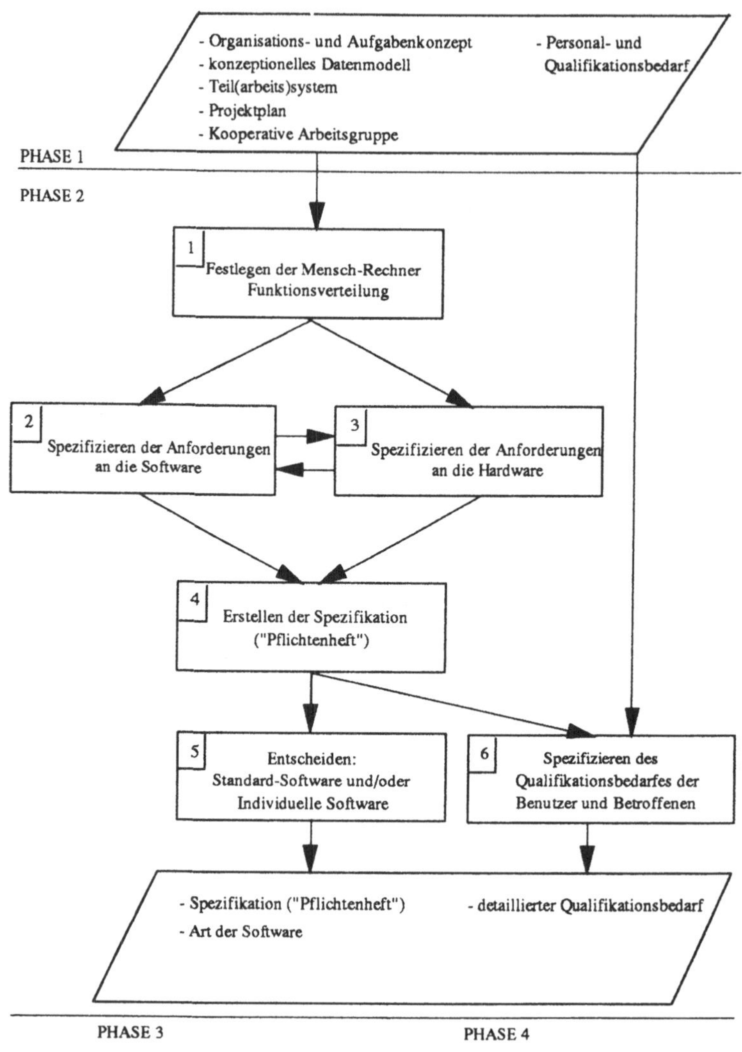

Abb. 6.5.

---

[28] Weitere Phasennamen: Spezifikation Spitta 1989, Systemplanung, Sollanalyse Gewerkschaft der Privatangestellten 1988, Informationssystem-Design Vetter 1988, Bussiness Analysis Olle 1988, .

[29] Die Trennung und die Reihenfolge dieser Schritte ist nicht scharf vorgegeben, es kann jederzeit zu Rücksprüngen - bedingt durch neue Erkenntnisse - und Überlappungen kommen. Dies gilt insbesondere für die Schritte 2 und 3, deren Durchführung von starken wechselseitigen Abhängigkeiten gekennzeichnet ist und daher praktisch nur gleichzeitig erfolgen kann.

Ziele und Ergebnisse dieser Phase

Die Ziele und die damit angestrebten Ergebnisse bestehen im:
* Festlegen der Mensch-Rechner Funktionsverteilung, wodurch die Anforderungen an die Software, Hardware und Qualifikation der Benutzer näher spezifiziert werden können; diese Anforderungen bilden die Grundlage für die *Technikgestaltung* (Technikkonzept), die die vorangegangene Arbeitsgestaltung EDV-technisch unterstützt
* Festhalten der Anforderungen in einer detaillierten *Spezifikation*[30] ("Pflichtenheft")
* Detaillieren des Qualifikationsbedarfs

Die Gestaltungsaktivitäten dieser Phase sind für jedes Teilsystem – das in der vorherigen Phase abgegrenzt worden ist – durchzuführen.

Gestaltungsbereich und Gestaltungsspielraum in dieser Phase

Der Gestaltungsbereich dieser Phase betrifft innerhalb des organisatorischen Bereiches die Ebene (vgl. Abb. 6.1):
* Mensch-Rechner Funktionsverteilung ("Aufgabenverteilung" zwischen Mensch und Rechner)

Der Gestaltungsspielraum in dieser Phase der Systementwicklung ermöglicht nur mehr eine *vorbeugende* (präventive) Arbeitsgestaltung, die sich auf eine bewußte Vorwegnahme von möglichen Beeinträchtigungen der Gesundheit und des Wohlbefindens bei der Verwendung des Arbeitsmittels "Bürosystem" beschränkt. Das Aufgaben- und Organisationskonzept wurde bereits in der vorigen Phase festgelegt, wodurch dem Gestaltungsspielraum Grenzen gesetzt sind.

Gestaltungsaktivitäten

1. Festlegen der Mensch-Rechner Funktionsverteilung

Das in der Phase 1 festgelegte Organisations- und Aufgabenkonzept und die zu ihrer Umsetzung gewählten Gestaltungsstrategien müssen nun durch ein Technikkonzept ergänzt werden. D.h. es gilt festzustellen, welche Aufgabenteile vom Arbeitsmittel Rechner (in unserem Fall vom Bürosystem) übernommen bzw. unterstützt werden können.

Im Sinne einer menschengerechten Arbeitsgestaltung ist es erforderlich, daß die, durch die ergonomische Organisations- und Aufgabengestaltung, geschaffenen Möglichkeiten – wie z.B. Anforderungsvielfalt, Autonomie, Ganzheitlichkeit, Kooperations- und Kommunikationsförderlichkeit, usw. – nicht durch eine, an rein funktionalen Gesichtspunkten orientierte Technikgestaltung rückgängig gemacht bzw. eingeschränkt werden. Dies ist insbesondere dann der Fall, wenn die organisatorische Einbettung des Bürosystems in die betrieblichen Strukturen stark ar-

---

[30] Wird auch als "funktionelle Spezifikation" bezeichnet.

beitsteilig und zentralistisch erfolgt und dadurch die Aufgaben entsprechend zergliedert, monoton und inhaltsleer werden.

Gleichzeitig werden durch die Festlegung der Mensch-Rechner Funktionsverteilung die Anforderungen an die Hardware und Software definiert. Daher gilt es in dieser Phase ebenso ergonomische Kriterien der Hard- und Softwaregestaltung zu berücksichtigen.

Zu beachtende Gestaltungsrichtlinien

Bei der Festlegung der Mensch-Rechner Funktionsverteilung sind einerseits die "Kriterien der Organisations- und Aufgabengestaltung" zu berücksichtigen. Gleichzeitig sind bei der Definition der Anforderungen an den Rechner (die Software) die "Kriterien der Softwaregestaltung" zu beachten.

Es zeigt sich hiermit der Übergang von den "Kriterien der Organisations- und Aufgabengestaltung" zu den "Kriterien der Softwaregestaltung". Letztere sollen sicherstellen, daß die bei der Organisations- und Aufgabengestaltung befolgten ergonomischen Prinzipien auch in der Software ihre Fortsetzung finden.

Vorgehensweise bei der Festlegung der Mensch-Rechner Funktionsverteilung

a) Festlegen welche *Aufgabenteile* (Funktionen) vollständig vom *Rechner* übernommen werden sollten (automatisierbare Aufgabenteile):

Schematische, monotone, belastende, geringe geistige Anforderungen stellende Tätigkeiten (z.B. Eingabe großer Datenmengen) sollten dem Rechner übertragen werden, um dem Benutzer mehr Zeit für schöpferische Tätigkeiten zu gewähren. Dabei ist zu beachten, daß der Benutzer nicht überlastet wird. Kurzfristige Routinearbeiten können in bestimmten Aufgabenzusammenhängen eine wichtige entlastende und beanspruchungsoptimierende Funktion haben. Das Ziel sollte daher ein entsprechendes Mischungsverhältnis zwischen schöpferisch anspruchsvollen und einfachen Tätigkeiten sein.

b) Festlegen welche *Aufgabenteile* (Funktionen) vom *Mensch* und *Rechner* gemeinsam gelöst werden können (Aufgabenteile die im Dialog mit dem Rechner gelöst werden können):

Bei Aufgaben bzw. Aufgabenteilen die vom Menschen und vom Rechner gemeinsam durchgeführt werden können, sollte der Mensch die Möglichkeit zur weitgehend selbstständigen Arbeitsteilung zwischen ihm und dem Rechner zugestanden bekommen. Dies ermöglicht das Herausbilden von individuellen Arbeitsstilen, die den Persönlichkeitsstrukturen der jeweiligen Benutzer am besten entsprechen. Diese autonome Form der Aufgabenerfüllung setzt von Seiten des Rechners eine entsprechende Software-Gestaltung voraus, die vor allem eine vom Benutzer steuerbare Softwarenutzung unterstützt (Kriterium: "Steuerbarkeit").

c) Festlegen welche *Aufgabenteile* (Funktionen) nur vom *Menschen* durchgeführt werden sollen (Aufgabenteile die weiterhin ohne Rechner zu erledigen sind)

Alle Aufgabenteile, die den Handlungs- und Entscheidungsspielraum des Benutzers betreffen – wie z.B. Planen, Entscheiden, Kontrollieren – sollten nicht dem Rechner übertragen werden. Hier sollte sich die Unterstützung des Rechners beispielsweise auf das Bereitstellen von notwendigen Informationen beschränken.

Diese Vorgehensweise der Mensch-Rechner Funktionsverteilung ist im Sinne einer *aufgabenorientierten* Systemgestaltung auf die einzelnen Aufgaben anzuwenden. Dabei ist generell anzumerken, daß mit steigender Formalisierbarkeit der Aufgabe (vor allem routinefallorientierte) die Möglichkeiten zur Übernahme von Aufgabenteilen bzw. der gesamten Aufgabe durch den Rechner zunehmen. Bei nicht bzw. nur teilweise formalisierbaren Aufgaben wird sich der Anteil des Rechners bei der Aufgabenerfüllung vorwiegend auf unterstützende Funktionen beschränken.

2. Spezifizieren der Anforderungen an die Software:

Nach Festlegung der Mensch-Rechner Funktionsverteilung können die daraus resultierenden Anforderungen an die Software abgeleitet werden.

Abhängigkeit der Software-Anforderungen von den Aufgaben und den Benutzern

Jeder der im Büro anfallenden Aufgaben erfordert eine spezifische EDV-Unterstützung. Wie diese Software-Unterstützung im konkreten Fall tatsächlich aussieht ist auch vom Benutzer des Bürosystems und dessen Stellung in der Gesamtorganisation abhängig.

Jeder Benutzer verfügt über ein spezifisches Aufgabenprofil und damit ein spezielles Anforderungsprofil bzgl. einer möglichen Software-Unterstützung. Bei der Spezifikation der Anforderungen an die Software ist daher sicherzustellen, daß jeder Benutzer die seinem Anforderungsprofil – und damit seinen Aufgaben – entsprechende softwaremäßige Unterstützung erhält. Die folgenden Ausführungen zeigen, welche benutzerspezifischen Aspekte im Hinblick auf eine ergonomische Gestaltung der Software zu berücksichtigen sind[31]:

Führungskräfte[32]

- sehr hoher Anteil von unstrukturierten Tätigkeiten
- nicht routinemäßige Zugriffe auf unterschiedliche Programme und damit ständig wechselnder Kenntnisstand des Benutzers bzgl. der "Funktionalität" und "Benutzung" der Software
- überwiegend Zugriff auf vorhandene Daten
- nicht planbare Zugriffe auf gänzlich verschiedene Datenbestände, daher Notwendigkeit zum sehr flexiblen Wiederfinden von Informationen (z.B. intelligentes Informations-Retrieval-System)
- Kreation neuer Daten vorwiegend durch Verknüpfung existierender Daten mit der Zielsetzung der Entscheidungsunterstützung
- ständig wechselnde (interne/externe) Kommunikationspartner mit hohem Anteil an direkter Kommunikation

---

[31] Vgl. Oetinger 1988.

[32] Vgl. auch die Anforderungen an die Fachkräfte.

- hoher Bedarf an graphischen Aufbereitungsmöglichkeiten zur Unterstützung der Kommunikation
- geringe Bereitschaft zur Bedienung einer Tastatur
- Textverarbeitung vorwiegend in Form von Redigier- und Korrekturaufgaben
- Notwendigkeit zur Eingabe von Randbemerkungen (z.B. Gesprächsnotizen zur Erläuterung)

Fachkräfte

- das Spektrum der "Funktionalität" heutiger Bürosysteme wird von dieser Benutzergruppe – im Vergleich zu den übrigen – am meisten ausgeschöpft
- aufgrund des oft sehr breiten Tätigkeitsspektrums besteht großer Bedarf an sehr unterschiedlichen Anwendungsprogrammen (Textverarbeitung, Datenbank, Graphikprogramm, Electronic Mail, usw.), die allerdings in stark unterschiedlichem Ausmaß genutzt werden
- hohe Flexibilität der Software-Unterstützung auf Grund des hohen Anteils an unstrukturierten Tätigkeiten bei den Arbeitsaufgaben ist erforderlich, dies bedingt auch sehr differenzierte Anforderungen an die Ein-/Ausgabemedien (Maus, Tastatur, Graphiktablett, Scanner, hochauflösende Graphikbildschirme, usw.)
- starke Heterogenität der Benutzer bzgl. Erfahrung und Übung im Umgang mit Software (vom Experten bis zum Anfänger)
- wirkungsvolle Unterstützung der Kommunikation mit anderen Personen, insbesondere was die Integration verschiedener Daten (Text, Bild, Sprache) betrifft
- Bedarf an sehr flexiblen und mächtigen Informations-Retrieval-Systemen zur Unterstützung des Datenzugriffs mit guten Orientierungshilfen

Sachbearbeiter

- vielfach gut strukturierbare Tätigkeiten
- Benutzer haben in der Regel Software-Erfahrung und Übung
- rascher Wechsel zwischen unterschiedlichen Anwendungsprogrammen bedingt komfortable Navigationshilfen zur Orientierung
- hohe Flexibilität der Software-Unterstützung aufgrund sich oft rasch ändernder Aufgabenstellungen
- in der Regel werden wenige Anwendungsprogramme sehr intensiv benutzt
- graphische Aufbereitung von Daten (z.B. Zahlenkolonnen) aus Datenbanken

Bürohilfskräfte

- stark strukturierte Tätigkeiten
- Beschränkung der Software-Unterstützung auf einige wenige intensiv genutzte Programme
- hohe Anforderungen an Textverarbeitungsprogramme
- hohe Anforderung an einfache graphische Aufbereitung von Daten
- Unterstützung bei Aufgaben der Büroorganisation (z.B. Terminplanung, Koordination von Besprechungen)
- Unterstützung bei einfachen Ablagetätigkeiten

Vorgehensweise bei der Spezifikation der Software-Anforderungen

Das grundlegende Problem bei der Spezifikation der Software-Anforderungen besteht darin, daß der Systementwickler und der zukünftigen Benutzer sehr unterschiedliche "Denk-Modelle" (mentale Modelle) von der zu entwicklenden bzw. auszuwählenden Software haben. Das "Denk-Modell" der Systementwickler wird vorwiegend von software-spezifischen Problemen – wie möglichst "elegante" funktional-technisch Realisierung der Anforderungen – bestimmt.

Dem Benutzer interessieren in der Regel derartige Probleme überhaupt nicht. Ihm interessiert nur der Nutzen, den er aus der Software zur Bewältigung seiner Aufgaben ziehen kann. Damit stehen für ihn Aspekte der "Aufgabenbewältigung" und "Funktionalität" (Wie gut unterstützt die Software meine Aufgaben?) sowie der "Benutzung" (Wie groß ist der Lern- und Handhabungsaufwand?) der Software im Vordergrund.

Diese unterschiedlichen Vorstellungen und Interessensschwerpunkte der Systementwickler und Benutzer können nur durch eine kooperative Vorgehensweise – im Rahmen der kooperativen Arbeitsgruppen – überwunden werden.

Dabei versuchen Systementwickler und Benutzer gemeinsam ein "Modell" der von der Software zu unterstützenden Aufgaben zu entwickeln. Dies geschieht am besten mittels der Erstellung eines Prototypens dieses "Modells". Daher wird diese Vorgehensweise auch als Prototyping bezeichnet. Der Prototyp bildet eine Diskussions- und Verständigungsbasis, an Hand der Aspekte der "Aufgabenbewältigung", "Funktionalität" und "Benutzung" konkret getestet werden können. Nötigenfalls können entsprechende Anpassungen vorgenommen werden bis ein gemeinsames Akzeptanzniveau erreicht wird. Dieser Vorgang kann sich mehrfach wiederholen.

Stehen keine komfortablen Prototyping-Werkzeuge zur Verfügung, ändert dies nichts an der prinzipiellen Vorgehensweise. In diesem Fall kann mit vergleichsweise einfachen Werkzeugen – wie z.B. Textverabeitungs- und Graphikprogrammen – der Entwurf möglicher Masken, Formulare, Dialogbäume, usw. erfolgen. Diese "Papier-Prototypen" dienen zur Veranschaulichung der Benutzerschnittstelle der Software. Gleichzeitig kann, in sehr einfacher Weise, ein realer Ablauf simuliert werden, indem die entsprechenden Masken dem Benutzer in einer typischen Bearbeitungsreihenfolge präsentiert werden. Natürlich ist diese Vorgehensweise kein gleichwertiger Ersatz zum Einsatz von Prototyping-Werkzeugen, zumal die Anschaulichkeit für die Benutzer – mangels Darstellung dynamischer Abläufe – weit geringer ist. Weiters ist ein frühzeitiger Einsatz von ergonomischen Bewertungsverfahren in diesem Fall nur beschränkt möglich.

Prinzipiell kann die Spezifikation der Anforderungen an die Software zeigen, daß das vorgeschlagene Organisations- und Aufgabenkonzept in dieser Form nicht entsprechend softwaremäßig unterstützt werden kann (z.B. aus funktional-technischen, wirtschaftlichen oder ergonomischen Gründen).

Dies kann einerseits eine Veränderung der getroffenen Mensch-Rechner Funktionsverteilung bedingen und bewirkt somit einen Rücksprung zum vorigen Gestaltungsschritt. Andererseits kann dies aber auch zu einem Rücksprung in Phase 1 führen und zu einer Veränderung des Organisations- und Aufgabenkonzeptes zwingen (z.B. Neuverteilung der Aufgaben zwischen den Stellen; Veränderung des Ausmaßes der Aufgabenintegration).

3. Spezifizieren der Anforderungen an die Hardware

Diese werden praktisch gleichzeitig und in enger Wechselwirkung mit den Anforderungen an die Software spezifiziert.

Rahmenbedingungen

* *EDV-Infrastruktur ist vorhanden.* Die Möglichkeiten und Freiheitsgrade bei der Software-Auswahl bzw. -Entwicklung werden maßgeblich beeinflußt durch:
  * die vorhandene Hardwarekonfiguration (Mainframe, Minicomputer, Dezidiertes Bürosystem, Lokales Netzwerk, Stand-Alone Lösungen),
  * dem/den darauf verfügbaren Betriebssystem/en (herstellerspezifisches, herstellerunabhängiges),
  * den verfügbaren Programmiersprachen,
  * den bereits realisierten Datenbanklösungen (zentral, dezentral)

  Für die Software-Spezifikation ergeben sich somit Restriktionen, die unter Umständen dazu führen können, daß die, im Sinne einer menschengerechten Arbeitsgestaltung, vorgenommene Mensch-Rechner Funktionsverteilung nicht möglich ist. In diesem Fall sollte eine Veränderung/Erweiterung der Hardwaretechnischen Gegebenheiten erfolgen, da ansonsten sämtliche bisherigen ergonomischen Gestaltungsüberlegungen gefährdet sind. Sollten dies die verfügbaren Ressourcen nicht erlauben, so kann man entweder die EDV-technische Unterstützung verringern (durch Veränderung der Mensch-Rechner Funktionsverteilung), oder man verzichtet ganz auf eine EDV-technische Lösung zu diesem Zeitpunkt. Gar keiner EDV-technischen Unterstützung ist im Sinne einer menschengerechten Arbeitsgestaltung einer schlechten (inhumanen) eindeutig der Vorzug zu geben.
* *EDV-Infrastruktur ist nicht vorhanden.* Hier bestehen zwar nicht die obigen Restriktionen, trotzdem sind auch hier die bestehenden Abhängigkeiten zwischen Hardware und Software zu beachten. Da in diesem Fall bei der Erstellung des Technikkonzeptes nicht auf eine bestehende EDV-Infrastruktur ("technische Sachzwänge") Rücksicht genommen werden muß, sollte der vorhandene Gestaltungsspielraum optimal genutzt werden.

Vorgehensweise bei der Spezifizierung der Hardware-Anforderungen

Prinzipiell sollte ein möglichst herstellerunspezifisches Technikkonzept (EDV-Infrastruktur) angestrebt werden, da dieses in der Regel den Einsatz eines breiteren Spektrums an Software ermöglicht bzw. den Wechsel der Hardware erleichtert. Ergonomische Technikkonzepte müssen die in der Phase 1 erstellten Organisationskonzepte (z.B. "Kooperative Arbeitsteilung/qualifizierte Assistenz", "Selbstregulierende Gruppen") unterstützen und ermöglichen. So bedingt z.B. das ergonomische Gestaltungsziel "Anforderungsvielfalt" eine zeitliche Begrenzung der Bildschirmarbeit und der Techniknutzung. Die Forderung nach "Kooperations- und

Kommunikationsförderlichkeit" ist nicht vereinbar mit einem Technikkonzept, das eine persönliche Kommunikation verhindert.

Generell kann als Zielsetzung menschengerechter Technikgestaltung gelten, daß das Bürosystem als ein vom Benutzer beherrschbares und steuerbares Werkzeug eingesetzt wird, das ihn bei der Erfüllung seiner Aufgaben unterstützt. Damit der *Werkzeugcharakter* erhalten bleibt, sollten die Benutzer[33]:

- den Aufbau und die Funktionsweise des Bürosystems (Hard- und Software) kennen und verstehen,
- Anwendungsmöglichkeiten des Bürosystems zur Erledigung ihrer unterschiedlichen Tätigkeiten kennen und nutzen können,
- das Bürosystem selbst steuern und kontrollieren können,
- die Auswirkungen ihrer Tätigkeiten und deren Ergebnisse auf andere Arbeitsplätze und -abläufe überschauen können.

Die folgenden Kriterien der Technikgestaltung sollten Berücksichtigung finden:
- *Echte Dezentralisierung der EDV-Leistungen.* Jeder Benutzer sollte die Möglichkeiten zu einer eigenverantwortlichen, lokalen Verarbeitung, Verwaltung und Sicherung von Daten eingeräumt bekommen. Dies bedingt den Einsatz von entsprechenden Endgeräten mit lokaler "Intelligenz" und Datenspeicherungsmöglichkeiten, wie z.B. PCs, Workstations, Multifunktionsterminals. Damit wird die technische Voraussetzung dafür geschaffen, daß jeder Benutzer eigenständige Auswertungen oder Programmierungen (Benutzerprogrammierung) vornehmen kann. Dies erfüllt die Forderung nach "Autonomie" der Organisations- und Aufgabengestaltung. Heikle persönliche Daten können vom Benutzer selbst verwaltet und gesichert werden, was der Forderung nach "Persönlichkeitsschutz" entspricht.
- *Kontrollierte Vernetzung.* Es ist eine angemessene Form der Vernetzung zu bestimmen, die die arbeitsorganisatorisch gewollte Autonomie unterstützt, den Werkzeugcharakter erhält und dennoch den erforderlichen Informationsaustausch ermöglicht. Um dies zu erreichen sind bei der Vernetzung von Endgeräten beispielsweise folgende Punkte zu beachten[34]:
  - Es ist festzulegen, wann direkte und wann technisch vermittelte Kommunikation bei der Aufgabenerfüllung stattzufinden hat. Dabei sind alle organisatorischen Möglichkeiten, wie Zusammenlegen von Abteilungen, Aufhebung von Arbeitsteilungen, usw. zu prüfen, die eine Intensivierung bzw. den Erhalt der persönlichen Kommunikation ermöglichen (Sichern der "Kooperations- und Kommunikationsförderlichkeit").
  - Es ist festzulegen, für welche Nachrichten welche Art von Vermittlungsdiensten (z.B. Elektronische Post, Datenträger, Telefax, Telefon) zu nutzen sind. Dabei sollte für den Benutzer eine möglichst freie Wahl des Kommunikationsmittels gewährleistet werden ("Autonomie").

---

[33] Vgl. TBS 1988.

[34] Vgl. Herrmann 1989.

- Für die Empfänger von Nachrichten ist die eintreffende Informationsmenge und das Ausmaß von Arbeitsunterbrechungen (Gefahr der physischen und psychischen Überbelastung), für die Sender ist die Vermittlung von Gewißheit bzgl. des Erfolges der Nachrichtenübermittlung (Gewährleistung der "Durchschaubarkeit") zu regeln .
- Die Protokollierungsmöglichkeiten der Netzdienste müssen offen gelegt werden. Es ist sicherzustellen, daß keine personenbezogenen Auswertungen des Kommunikationsverhaltens erfolgen (Sicherstellung der informationellen Selbstbestimmung der Benutzer, "Persönlichkeitsschutz").

  Aufgrund der oft komplexen Kooperationsbeziehungen in einem Betrieb lassen sich die obigen Regelungspunkte nicht vollständig vorwegnehmen, zumal sie sehr personenspezifisch sind (Was dem einen Netzteilnehmer als vorteilhaft erscheint, kann ein anderer als nachteilig empfinden.). Daher sollten die zukünftigen Netzteilnehmer selbst aushandeln können, welche konkreten Regelungen für sie personen- und situationsspezifisch die günstigsten sind. Dies kann im Rahmen der kooperativen Arbeitsgruppe erfolgen.
- *Technische Vorkehrungen aus Datenschutzgründen*[35]. Grundsätzlich sollten die Organisations- und Aufgabenkonzepte so konzipiert sein, daß möglichst wenig personenbezogene Daten anfallen und daher verarbeitet werden müssen (Dateneinsparung).

  Notwendige personenbezogene Daten sollten im Technikkonzept durch technische Vorkehrungen – etwa durch technische Abschottungen (z.B. keine Vernetzung, Hardwarekeys, Zutrittskontrollen) – geschützt werden ("Persönlichkeitsschutz").
- *Hardware-Ergonomie.* Gleichzeitig mit der Spezifikation der Anforderungen an die Hardware (Bürosystem) müssen auch die Anforderungen an die dazu erforderlichen Möbel und Hilfseinrichtungen (Arbeitstisch, Arbeitsstuhl, Fußstütze, Beleghalter, usw.) und die Umgebungsbedingungen (Beleuchtung, Lärm, Klima, usw.) erfaßt werden. Hierbei sind die "Kriterien der Hardware- und Arbeitsraumgestaltung" zu beachten. Dazu gibt es bereits eine Vielzahl von Normen und Gestaltungsrichtlinien.

4. Erstellen der Spezifikation ("Pflichtenheft")

Durch die Zusammenfassung der Anforderungen an die Soft- und Hardware entsteht eine detaillierte Spezifikation. Diese wird auch als "Pflichtenheft" bezeichnet und liegt in der Regel in Form eines Textdokumentes vor, das, in Abhängigkeit von den eingesetzten Werkzeugen zur Spezifikation der Anforderungen, durch Prototypen ergänzt sein kann.

---

[35] Vgl. Dohr 1988, enthält eine umfangreiche Prüfliste im Anhang V.

5. Entscheiden: Standard-Software und/oder Individuelle Software

Die Spezifikation dient als Grundlage entweder für eine Ausschreibung (bei Fremdentwicklung von Individueller Software bzw. bei der Auswahl von Standard-Software) oder als Anforderungskatalog für die interne EDV-Abteilung (bei Eigenentwicklung von Individueller Software).

Die Entscheidung hängt maßgeblich vom konkreten Einsatzzweck ab. Generell gibt es gerade im Bereich der Bürosysteme eine breite Palette von Standard-Software, die in vielen Fällen für den gewünschten Einsatzzweck geeignet ist. Vielfach kann die Standard-Software – im gewissen Umfang – an die betrieblichen Gegebenheiten angepaßt werden, was in der Regel billiger und schneller bewerkstelligt werden kann, als eine Neuentwicklung.

Sollte für den spezifischen betrieblichen Einsatzzweck keine Standard-Software verfügbar sein, muß die Entwicklung Individueller Software erfolgen. Vom ergonomischen Standpunkt betrachtet, erweist sich heute noch in vielen Fällen die Standard-Software der Individuellen Software als überlegen.

6. Spezifizieren des Qualifikationsbedarfs der Benutzer und der Betroffenen

In Phase 1 wurde der Qualifikationsbedarf der Betroffenen und Benutzer bzgl. der Erweiterung des Fachwissens, des Organisationswissens und des sozialen-strategischen-formalen Wissens, auf Grund des vorgeschlagenen Aufgaben- und Organisationskonzeptes, ermittelt.

Der Qualifikationsbedarf kann nun, basierend auf der Spezifikation, um das notwendige *EDV-Wissen* der Betroffenen und Benutzer erweitert werden. Der Umfang und die Tiefe des erforderlichen EDV-Wissens der Benutzer richtet sich danach, inwieweit sie bei der Aufgabenerfüllung eine EDV-technische Unterstützung erhalten. Prinzipiell sollte aber sowohl jeder Benutzer als auch Betroffene ein EDV-Grundwissen vermittelt bekommen, das dann um spezifische, aufgabenbezogene qualifikatorische Anforderungen ergänzt wird.

Methoden und Werkzeuge zur Unterstützung
der Gestaltungsaktivitäten[36]

Für alle Phasen relevante Methoden und Werkzeuge → Kapitel 6.1.2

zu 1. Festlegen der Mensch-Rechner Funktionsverteilung:
* (klass.) Kreativitätsmethoden → 5.2.6
* Normen und Richtlinien für die Organisations- und Aufgabengestaltung → 5.3.1
* Arbeitsanalyseverfahren
  (insb. jene mit "Gestaltung" als Schwerpunkt) → 5.3.2

---

[36] Eine detaillierte Beschreibung der empfohlenen Methoden und Werkzeuge befindet sich im Kapitel 5 "Methoden und Werkzeuge für die Gestaltung von Bürosystemen".

zu 2. Spezifizieren der Anforderungen an die Software:
- Prototyping → 5.2.1
- (klass.) Kreativitätsmethoden → 5.2.6
- Normen und Richtlinien für die ergonomische Softwaregestaltung → 5.4.1
- systemorientierte Checklisten der Software → 5.4.2
- CASE → 5.4.3

zu 3. Spezifizieren der Anforderungen an die Hardware:
- Prototyping → 5.2.1
- (klass.) Kreativitätsmethoden → 5.2.6
- CASE → 5.4.3
- Normen und Richtlinien für die Hardware und Arbeitsraumgestaltung[37]
- systemorientierte Checklisten der Hardware → 5.4.2

zu 4. Erstellen der Spezifikation ("Pflichtenheft"):
- Projektmanagement → 5.2.5
- 4. Generationssprachen (4.GL), Computer-Aided-Software-Engineering (CASE) → 5.4.3

zu 5. Entscheiden: Standard-Software und/oder Individuelle Software:
- Leitfaden, (Standard-) Pflichtenheft zur Grob- und Feinauswahl von Standard-Software → 5.4.2

zu 6. Spezifizieren des Qualifikationsbedarfes der Benutzer und Betroffenen:
- Werkzeuge zum Ermitteln des Qualifikationsbedarfs, organisatorische Vorgehensweise zur Qualifizierung und unterstützende Werkzeuge → 5.2.3

---

[37] In diesem Buch nicht beschrieben.

6.2.3 Phase 3: Auswählen oder entwickeln von Software[38]

Phasenablauf

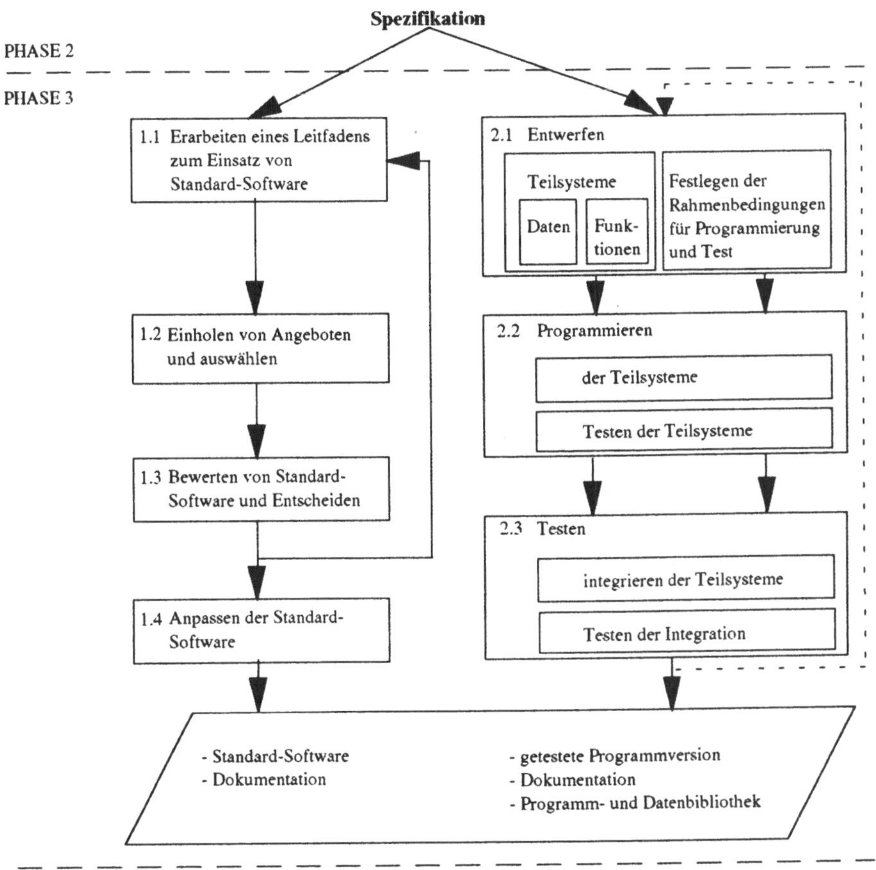

Abb. 6.6.

---

[38] Weitere Phasennamen:

zum Entwerfen: System Design Olle 1988, Martin 1986a, Entwurf Spitta 1989, Konzeptionelles physisches Datenbank-Design und Prozeß-Design , Entwurf Sneed 1983, Detailstudie nach W.F. Daenzer in Vetter 1988, Detailorganisation und Entwurf Gewerkschaft der Privatangestellten 1988

zum Programmieren und Testen: Construction Design, Construction and Workbench Test Olle 1988, Construction Martin 1986a, Implementierung insb. Realisierung Spitta 1989, Realisierung Vetter 1988, Programmierung und Programmtest Sneed 1983, Programmierung und Programmtest nach W.F. Daenzer in Vetter 1988, Realisierung und Implementierung Gewerkschaft der Privatangestellten 1988.

Ziele und Ergebnisse dieser Phase

Die Ziele und die damit angestrebten Ergebnisse bestehen in der:
- Auswahl, Bewertung und Anpassung von *Standard-Software* oder in der
- Realisierung und dem Testen von *Individueller Software*, sowie
- im Erstellen bzw. Sichten der dazugehörigen *Dokumentation*.

Gestaltungsbereich und Gestaltungsspielraum in dieser Phase

Im wesentlichen besteht der Gestaltungsbereich in dieser Phase aus folgenden Gestaltungsebenen (vgl. Abb. 6.6):
- Werkzeug-Ebene
- Dialog-Ebene
- Ein-/Ausgabe-Ebene

Die Begrenzung des Gestaltungsbereichs auf diese Ebenen beruht auf der Tatsache, daß die wesentlichen Entscheidungen bzgl. des organisatorischen Bereichs bereits gefällt wurden und nun als Vorgabe dienen.

Der Gestaltungsspielraum ist bei *Standard-Software* im Vergleich zur Individuellen Software gering. Trotzdem kann durch einen geeigneten Auswahlprozeß versucht werden, jenes aus den am Markt angebotenen Produkte auszuwählen, welches am ehesten den gestellten Anforderungen entspricht. Bei der Auswahl spielen dabei auch software-ergonomische Kriterien eine entscheidende Rolle[39].

Der Gestaltungsspielraum bei *Individueller Software* muß differenzierter betrachtet werden. Es besteht die Möglichkeit, Individuelle Software extern oder intern entwickeln zu lassen. Intern muß zusätzlich nach der Person des Entwicklers unterschieden werden. Vielfach wird heute Software intern noch von Systementwicklern entwickelt. Wir möchten hier aber auf einen Trend hinweisen, der sich zunehmend verbreitet. Benutzer (Sachbearbeiter, "Endbenutzer") entwickeln Software direkt an ihren Arbeitsplätzen selbst (= Benutzerprogrammierung, Sachbearbeiterprogrammierung, End-User-Computing). Der Gestaltungsspielraum betreffend der externen Software-Entwicklung ist im Vergleich zur internen weitgehend fremdbestimmt. Der Auftraggeber hat in der Regel kaum Einfluß auf die beim Hersteller angewendeten Sichtweisen, Methoden und Werkzeuge, die jedoch maßgeblichen Einfluß auf die Software ausüben. Die Beteiligungsmöglichkeiten der Benutzer sind ebenfalls nicht so stark ausgeprägt wie bei der internen Entwicklung. Bezüglich der internen Entwicklung läßt sich feststellen, daß der Gestaltungsspielraum sicherlich bei der Eigenentwicklung durch den Benutzer selbst am Größten ist. Grenzen werden allerdings durch die üblicherweise nicht ausreichende Qualifikation, betriebsinterne Auflagen und die derzeit am Markt zur Verfügung stehenden Werkzeuge gesetzt.

Die folgenden Ausführungen zeigen, daß in dieser Phase nur mehr eine *vorbeugende* (präventive) Arbeitsgestaltung möglich ist.

---

[39] Gerade bei Standard-Software zeichnet sich ein starker Trend in Richtung "Benutzerfreundlichkeit" ab, von dem die Individuelle Software in der Regel noch weit entfernt ist.

Gestaltungsaktivitäten

1. Auswählen und Bewerten von Standard-Software

1.1 Erarbeiten eines Leitfadens zum Einsatz von Standard-Software

Es empfiehlt sich einen Leitfaden für die Auswahl und Anpassung der Standard-Software zu erstellen, der entsprechende Richtlinien enthält. Dadurch kann gezielt und nach transparenten Kriterien vorgegangen werden. Das Vorgehensschema kann sich in weiten Bereichen an der Vorgehensweise zur Eigenentwicklung von Software orientieren.

1.2 Einholen von Angeboten und Auswählen

Basierend auf den Anforderungen der Systemspezifikation wird eine Ausschreibung und Marktanalyse, zum Zwecke des Einholens von Angeboten, durchgeführt. Das Ziel besteht in der Abgrenzung der prinzipiell in Frage kommenden Produkte (= Vorauswahl). Hierbei sind entsprechende Methoden und Werkzeuge (z.B. Ausschreibungsstandards, K.O.-Kriterien wie beispielsweise Reputation des Anbieters, Verfügbarkeit von Testinstallationen) unerläßlich, um das in der Regel für den Bürobereich umfassende Angebot zu begrenzen.

1.3 Bewerten von Standard-Software und Entscheiden

Bevor mit der eigentlichen Bewertung der ausgewählten Standard-Software-Produkte begonnen werden kann, muß ein detailliertes Bewertungsschema erarbeitet werden, das den Anforderungen an die Software (Spezifikation) gerecht wird.

Das Erstellen eines Bewertungsschemas ist ein höchst kreativer und konfliktreicher/betriebspolitischer Prozeß und bedarf einer ausgewogenen Beteiligung aller Benutzer und Betroffenen. Erst aus der gemeinsamen Diskussion lassen sich die Präferenzen, Einstellungen, Konflikte – kurz die Standpunkte aller Beteiligten – erkennen. Dabei sind die folgenden Kriterien zu berücksichtigen[40]:

Kriterien für die Arbeitsorganisation,
* angemessene Funktionalität
  Genügt die Standard-Software den Anforderungen der Spezifikation?
  Welche Funktionen bietet sie darüber hinaus? Welche Restriktionen gibt es?
* Spielräume der Benutzer für aufgabenbezogene Kooperation und persönliche Beziehungen
* Zugang zu Informationen (Datenzugriffsmöglichkeiten)
* Autonomie der Benutzer bei der Aufgabenerfüllung
* Qualifikationsanforderungen und Einarbeitungsaufwand für die Benutzer
* Betreuungsaufwand für die Benutzer

Software-ergonomische Kriterien

---

[40] Teilweise in Anlehnung an VDI 5015.

EDV-Technische Kriterien und Kosten
* EDV-technische Realisierung:
  Komplexität der Software aus funktionaler Sicht
  Qualität der Implementierung (Korrektheit)
  Dokumentationsniveau (z.B. der Handbücher)
  Wartbarkeit
* Hardware/Software Voraussetzungen:
  erforderliche Minimalkonfiguration der Hardware
  notwendige zusätzliche Software/Hardware
  Antwortzeiten
  Aufwand der Anpassung an vorhandene Hardware/Software
  Kompatibilität des Datenmodells mit dem unternehmensinternen Datenmodell
* Leistungspotential und Reputation des Anbieters:
  Verfügbarkeit
  abgeschlossene und ausgereifte Entwicklung / Zukunftssicherheit
  Referenzkunden
  Wartungsvertrag

Sicherheitskriterien,
* Datenschutz
* Datensicherheit
* Ausschluß von Leistungs- und Verhaltenskontrollen

Zur Umsetzung des Bewertungsschemas müssen konkrete Kriterien ausgewählt bzw. mit Prioritäten versehen werden, nach denen bewertet werden soll. Dabei ist zu berücksichtigen, daß diese Kriterien keineswegs unabhängig voneinander sind. Diese Abhängigkeiten lassen sich insb. für die software-ergonomischen Kriterien nicht ein für alle mal festlegen. Sie sind weitgehend aufgabenabhängig. Wir empfehlen daher folgende schrittweise *Vorgehensweise:*[41]
* Erstellen einer Liste aller Kriterien der verschiedenen Bereiche
* kooperatives Bestimmen der relevanten Kriterien (Prioritäten)
* systematische Gegenüberstellung der Kriterien und kooperatives Erarbeiten ihrer Abhängigkeiten

Auf Basis eines Bewertungsschemas werden nun die vorausgewählten Software-Produkte bewertet. Beispielsweise werden Testinstallationen eingerichtet und die Systementwickler *und* Benutzer testen die Produkte. Die Bewertungsergebnisse (Prüfberichte) sind schriftlich festzuhalten, um die Entscheidung für oder gegen ein bestimmtes Softwareprodukt transparent und nachvollziehbar zu machen.

Im Zweifelsfalle würden wir ein benutzerfreundliches Software-Produkt einem funktional leistungsfähigeren vorziehen.

---

[41] In Anlehnung an Greutmann 1989 und VDI 5005, S.23ff.

1.4 Anpassen der Standard-Software

Wurde die Wahl für ein Produkt getroffen, so ist den Erfordernissen der Anpassung an die Arbeitsumgebung und die Benutzer Rechnung zu tragen. Dies ist erforderlich, da trotz der Vielfalt der angebotenen Standard-Software selten ein Paket alle gewünschte Anforderungen erfüllt. Prinzipiell hat die Anpassung der Software Konsequenzen einerseits hinsichtlich der organisatorischen Einbettung in die bereits existierende Umgebung und andererseits hinsichtlich der Pflege (Wartung)[42].

Sollte sich herausstellen, daß den Anforderungen an die Software (Spezifikation) durch die Wahl von Standard-Software nicht entsprochen werden kann, bedarf es eines Rücksprunges in die Phase 2.

2. Entwerfen, Programmieren und Testen von Individueller Software

Bevor auf die einzelnen Gestaltungsaktivitäten näher eingegangen wird, werden Prinzipien dargestellt, die bei allen folgenden Gestaltungsaktivitäten angewendet werden sollten.

a) Beteiligungsprinzip:

Selbst die Anwendung von konkreten Richtlinien zur ergonomischen Gestaltung der Software als auch die Beteiligung von Experten der Ergonomie im Prozeß der Software-Entwicklung müssen als nicht hinreichend angesehen werden. Nur die zukünftigen Benutzer können entscheiden, ob die Benutzung der Software ergonomisch und deren Funktionalität den Aufgaben entsprechend ist.

b) Prinzip des evolutionären Vorgehens:

Es sollten die einzelnen Gestaltungsaktivitäten (Entwerfen, Programmieren und Testen) evolutionär (zyklisch) durchlaufen werden. Dies soll verhindern, daß Abweichungen vom Entwurf, ohne neuerlichen Durchlauf der Teilphase "Entwerfen", in den Programmen durchgeführt werden[43]. Auf Grund der vorhin dargestellten evolutionären Vorgehensweise empfiehlt es sich, Bürosysteme jeweils in verschiedenen Ausbaustufen schrittweise zu entwickeln[44]. Die erste Ausbaustufe sollte dabei für die zukünftigen Benutzer die Funktionen beinhalten, die sie primär für die Durchführung ihrer Aufgaben benötigen. Eine in der Wissenschaft und Praxis weitgehend anerkannte Methode, die sowohl die evolutionäre Vorgehensweise als auch den stufenweisen Ausbau der Software unterstützt, stellt das Prototyping dar.

c) Prinzip der verschiedenen Sichtweisen:

Als weiteres Mittel zur Förderung des gegenseitigen Verständnisses aller Beteiligten empfehlen wir, verschiedene Sichtweisen auf ein Problem einzunehmen.

---

[42] Vgl. Holl 1989.

[43] In der Praxis werden häufig Änderungen sofort direkt in den Programmen vorgenommen, ohne die Tragweite bezüglich der im Entwurf festgeschriebenen Anforderungen abzuschätzen. Dies führt häufig zu sogenannten "Friedhöfen" in Programmen, die unlesbar und nicht mehr pfleg-/wartbar sind.

[44] Vgl. Reisin 1988.

Durch die verschiedenen Blickwinkel auf ein und das selbe Problem wird es besser durchschaubarer[45].

Da der Schwerpunkt dieser Arbeit primär auf der ergonomischen Gestaltung liegt und es nur bei der Gestaltungsaktivität "Entwerfen" einen nennenswerten Gestaltungsspielraum gibt, wird hier vorwiegend auf diese Aktivität eingegangen.

2.1 Entwerfen

In den vorherigen Phasen wurde ein logisches – d.h. systemunabhängiges (konzeptionelles) – Datenmodell entworfen, welches in dieser Phase als Vorgabe dient und in ein systemabhängiges *Datenmodell* übergeführt werden muß. Bei diesem Transformationsprozeß ist das zukünftige Zielsystem – d.h. das Datenbanksystem – zu betrachten.

Ausgehend von der in der Phase 2 erstellten Spezifikation und dem systemabhängigen Datenmodell wird ein Prototyp erstellt bzw. falls bereits vorhanden erweitert. Dabei kommen die klassischen Entwurfsprinzipien der Programmierung, wie z.B. Modularisierung, schrittweise Verfeinerung (= Zerlegung bzw. Abstraktion), usw. zur Anwendung. Das *System* wird in einzelne Teilsysteme (Bausteine) *zerlegt*.

Parallel zum Entwerfen der funktionalen Teile des Prototypen ist die *Benutzerschnittstellen* zu entwerfen bzw. zu erweitern. Die Benutzerschnittstelle ist vom eigentlichen funktionalen Entwurf zu trennen. Dadurch werden Veränderungen an dieser möglich, ohne das gesamte Bürosystem zu ändern. Eine schrittweise Verbesserung (Pflege) der Schnittstelle läßt sich auf diese Weise erleichtern. Zudem bedarf es beim Entwurf einer Benutzerschnittstelle andersartiger Qualifikationen als beim funktionalen Entwurf[46]. Die Erstellung der Benutzerschnittstelle sollte in Zusammenarbeit mit den zukünftigen Benutzern, den Systementwicklern und evtl. mit Experten der Ergonomie erfolgen. Bei der Gestaltung der Benutzerschnittstelle sind die "Kriterien zur Softwaregestaltung" zu beachten.

Für die ermittelten Teilsysteme ist weiters ein Realisierungskonzept zu entwickeln, das folgende Punkte enthalten muß:

- benötigte Zeit und Ressourcen je Teilsystem
- Netzplan der Realisierung unter Berücksichtigung der Abhängigkeiten zwischen den Teilsystemen
- benötigte Schulungsmaßnahmen.

Zudem ist ein Testkonzept zu erstellen, indem Überlegungen zum Datentransfer von alten zum neuen Bürosystem angestellt werden müssen, wobei besonders darauf geachtet werden sollte, daß alte Fehler nicht ins neue System übergeführt werden. Es müssen diverse Testfälle – z.B. typische Geschäftsfälle, Ausnahmefälle, Grenzfälle – festgeschrieben werden, die zusammen eine möglichst umfassende Bewertung der Güte der Umsetzung der Anforderungen ermöglichen soll. Die organisatorische Durchführung der Tests muß ebenfalls grob geplant werden.

---

[45] Vgl. Olle 1988, Kap.1.9, Docherty 1987, S. 163-175 und 285-301.

[46] Vgl. Balzert 1988 b, Frese 1989, Kapitel 4.5.

2.2 Programmieren

Die aus der Gestaltungsaktivität "Entwerfen" resultierenden Teilsysteme (Bausteine) müssen anhand der Vorgaben aus dem Realisierungskonzept Schritt für Schritt realisiert – d.h. nach dem Prinzip der strukturierten Programmierung[47] programmiert – werden. Jeder Baustein wird anschließend an Hand des Testkonzepts mit den vorgesehenen Testfällen überprüft.

Abweichungen von den Anforderungen im Entwurf werden in einem sofortigen iterativen Prozeß: Programmieren -- Testen beseitigt.

2.3 Testen

Die durch die Gestaltungsaktivität "Programmieren" entwickelten und getesteten Teilsysteme müssen nun integriert und einem umfassenden Test unterzogen werden. Dies bedeutet, daß einzelne Teilsystemen zusammengefaßt und anhand von Testfällen getestet werden.

In der Regel werden zwei Tests durchgeführt. Einerseits ein (Teil-) *Systemtest*[48], der durch die Systementwickler ausgeführt wird und andererseits ein *Abnahmetest*, bei dem die Benutzer die aktive Rolle des Testers spielen. Abweichungen vom Entwurf oder von der Spezifikation werden protokolliert und führen bei nennenswertem Umfang zu Rücksprüngen zur Gestaltungsaktivität "Entwerfen" bzw. in vorherige Phasen.

Methoden und Werkzeuge zur Unterstützung der Gestaltungsaktivitäten[49]

Für alle Phasen relevante Methoden und Werkzeuge → Kapitel 6.1.2

zu 1. Auswählen und Bewerten von Standard-Software:

Zu 1.1. Erarbeiten eines Leitfadens zum Einsatz von Standard-Software:
- Projektmanagement → 5.2.5
- Leitfaden → 5.4.2

Zu 1.2. Einholen von Angeboten und Auswählen:
- (Standard-) Pflichtenheft zur Grob- und Feinauswahl von Standard-Software → 5.4.2
- Wartungsvertrag → 5.4.5

Zu 1.3. Bewerten von Standard-Software und Entscheiden:
- Systemorientierte Checklisten der Software → 5.4.2
- Lautes Denken, Befragung, Walkthrough, Expertenurteil → 5.4.4

---

[47] Vgl. Schulz 1988, Kapitel 2.1.

[48] In diesem wird die Integration der Software in die EDV-technische Umgebung und das Zusammenwirken der Software-Teile untereinander getestet.

[49] Eine detaillierte Beschreibung der empfohlenen Methoden und Werkzeuge befindet sich im Kapitel 5 "Methoden und Werkzeuge für die Gestaltung von Bürosystemen".

Zu 1.4. Anpassen der Standard-Software
- Methoden und Werkzeuge zur Datenverwaltung und Datenmodellierung,
  Stufenweise Integration, Anpassungslogbuch[50]

Zu 2. *Entwerfen, Programmieren und Testen von Individueller Software:*

Zu 2.1. *Entwerfen:*
- Methoden und Werkzeuge zur Datenverwaltung und Datenmodellierung[51]
- Prototyping → 5.2.1
- Projektmanagement → 5.2.5
- Normen und Richtlinien für die ergonomische Softwaregestaltung → 5.4.1
- Methoden und Werkzeuge zum Entwerfen und Programmieren von Individuel-
  ler Software → 5.4.3
- Methoden und Werkzeuge zum Testen und Bewerten von Software
  (insb. deren Auswahl und Einsatzplanung) → 5.4.4

Zu 2.2. Programmieren:
- Prototyping → 5.2.1
- Normen und Richtlinien für die ergonomische Softwaregestaltung → 5.4.1
- Methoden und Werkzeuge zum Entwerfen und Programmieren von
  Individueller Software → 5.4.3
- Methoden und Werkzeuge zum System- und Integrationstest → 5.4.4

Zu 2.3. *Testen:*
- Methoden und Werkzeuge zum Testen und Bewerten von Software → 5.4.4

---

[50] In diesem Buch nicht beschrieben.

[51] In diesem Buch nicht beschrieben.

6.2.4 Phase 4: Planen und Vorbereiten des Arbeitsumfeldes, Integrieren und Einführen des Bürosystems[52]

Phasenablauf[53]

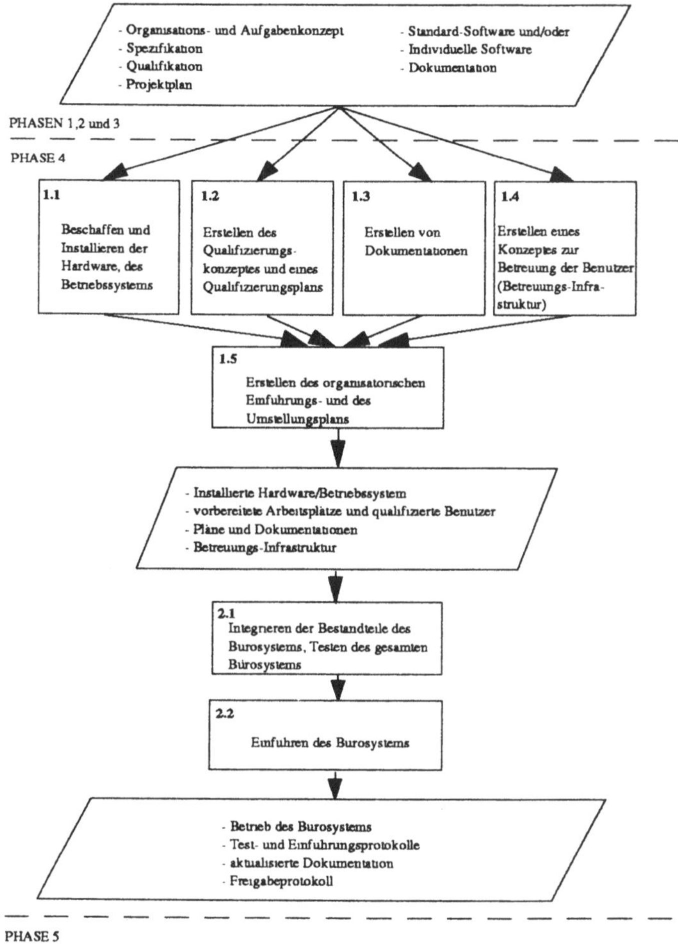

Abb. 6.7.

---

[52] Weitere Phasennamen: Rahmenorganisation Zehnder 1986, Umfeldvorbereitung Floyd 1989, Installation Olle 1988, Integration und Implementation Martin 1986a, Implementierung insbesonders Inbetriebnahme Spitta 1989, Realisierung Vetter 1988, Systemintegration und Systemeinführung nach W.F. Daenzer in Vetter 1988, Implementierung und Systemeinführung Gewerkschaft der Privatangestellten 1988.

[53] Die Trennung dieser Schritte ist nicht scharf, es kann jederzeit zu Rücksprüngen - bedingt durch neue Erkenntnisse - kommen.

Ziele und Ergebnisse dieser Phase

Die Ziele und die damit angestrebten Ergebnisse bestehen in
- der Erstellung eines *organisatorischen Plans* zur Vorbereitung der Integration des zukünftigen Bürosystems in die Organisation des Unternehmens,
- der *Vorbereitung des Arbeitsumfeldes* (z.B. der Hardware, der Betreuung, der Arbeitsabläufe und Aufgaben),
- der *Qualifizierung der Benutzer*,
- der Überprüfung der korrekten *Funktionsfähigkeit* des Bürosystems,
- der Vervollständigung der *Dokumentation* (z.B. Benutzerhandbücher)
- der *Einführung* des Bürosystems

Gestaltungsbereich und Gestaltungsspielraum in dieser Phase

Der Gestaltungsbereich in dieser Phase umfaßt alle Gestaltungsebenen (vgl. Abb. 6.1):
- Mensch-Mensch Funktionsverteilung
- Gestaltung der Arbeitsabläufe
- Mensch-Rechner Funktionsverteilung
- Werkzeug-Ebene
- Dialog-Ebene
- Ein-/Ausgabe-Ebene
- Hardware-Ebene

Der Schwerpunkt der Gestaltungsaktivitäten bezieht sich jedoch auf die Hardware-Ebene, da die wesentlichen gestalterischen Aktivitäten bzgl. der anderen Ebenen in den vorangegangenen Phasen erfolgt sind.

Der Gestaltungsspielraum ist in den organisatorischen Ebenen durch das Organisations- und Aufgabenkonzept aus Phase 1 und Phase 2 vorgegeben. Hinsichtlich der organisatorischen Detailplanung und der konkreten Gestaltung der Qualifizierung und Betreuung bestehen in diesen Grenzen Freiräume.

Die Werkzeug-, Dialog- und Ein-/Ausgabe-Ebene sind wesentlich durch die konkreten software-technischen Realisierungen (Auswahl oder Entwicklung) der Phase 3 vorbestimmt. Es bestehen Freiräume in der formalen Gestaltung der für das Bürosystem zu erstellenden Dokumentationen.

Der Gestaltungsspielraum auf der Hardware-Ebene – zudem wir auch das Betriebssystem und die Arbeitsplatzumgebung dazu rechnen – kann bei erforderlicher Neugestaltung groß sein, ist aber in der Regel beschränkt, da zu gestaltende Teile dieser Ebene bereits im Unternehmen existieren und auf diese zurückgegriffen werden muß. Diese Ausführungen zeigen, daß in dieser Phase nur mehr eine *vorbeugende* (präventive) Arbeitsgestaltung möglich ist.

Gestaltungsaktivitäten

1. Planen und Vorbereiten des Arbeitsumfeldes

1.1 Beschaffen und Installieren der Hardware und des Betriebssystems

Unter Hardware wird im folgenden der Computer (Zentraleinheit), der Bildschirm, die Tastatur, die Peripherie, sowie die Umgebung – d.h. die Möbel und Hilfseinrichtungen wie Arbeitstisch, Arbeitsstuhl, Fußstütze, Beleghalter – die Umgebungsbedingungen wie Beleuchtung, Lärm, Akustik, Klimatisierung und ähnliches verstanden.

Einholen von Angeboten und Auswählen

Basierend auf den Anforderungen der Systemspezifikation wird eine Ausschreibung und Marktanalyse, zum Zwecke der Einholung von Angeboten, durchgeführt. Das Ziel besteht in der Abgrenzung der prinzipiell in Frage kommenden Produkte (= Vorauswahl).

Bewerten von Alternativen und Entscheiden

Bevor mit der eigentlichen Bewertung der ausgewählten Produkte begonnen werden kann, muß ein detailliertes Bewertungsschema erarbeitet werden. Die Funktionalität, *Hardware-Ergonomie* und Wirtschaftlichkeit haben dabei eine gleichgewichtete Rolle einzunehmen. Auf Basis dieses Bewertungsschemas werden nun die vorausgewählten Produkte bewertet, indem beispielsweise Testinstallationen eingerichtet werden. Die schriftlich festgehaltenen Ergebnisse dienen als Vergleichsbasis.

Im Zweifelsfalle würden wir eine hardware-ergonomische Alternative einer funktional leistungsfähigeren vorziehen.

Anpassen der gewählten Alternative

Wurde die Wahl für ein Produkt getroffen, so ist den Erfordernissen zur Anpassung an die Umgebung, die Benutzer und Betroffenen des Unternehmens Rechnung zu tragen.

1.2 Erstellen des Qualifizierungskonzeptes und eines Qualifizierungsplans

Unter Qualifizierungskonzept wird im folgenden die Organisation von einzelnen Qualifizierungsmaßnahmen und -schritten zu einem Gesamtkonzept verstanden. Dieses Konzept ist in Abstimmung mit dem Projektplan in einen zeitlichen Rahmen – dem Qualifizierungsplan – einzubetten.

Basierend auf dem in Phase 1 und Phase 2 ermittelten Qualifikationsbedarf ist ein Qualifizierungskonzept und -plan zu erstellen, in denen sichergestellt wird, daß alle Betroffenen zum Zeitpunkt ihrer Arbeit mit dem neuen Bürosystem über die notwendigen Qualifikationen verfügen. Bei der Ausarbeitung von Qualifizierungskonzepten ist auch auf die Vermittlung von längerfristig brauchbaren Qualifizierungsinhalten zu achten. Eine "Dualisierung der Weiterbildung" – d.h. Einsatz von inner- und außerbetrieblichen Qualifizierungsmaßnahmen – ist empfehlenswert.

1.3 Erstellen von Dokumenten

In diesem Schritt müssen Dokumente – Stellen- bzw. Arbeitsplatzbeschreibungen, Organisationshandbücher, Benutzerhandbücher und Schulungsunterlagen – erstellt bzw. aktualisiert werden.

Gemeinsam ist allen Dokumentationen, daß zu deren Erstellung umfangreiche Kenntnisse bzgl. der Gestaltung (Layout), der systematischen Erstellung (Vorgehensweise), der pädagogischen und psychologischen Wirkung (Lerntechniken, Motivation), der Benutzer mit ihren speziellen Aufgaben, Qualifikationen und Motivationen (Zielgruppe), erforderlich sind. Die Systementwickler, die häufig die Autoren dieser Dokumentationen sind, verfügen in der Regel nicht über diese Kenntnisse. Daher sollten solche Dokumentationen eher *nicht* von Systementwickler verfaßt werden, sondern besser von Vertretern aus den Bereichen Schulung, Marketing, Beratung. Diese Vertreter haben sehr häufig direkten persönlichen Kontakt mit den Benutzern und kennen daher ihre Denkweisen, Wünsche, Probleme besser.

Besonderes Augenmerk sollte auf das zeitgerechte Erstellen und Pflegen der Dokumentationen gelegt werden. Diese sind für die Benutzer notwendig und sollten als Bestandteil des Paketes "Bürosystem" betrachtet werden.

1.4 Erstellen eines Konzeptes zur Betreuung der Benutzer (Betreuungs-Infrastruktur)

Das Erstellen und Umsetzen eines Qualifizierungskonzeptes ist zwar eine notwendige aber keine hinreichende Voraussetzung zur effizienten Nutzung des Bürosystems. Dazu bedarf es zusätzlich des Aufbaues einer Betreuungs-Infrastruktur für die zukünftigen Benutzer und Betroffenen. Dabei ist das Betreuen als eine Daueraufgabe während des gesamten Nutzungsprozesses anzusehen. Dies zeigen praktischen Erfahrungen im Umgang mit Bürosystemen[54]. Verstärkt wird dieser Bedarf durch den stärker werdenden Trend der Benutzerprogrammierung[55].

1.5 Erstellen des organisatorischen Einführungs- und des Umstellungsplans

Mittels dieses Planes wird die Integration und Einführung des zukünftigen Bürosystems frühzeitig geplant, um die notwendigen Ressourcen, wie Räumlichkeiten, Betriebsmittel, Personal rechtzeitig zur Verfügung zu stellen. Das Ziel besteht darin, die Umstellung auf das neue Bürosystem möglichst rasch und reibungslos durchzuführen.

---

[54] Erfahrungsberichte zeigen, daß trotz Schulung und Unterstützung bei der Nutzung von Bürosystemen mittels Online-Hilfen und Handbüchern Benutzungsprobleme entstehen. Diese können zwar durch ausreichende Qualifikationen und gute funktionale und ergonomische Gestaltung des Bürosystems vermindert, aber nicht gänzlich beseitigt werden vgl. Weltz 1987, S.6-8, Oetinger 1988, S.235-237.

[55] Diesem Aspekt muß frühzeitig und durch strategische Überlegungen Aufmerksamkeit gewidmet werden, um den möglichen Nachteilen z.B. Kompetenzprobleme DV-Abteilung - Benutzer, Wildwuchs von Programmen, Wiederholen von bereits klassischen Fehlern der Programm-Entwicklung durch den Aufbau einer Betreuungs- und Beratungsstelle entgegenwirken zu können. Vgl. Martin 1984, S.50-53, 101-126, Maisberger 1987, Necco 1987, Döbele-Berger 1988.

Zu planen sind einerseits die Einführung des Bürosystems als dauerhafter Prozeß (= Einführungsplan) und andererseits die Umstellung vom alten auf das neue System als vorübergehender Prozeß (= Umstellungsplan). Bei der Planung ist neben technischen und wirtschaftlichen Aspekten auch auf menschliche Belastungen Rücksicht zu nehmen, die durch diesen Umstellungsprozeß entstehen (z.B. Doppelbelastung: altes und neues System). Bei der Beschaffung und Installation der Hardware ist darauf zu achten, daß die Betroffenen in ihrer täglichen Arbeit nicht zu stark beeinträchtigt werden. Die Qualifizierung muß in den organisatorischen Projekt-Plan eingebettet werden und sollte schon frühzeitig begonnen werden. Die Dokumentationen sollten jeweils gleichzeitig mit den Versionen des Bürosystems (dies gilt auch schon für die Prototyp-Version) fertig gestellt werden. Mit dem Aufbau der Betreuungs-Infrastruktur sollte so rasch wie möglich begonnen werden.

Bei der Erstellung der Umstellungspläne sollten die teilweise entstehenden Mehr-Belastungen für die Betroffenen berücksichtigt werden und daher ausreichende "Pufferzeiten" vorgesehen werden.

2. Integrieren und Einführen des Bürosystems

2.1 Integrieren der Bestandteile des Bürosystems, Testen des gesamten Bürosystems

Die in Phase 3 ausgewählte/entwickelte Software sowie die in Phase 4 installierte Hardware und die erstellten Dokumentationen werden nun zu einem Bürosystem integriert. Bei der Integration kann davon ausgegangen werden, daß die einzelnen Bestandteile des Bürosystems: Hardware, Software, Dokumentationen bereits in den vorherigen Phasen hinreichend getestet wurden und für die Integration freigegeben sind.

2.2 Einführen des Bürosystems

Ausgehend von einem ausgetesteten Bürosystem, von vorbereiteten Arbeitsplätzen, den notwendigen Dokumentationen, geschulten Benutzern und eines Einführungs- und Umstellungsplans wird der Übergang bzw. Parallel-Betrieb vom alten auf das neue System vorgenommen.

Gerade in dieser Phase kann es zu erheblichen Akzeptanzproblemen kommen. Daher sollte die Vorwegnahme und das Üben von Krisensituationen bereits frühzeitig begonnen werden[56].

---

[56] Zehnder empfiehlt hierzu sogar das Anlegen eines sogenannten "Katastrophenhandbuches" Zehnder 1986, S.119.

***Methoden und Werkzeuge zur Unterstützung der Gestaltungsaktivitäten*[57]**

Für alle Phasen relevante Methoden und Werkzeuge → Kapitel 6.1.2

Zu 1. Planen und Vorbereiten des Arbeitsumfeldes:

Zu 1.1. Beschaffen und Installieren der Hardware, des Betriebssystems:
- Projektmanagement → 5.2.5
- Walkthrough, Expertenurteil → 5.4.4
- Leitfaden, (Standard-) Pflichtenheft zur Grob- und Feinauswahl → 5.4.2
- Systemorientierte Checklisten der Hardware → 5.4.2
- Wartungsvertrag → 5.4.5

Zu 1.2. Erstellen des Qualifizierungskonzeptes und eines Qualifizierungsplans:
- Methoden und Werkzeuge zur Qualifikation → 5.2.3
- Projektmanagement → 5.2.5

Zu 1.3. Erstellen von Dokumenten:
    bereits in den für alle Phasen relevante Methoden und Werkzeugen enthalten

Zu 1.4. Erstellen eines Konzeptes zur Betreuung der Benutzer
(Betreuungs-Infrastruktur):
- Betreuungs-Infrastruktur bzw. Benutzer-Service-Zentrum → 5.2.2

Zu 1.5. Erstellen des organisatorischen Einführungs- und des Umstellungsplans:
- Projektmanagement → 5.2.5

Zu 2. Integrieren und Einführen des Bürosystems:

Zu 2.1. Integrieren der Bestandteile des Bürosystems, Testen des gesamten
Bürosystems:
- Methoden und Werkzeuge zum Testen und Bewerten von Software → 5.4.4

Zu 2.2. Einführen des Bürosystems:
- Betreuungs-Infrastruktur bzw. Benutzer-Service-Zentrum → 5.2.2

---

[57] Eine detaillierte Beschreibung der empfohlenen Methoden und Werkzeuge befindet sich im Kapitel 5 "Methoden und Werkzeuge für die Gestaltung von Bürosystemen".

6.2.5 Phase 5: Betreuen der Benutzer, Benutzen und Pflegen des Bürosystems[58]

Phasenablauf[59]

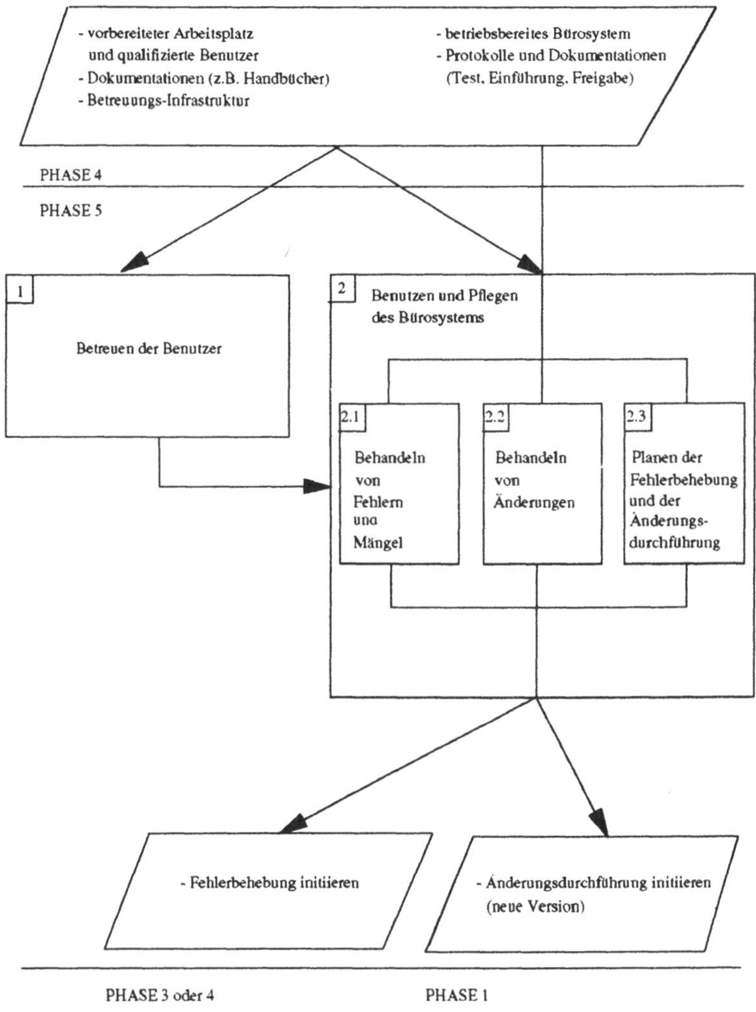

Abb. 6.8.

---

[58] Weitere Phasennamen: Wartung, Support Spitta 1989, Systembetrieb, -betreuung und -wartung Gewerkschaft der Privatangestellten 1988, Nutzung Vetter 1988, Operation, Extension and Maintenance Olle 1988 .

[59] Die beiden gleichzeitig durchzuführenden Schritte stehen in enger Wechselwirkung, da sich aus der Betreuung der Benutzer neue Anforderungen an das Bürosystem ergeben können, die bei der Pflege desselben zu berücksichtigen sind.

Ziele und Ergebnisse dieser Phase

In einem evolutionären Vorgehensmodell, wie dem hier vorgestellten, kommt dieser Phase ein *hoher* Stellenwert zu. Durch sie soll gewährleistet werden, daß die ergonomische, technisch-funktionale und wirtschaftliche Qualität des Bürosystems während seines gesamten Lebenszyklus erhalten bleibt bzw. verbessert wird.

Das Ziel besteht daher in der Sicherstellung der problemlosen laufenden Benutzung des Bürosystems durch die Benutzer während ihrer täglichen Aufgabenerfüllung. Dazu müssen einerseits die *Benutzer betreut* und andererseits das *Bürosystem gepflegt* werden.

Die daraus ableitbaren Änderungen der Anforderungen bzw. notwendigen Fehlerbehebungen führen als Ergebnis zum *Initiieren einer Änderungsdurchführung* (neuen Version) bzw. von *Fehlerbehebungen*.

Gestaltungsbereich und Gestaltungsspielraum in dieser Phase

Der Umfang des Gestaltungsbereiches dieser Phase variiert stark (vgl. Abb. 6.1). Bei der *Betreuung der Benutzer* können sich Änderungen in den Anforderungen ergeben, die den gesamten Gestaltungsbereich betreffen können.

Bei der *Fehlerbehebung* können eine oder mehrere der folgenden Ebenen des Bereichs der Software und Hardware betroffen sein:
- Werkzeug-Ebene
- Dialog-Ebene
- Ein-/Ausgabe-Ebene
- Hardware-Ebene

Bei *Änderungen in den Anforderungen* können der gesamte organisatorische Bereich oder Teile davon betroffen sein:
- Mensch-Mensch Funktionsverteilung
- Gestaltung der Arbeitsabläufe
- Mensch-Rechner Funktionsverteilung

Diese Änderungen können wiederum zu neuen Anforderungen an die Software und Hardware führen, womit auch die Ebenen dieser Bereiche neuzugestalten sind.

Der Gestaltungsspielraum in dieser Phase ermöglicht nur mehr eine *korrigierende* (korrektive) Arbeitsgestaltung und beschränkt sich auf das Beheben von Fehlern und Anpassen an neue Anforderungen.

Im Sinne einer menschengerechten Arbeitsgestaltung können zwar in dieser Phase der Systemgestaltung noch einige ergonomische Verbesserungen erzielt werden, es handelt sich hierbei aber nur um ein Kurieren von Symptomen und nicht um ein Beheben von Ursachen.

Daher sollte durch die hier vorgeschlagene evolutionäre Vorgehensweise bei der Pflege des Bürosystems, die korrigierende in eine *vorausschauende* (prospektive) Arbeitsgestaltung – d.h. bewußte Vorwegnahme von unterschiedlichen Lösungsalternativen zur Beseitigung von Problemen – übergeführt werden.

Gestaltungsaktivitäten

1. Betreuen der Benutzer

Zum Zeitpunkt des eigentlich Einsatzes des Bürosystems sollten die Benutzer bereits über die notwendigen Qualifikationen bzgl. verschiedenster Qualifizierungsinhalte verfügen. Da nicht davon ausgegangen werden kann, daß die den Benutzern vermittelten Qualifikationen von diesen vollständig und problemlos in die Praxis umgesetzt werden können, bedarf es einer zusätzlichen Betreuung der Benutzer.

Die Form der Betreuung wurde bereits in Phase 4 organisatorisch festgelegt. Die Betreuer nehmen nun ihre Tätigkeiten im vollen Umfang war. Ein erster Schritt muß dabei das Informieren der Benutzer über ihre persönlichen Ansprechstellen zur Betreuung (z.B. Liste der Betreuer mit Telefonnummer) sein. Weiters muß sichergestellt werden, daß die Betreuer (zumindest telefonisch) leicht erreichbar sind.

In der Anfangsphase der Benutzung des Bürosystems müssen die Betreuer damit rechnen, daß zahlreiche einfachere Standardanfragen an sie gerichtet werden, die insb. aus anfänglichen Bedienungsschwierigkeiten resultieren. Im Laufe der Benutzung wird die Anzahl derartiger Anfragen zurückgehen. Trotzdem bleibt die Notwendigkeit der Betreuung bestehen(!), da nun die Anfragen in ihren Problemstellungen wesentlich komplexer werden und damit zur Lösung jeder einzelnen ein vermehrter Zeitbedarf erforderlich wird.

2. Benutzen und Pflegen des Bürosystems

Die Phase der Benutzung muß durch eine ständige Pflege ergänzt werden. Nur so kann eine problemlose Benutzung des Bürosystems und damit eine angemessene Aufgabenunterstützung seiner Benutzer sichergestellt werden.

2.1 Behandeln von Fehlern und Mängel[60]

Hardware-Fehler und ergonomische Mängel der Arbeitsumgebung

Hardware-Fehler (z.B.: Inkompatibilität zwischen verschiedenen Geräten, Ausfall von Druckern oder Bildschirmen) werden in der Regel aufgrund eines Wartungsvertrages mit der Herstellerfirma von dieser behoben. Grundsätzlich gilt: Hardware-Fehler, die den Benutzer bei seiner Arbeit behindern, sind ohne Verzug zu beheben. Dies bedingt einen Rücksprung zur Phase 4, wo die Installation der Hardware durchgeführt wird. Die Hardware und die Arbeitsplatzumgebung sollte auf ihre ergonomische Qualität hin überprüft werden (z.B. Bildschirm, Tastatur, Möbel, Umgebungsbedingungen). Dazu gibt es eine Reihe von einschlägigen Normen und Richtlinien, die vielfach anhand von Checklisten eine Überprüfung ermöglichen. Festgestellte ergonomische Mängel sollten im Interesse der physischen und psychischen Gesundheit der Benutzer umgehend behoben werden.

---

[60] Wird auch als "Corrective Maintenance" bezeichnet Sommerville 1989.

Fehler und ergonomische Mängel der Software

Software-Fehler sind Abweichungen der Software von der Spezifikation. Derartige Fehler können in allen Phasen der Systementwicklung *auftreten* und zwar[61]:

- Beim Übergang von Zwischenprodukten einer Phase (Ergebnisse einer Phase) zu den Zwischenprodukten der folgenden Phase(n) werden explizit oder implizit geforderte und definierte Funktionen oder Eigenschaften entweder weggelassen, falsch interpretiert, oder es werden auch nicht geforderte Funktionen und Eigenschaften realisiert.
- Innerhalb einer Phase werden Fehler im Sinne von Inkonsistenzen und Unvollständigkeiten gemacht.

Generell gilt: Je früher ein Fehler entsteht, um so aufwendiger und teurer ist seine nachträgliche Behebung. Gerade die Zwischenprodukte der ersten Phasen der Systementwicklung, in denen die Anforderungen an die Software ermittelt und spezifiziert werden, erweisen sich als sehr fehleranfällig. Dabei sind häufige *Fehlerquellen*[62]:

- Mißverständnisse zwischen den Beteiligten der Systementwicklung (Systementwickler, Benutzer, Anwender, Interessensvertreter) aufgrund sehr unterschiedlicher "Denk-Modelle" (mentale Modelle).
- Unvollständige, unrichtige, mißverständlich abgefaßte Dokumente. Das gilt sowohl für die während des Entwicklungsprozesses (z.B. Spezifikationen), als auch für die nach dem Entwicklungsprozeß entstandenen Dokumente.
- Denk- bzw. Logikfehler sowie "Leichtsinnigkeitsfehler"

Um die obigen Fehlerquellen während des Entwicklungsprozesses möglichst auszuschalten, haben wir hier ein Vorgehensmodell vorgeschlagen, das auf einer aufgabenorientierten, ganzheitlichen, menschenzentrierten, evolutionären und kooperativen Sicht- und Vorgehensweise beruht. Bei Beachtung dieser Sicht- und Vorgehensweise kommt es zur wirksamsten "Fehlerbehebung" – nämlich zur Fehlervermeidung im Entwicklungsprozeß.

Möglichkeiten zur Fehlerbehebung:
Bei *Standard-Software* sind in der Regel Fehlerkorrekturen nicht möglich. Es gibt – in Abhängigkeit von der "Schwere" des Fehlers – folgende zwei Möglichkeiten:
- man kann mit dem/den Fehler(n) leben und wartet auf eine neue Release/Version der Standard-Software (in der Hoffnung, daß dort der Fehler behoben worden ist)
- man verwirft das eingesetzte Standard-Software-Produkt und wählt ein neues aus

Bei *Individueller Software* sind die Möglichkeiten der Fehlerbehebung wesentlich besser. Bei extern entwickelter Software wird man in der Regel einen Wartungsvertrag mit dem Hersteller der Software abschließen. Bei intern entwickelter Software wird das zuständige Pflegepersonal (z.B. Mitarbeiter der EDV-Abteilung,

---

[61] Vgl. Koslowski 1987, S. 147.

[62] Vgl. Koslowski 1987, S. 147f.

des Benutzer-Service-Zentrums) mit der Durchführung der Fehlerbehebung beauftragt. Grundsätzlich gilt: Software-Fehler, die die Benutzer bei ihrer Arbeit behindern, sind ohne Verzug zu beheben. Dies bedingt einen Rücksprung zur Phase 3. Ein wichtiges Instrument für die Pflege und Kontrolle der software-ergonomischen Qualität eines Bürosystems stellen ergonomische Bewertungsverfahren (Evaluationsverfahren) dar. Mit ihrer Hilfe kann, durch gezieltes Prüfen der software-ergonomischen Kriterien festgestellt werden, ob das Bürosystem ergonomische Fehler und Mängel aufweist. Festgestellte ergonomische Mängel sollten bei der Fehler- und Änderungsbehandlung entsprechende Berücksichtigung finden. Als methodische Unterstützung zum systematischen Erfassen von Hard- und Software-Fehlern empfiehlt sich die Verwendung entsprechender Fehler-Protokolle (Reports).

2.2 Behandeln von Änderungen

Prinzipiell können drei Kategorien von Änderungen unterschieden werden:

- *Änderungen in den technischen Rahmenbedingungen des Bürosystems*[63]. Aufgrund der – besonders im EDV-Bereich – raschen technischen Entwicklung kommt es zu einer ständigen Verbesserung der Hardware/Betriebssysteme und auch der Basis-Software (Programmiersprachen). Diese Änderungen haben in der Regel Rückwirkungen auf die Anwendungssoftware, die im Zuge der Pflege berücksichtigt werden müssen (z.B. Portierung von Software auf neue Hardware, Release-Migration bei neuer Basis-Software).

- *Änderungen der Umwelt*[64]. Diese bedingen Änderungen in den Anforderungen an die Software und Hardware des Bürosystems. Ursachen für Änderungen gibt es in einem komplexen, sozialen Arbeitssystem, wie es das Büro darstellt, viele. Z.B. können neue Anforderungen des Marktes zu neuen Aufgabenstellungen führen. Daraus können eine veränderte Organisationsstruktur und neue/veränderte Aufgabenstellungen für die Benutzer erwachsen. Diese können wiederum Änderungen in den Anforderungen an ihre Arbeitsmittel (z.B. Bürosystem) nach sich ziehen. Die Änderungen sind einerseits zeitlich und andererseits durch die Unmöglichkeit, eine komplexe Organisationsstruktur korrekt, vollständig und unmißverständlich zu beschreiben, bedingt.
Bei der Berücksichtigung von Änderungen, die die Organisationsstruktur und die Aufgabenstellungen betreffen sollten wieder die ergonomischen "Kriterien der Organisations- und Aufgabengestaltung" berücksichtigt werden.

- *Änderungen in den Qualifikationen der Benutzer:*
Gleichzeitig mit der Benutzung des Bürosystems erhöhen sich die Qualifikationen der Benutzer (vor allem das EDV-Wissen) und damit steigen deren Anforderungen an das Bürosystem. Daraus können Wünsche bzgl. neuer oder erweiterter Software-Unterstützungen bei der Aufgabenerfüllung entstehen (z.B. zusätzliche Auswertungsfunktionen in einer Datenbank).

---

[63] Wird auch als "Perfective Maintenance" bezeichnet Sommerville 1989.

[64] Wird auch als "Adaptive Maintenance" bezeichnet Sommerville 1989.

Um den unvermeidlichen Änderungsaufwand möglichst gering zu halten, schlagen wir einerseits die Berücksichtigung der oben beschrieben Sicht- und Vorgehensweisen bei der Systementwicklung vor[65] und andererseits sollte das Bürosystem von Beginn an änderungsfreundlich konzipiert werden. D.h. Möglichkeiten zur Änderung sollten bereits im Entwicklungsprozeß berücksichtigt werden. Dabei leisten auch hier neue Entwicklungsmethoden und -werkzeuge wertvolle Hilfe für die Systementwickler.

Als methodische Vorgehensweise zur systematischen Erfassung der Änderungen empfiehlt sich die Verwendung entsprechender Änderungs-Protokolle (Reports), die während der gesamten Einsatzdauer des Bürosystems (Lebenszyklus) zu führen sind. Bzgl. den Möglichkeiten der Berücksichtigung von Änderungen in Abhängigkeit von der Art der Software gilt gleiches, wie oben bei der Fehlerbehebung ausgeführt wurde.

Grundsätzlich gilt: Änderungen sind als vollständiger Entwicklungsprozeß (= Pflegeprozeß) durchzuführen. Dies bedingt einen Rücksprung zur Phase 1: "Schaffen von Voraussetzungen" und somit einen neuerlichen Durchlauf des Vorgehensmodells. In der Regel wird dieser sowohl zeitlich kürzer, als auch inhaltlich weniger umfangreich sein, als der eigentliche Entwicklungsprozeß. Damit finden die Sicht- und Vorgehensweisen sowie die Gestaltungsrichtlinien des Vorgehensmodells auch bei der Pflege des Bürosystems Anwendung. Dies stellt sicher, daß den Ansprüchen an ein menschengerechtes Arbeitssystem während des gesamten Lebenszyklus eines Bürosystems Rechnung getragen wird.

2.3 Planen der Fehlerbehebung und der Änderungsdurchführung

Um eine unkontrollierte Evolution bzw. Korrektur des Bürosystems zu verhindern, ist eine Planung und eine methodische Vorgehensweise bei der Fehlerbehebung und Änderungsdurchführung unumgänglich. Die Basis für diese Planung liefern die vorhin erwähnten Fehler- und Änderungs-Protokolle, die zentral erfaßt und ausgewertet werden sollten (z.B. in einer Entwicklungsdatenbank unter Verwendung von Werkzeugen des Software-Konfigurations-Managements).

Damit ein *qualitätsorientiertes* Beheben von Fehlern und Durchführen von Änderungen möglich ist, sind die notwendigen Ressourcen – wie Personal, Methoden und Werkzeuge, Zeit, finanzielle Mittel, usw. – bereitzustellen. Gerade hier liegen die großen Probleme der "Pflegepraxis"[66]:

* *Personal-Problem*: Die Pflege von Software gilt als nicht attraktiv, deshalb werden oft ungenügend qualifizierte (sehr junge) oder "struktur-konservative" (ältere) Mitarbeiter eingesetzt.
  Verbesserungsvorschlag: Um keine Dequalifikation ("Abnabelung" von den neuesten Entwicklungen auf dem Gebiet der Entwicklungsmethoden und -werkzeuge) und Demotivation (ständiges Ausbessern von Fehlern anderer) zu bewirken, sollte "Job Rotation" zwischen dem Entwicklungs- und Pflegepersonal

---

[65] Vgl. die ausführliche Darstellung dieser Sicht- und Vorgehensweisen im Kapitel 3.
[66] Vgl. Thumer 1987, S. 159.

stattfinden. Laut Spitta sollte niemand länger als ein Jahr zusammenhängend in der Pflege tätig sein[67].

- *Planungs-Fehler*: Pflegeaufgaben sind in der Regel zeitkritisch, d.h. sie müssen meist unverzüglich durchgeführt werden. Eine sorgfältige Behebung von Fehlern bzw. Änderungsdurchführung besitzt geringere Priorität als die rasche Verfügbarkeit der Software.
  Verbesserungsvorschlag: Einsatz von Planungsmethoden und -werkzeugen, Einplanen notwendiger Pufferzeiten für die Pflege und Ändern der Prioritäten bei der Pflege (Qualität vor Verfügbarkeit zahlt sich mittel- bis langfristig in jedem Fall aus).
- *Methoden und Werkzeuge*: Prinzipiell hinken die Methoden und Werkzeuge für die Pflege denen der Entwicklung nach. Dies ist auch im gegenwärtig (noch) geringem Stellenwert der Pflege in der Praxis begründet.
  Verbesserungsvorschlag: Trotz der "Entwicklungslücke" – manche Experten sprechen von 10 Jahren[68] – sollten die heute schon verfügbaren Methoden und Werkzeuge eingesetzt werden.

Die Planung und Entscheidung bzgl. der Fehlerbehebung und Änderungsdurchführung sollte sich an folgenden *Prioritäten* orientieren:

a) Qualitätsorientiertes Beheben von Hardware- und Software-Fehlern zur Gewährleistung der Betriebsfähigkeit des Bürosystems

b) Verbessern der ergonomischen Qualität der Organisation (z.B. Aufgabenintegration), der Software (z.B. Benutzeroberfläche, Dialogführung), der Hardware und der Arbeitsumgebung (z.B. Bildschirmauflösung, verstellbarer Arbeitstisch, Beleghalter)

c) Verbessern bzw. Erweitern der Funktionalität der Software (z.B. zusätzliche Funktionen vorsehen, Schaffen von Möglichkeiten zur selbstständigen Erweiterung durch die Benutzer) und der Hardware (z.B. Vielfalt von Ein- und Ausgabegeräten).

d) Optimieren des Bürosystems (z.B. Vereinfachung komplexer Systemteile, Verbesserung der Rechnerbelastung)
  Prinzipiell gilt auch hier: Einem ergonomischen Bürosystem ist gegenüber einem funktional-umfangreichen oder optimierten eindeutig der Vorzug zu geben.

Methoden und Werkzeuge zur Unterstützung der Gestaltungsaktivitäten[69]:

Prinzipiell können sämtliche Methoden und Werkzeuge, die in der Entwicklung von Software Anwendung finden, auch in der Pflege eingesetzt werden[70]. Darüberhinaus sind geeignete Planungsmethoden und -werkzeuge einzusetzen, um eine Koordination und Kontrolle der Pflege zu ermöglichen.

---

[67] Vgl. Spitta 1989, S. 206.

[68] Vgl. Thurner 1987, S. 160.

[69] Eine detaillierte Beschreibung der empfohlenen Methoden und Werkzeuge befindet sich im Kapitel 5 "Methoden und Werkzeuge für die Gestaltung von Bürosystemen".

[70] Vgl. "Methoden und Werkzeuge zur Unterstützung der Gestaltungsaktivitäten" der Phasen 1 bis 4.

Für alle Phasen relevante Methoden und Werkzeuge → Kapitel 6.1.2

zu 1. *Betreuen der Benutzer*:
- Betreuungs-Infrastruktur bzw. Benutzer-Service-Zentrum → 5.2.2

zu 2. Benutzen und Pflegen des Bürosystems:
- Werkzeuge zum Ermitteln des Qualifikationsbedarfs → 5.2.3
- Projektmanagement → 5.2.5
- Normen und Richtlinien für die Organisations- und Aufgabengestaltung → 5.3.1
- Arbeitsanalyseverfahren → 5.3.2
- Normen und Richtlinien für die ergonomische Softwaregestaltung → 5.4.1
- Methoden und Werkzeuge zum Testen und Bewerten von Software → 5.4.4
- Methoden und Werkzeuge zum Pflegen von Software → 5.4.5

7. Zusammenfassung

Ausgangspunkte dieses Buches sind neue Sicht- und Vorgehensweisen bei der Gestaltung von Bürosystemen, die sich aus neueren Erkenntnissen aus den Bereichen der Ergonomie (Arbeitswissenschaft, Psychologie, Soziologie, Betriebswirtschaftslehre) und des Software-Engineering (Informatik) ableiten:

- aufgabenorientierte Sichtweise,
- ganzheitliche, menschenzentrierte, evolutionäre und kooperative Vorgehensweise.

Ziel dieses neuen Verständnisses des Gestaltungsprozesses von Bürosystemen ist die Schaffung "menschengerechter Arbeitsbedingungen" für deren Benutzer aber auch für die davon nur indirekt Betroffenen. Damit soll vor allem auch deren Akzeptanz erreicht werden, da diese als eine der wesentlichen Voraussetzungen für den erfolgreichen Einsatz von Bürosystemen erkannt wurde.

Zur Umsetzung dieser Zielvorstellung wurden in der Ergonomie – und hier vor allem in der Software-Ergonomie – eine Reihe von ergonomischen Kriterien definiert, die bestimmte – als wünschenswert erkannte – Gestaltungsprinzipien zum Ausdruck bringen. Ausgehend von *"allgemeinen Kriterien zur Schaffung menschengerechter Arbeit"*, wie

1. Ausführbarkeit,
2. Schädigungs- und Beeinträchtigungslosigkeit und
3. Persönlichkeitsförderlichkeit,

wurden eine Vielzahl von Kriterien für die Gestaltung und Bewertung der Organisation und der Aufgaben sowie der Software abgeleitet. Es wurde versucht aus dieser Vielzahl von Kriterien und Kriterien-Modellen, die durch eine sehr uneinheitliche Terminologie und eine Vielfalt von Abhängigkeiten gekennzeichnet sind, ein einheitliches, ergonomisches "Kriterien-Set" für die ganzheitliche Gestaltung und Bewertung von Bürosystemen abzuleiten. Dazu wurden zuerst *Kriterien für die Gestaltung und Bewertung der Organisation und der Aufgaben* festgelegt, wobei die Auswahl der Begriffe die subjektive Meinung der Autoren bzgl. ihrer "Griffigkeit" und "Aussagekraft" widerspiegelt:

1. Anforderungsvielfalt
2. Ganzheitlichkeit
3. Durchschaubarkeit
4. Rückmeldungen (Feedback)
5. Autonomie
6. Kooperations- und Kommunikationsförderlichkeit
7. Lern- und Entwicklungsmöglichkeiten
8. Persönlichkeitsschutz (Datenschutz/Datensicherheit)

Diese Kriterien wurden in ein Kriterien-Modell eingebettet, das Abhängigkeiten zwischen den Kriterien darstellt (vgl. Abb. 7.1).

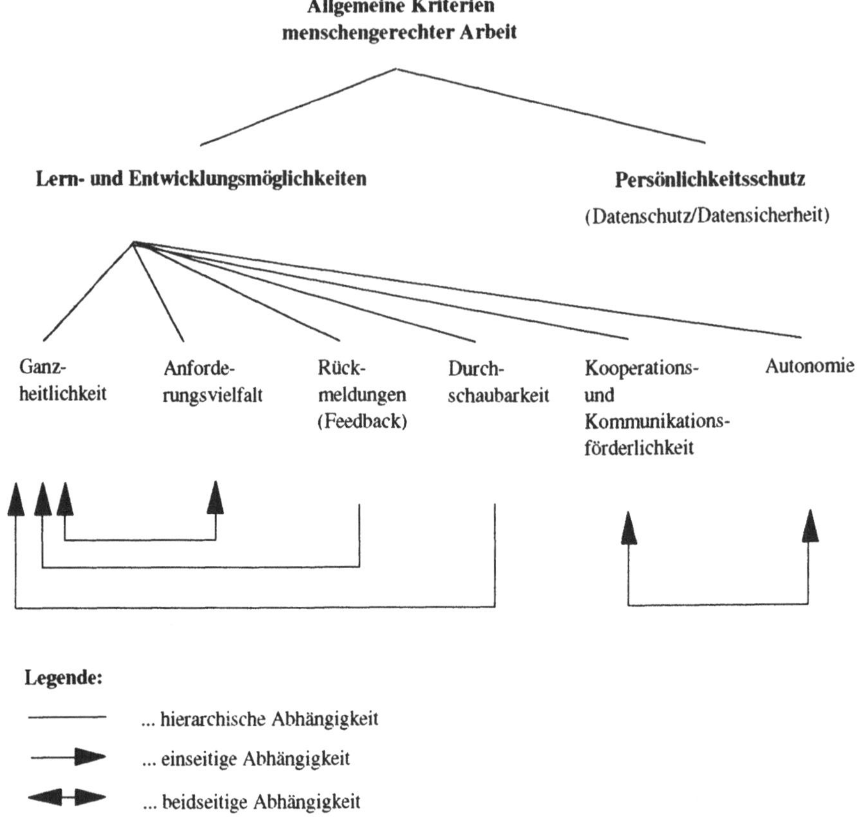

Abb. 7.1. Organisations- und Aufgaben–Kriterien–Modell
Abhängigkeiten

Bei der Auswahl der Begriffe für die *Kriterien zur Gestaltung und Bewertung der Software* wurde auf die Definitionen der DIN 66 234 Teil 8 und der ISO 9241 Part 10 (Proposal) zurückgegriffen, da sie in entsprechenden internationalen Normen ihren Niederschlag gefunden haben bzw. finden werden und somit einen gewissen "Begriffsstandard" darstellen:

1. Aufgabenangemessenheit (DIN), suitability for the task (ISO)
2. Selbstbeschreibungsfähigkeit (DIN), self-descriptiveness (ISO)
3. Steuerbarkeit (DIN), controllability (ISO)
4. Erwartungskonformität (DIN), conformity with user expectations (ISO)
5. Fehlerrobustheit (DIN), error tolerance (ISO)
6. Individualisierbarkeit, ability for individualization (ISO)
7. Erlernbarkeit, learnability (ISO)
8. Übersichtlichkeit

Diese Kriterien wurden ebenfalls, zur Darstellung von Abhängigkeiten, in ein Kriterien-Modell eingebettet, dem als theoretisches Konzept das "Kontrollkonzept" zugrundeliegt (vgl. Abb. 7.2).

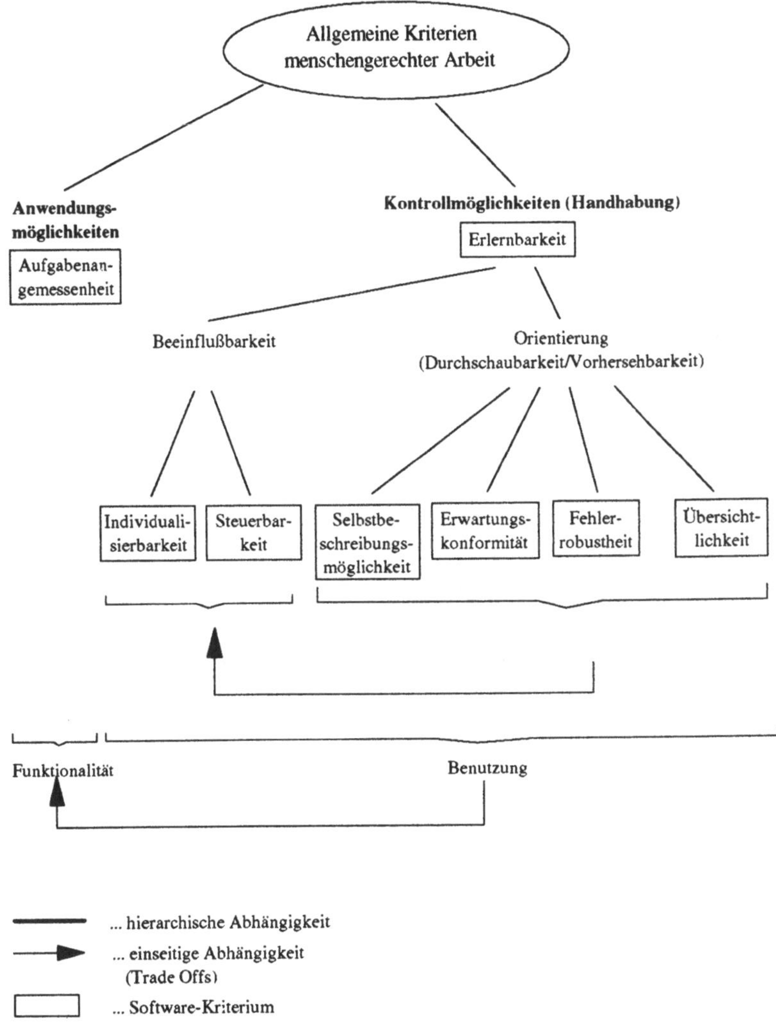

Abb.7.2. Einbettung des Software–Kriterien Modell in das Kontrollkonzept

Da sowohl die "Kriterien zur Gestaltung und Bewertung der Organisation und Aufgaben" als auch die "Kriterien zur Gestaltung und Bewertung der Software" ihre Wurzeln in den "allgemeinen Kriterien zur Schaffung menschengerechter Arbeit" haben, finden sich die damit verbunden Gestaltungsprinzipien in beiden "Kriterien-Sets" wieder. Dieser "Prinzipienübergang" wird in Abb. 7.3 dargestellt.

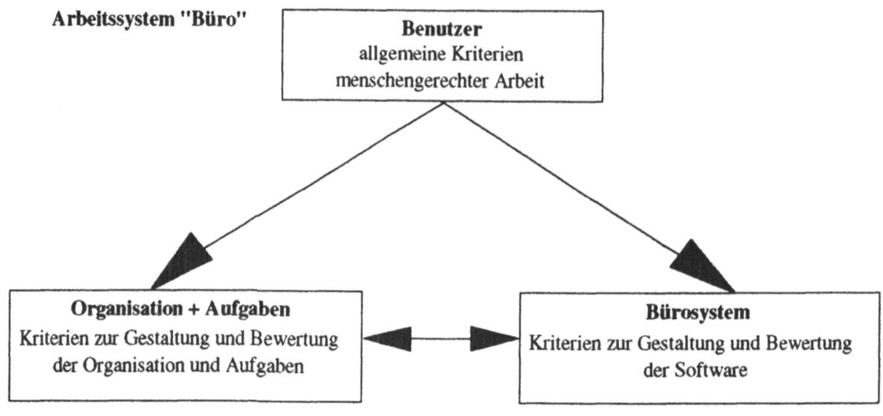

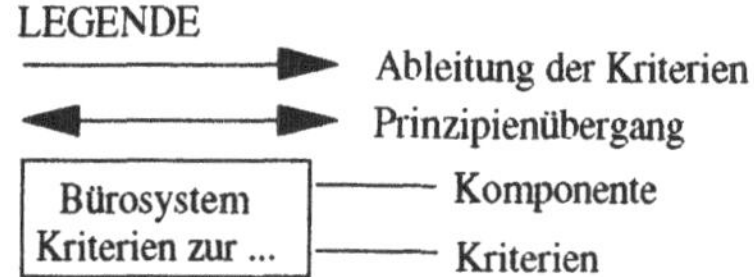

Abb. 7.3. Kriterienzuordnung zu den einzelnen Komponenten des Arbeitssystems "Büro

Die effektive Gestaltung des Arbeitssystems "Büro" entlang dieser ergonomischen Kriterien erfordert den Einsatz leistungsfähiger Methoden und Werkzeuge. Generell sollen Methoden und Werkzeuge die Beteiligten (Systementwickler, Benutzer, usw.) bei der Gestaltung von Bürosystemen anleiten und unterstützen. Dabei sollten Sie vor allem von Routine- und Kontrolltätigkeiten entlastet werden und somit ein möglichst vollständiges Ausschöpfen des vorhandenen Gestaltungsspielraumes erreichen. Gleichzeitig gilt es mittels Methoden und Werkzeuge den vorhandenen Gestaltungsspielraum nicht einzuengen, sondern zu erhalten. Beispielsweise erhöhen Werkzeuge – die wünschenswerte Änderungen bei der Gestaltung / Pflege in einfacher und effizienter Weise unterstützen – die Änderungsbereitschaft der Benutzer dieser Werkzeuge.

Trotz dieser Notwendigkeit an geeigneten Methoden und Werkzeuge zur Gestaltung des Arbeitssystems "Büro" werden in der Praxis derzeit noch kaum effiziente – d.h. vielfach EDV-gestützte – Methoden und Werkzeuge eingesetzt. Der geringe Einsatz von EDV-gestützten Werkzeugen führt dazu, daß die meisten Methoden nur für kleinere Probleme angewendet werden können. Die Komplexität der Gestaltungsprobleme im Bürobereich machen aber den vermehrten Einsatz von EDV-gestützten Methoden und Werkzeugen heute und in Zukunft unabdingbar. Um auf diese Notwendigkeit in betriebsspezifischer Weise reagieren zu können, bedarf es eingehender Informationen über *geeignete* Methoden und Werkzeuge und deren Einbettung in ein "modernes" Vorgehensmodell. Im Kapitel 5 wurden daher Methoden und Werkzeuge aus folgenden Bereichen zusammengefaßt:

- klassisches und modernes Software-Engineering
- klassische und moderne Organisationsgestaltung
- empirische Sozialforschung
- (Software-) Ergonomie inklusive Arbeitspsychologie, Arbeitswissenschaft, Partizipationsforschung, Evaluationsforschung
- Qualifikation
- allgemeine Unterstützungsmöglichkeiten (z.B. Darstellungs-, Kommunikations-, Planungs- Methoden und Werkzeuge)

Ein Ziel dieses Buches bestand im Erstellen eines für die Systementwickler geeigneten und unter dem primären Blickwinkel der ergonomischen Gestaltung von Bürosystemen betrachteten Klassifikationsschemas für Methoden und Werkzeuge. Dabei wurde versucht, eine über die reine Softwareentwicklung hinausgehende Integrierte Produktionsumgebung – als Vision für die Zukunft – darzustellen (vgl. Abb. 7.4).

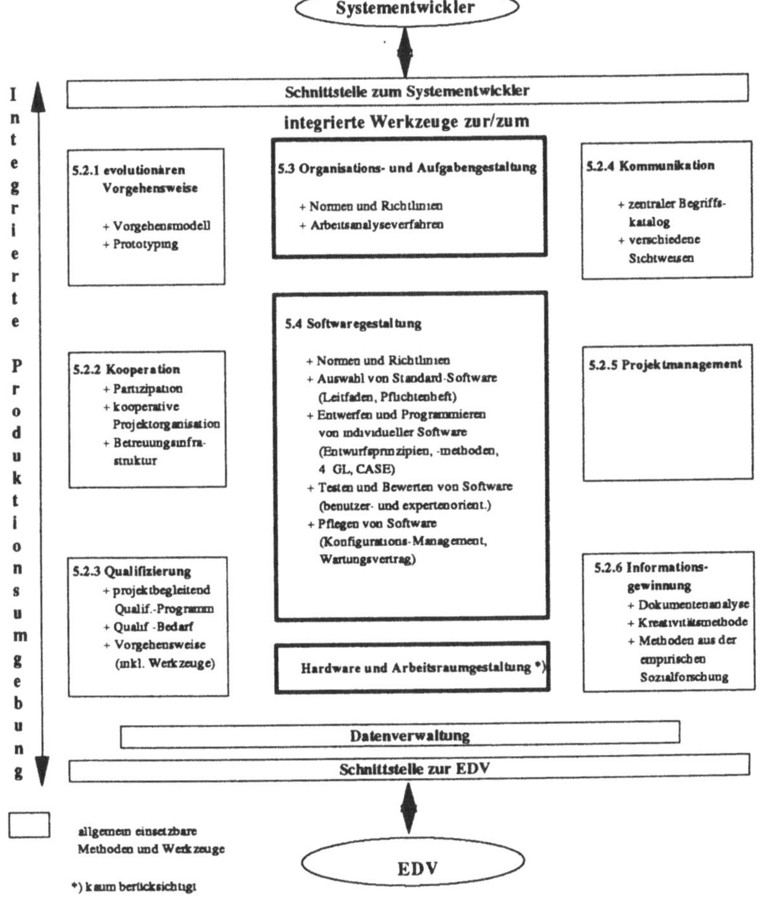

Abb. 7.4. Graphische Inhaltsübersicht

Ein weiteres Ziel bestand in der Auswahl von geeigneten Methoden und Werkzeugen aus der Fülle des Angebotes, deren Beschreibung entlang eines einheitlichen Schemas und deren Zuordnung zu einem Klassifikationsschema (= "Methoden und Werkzeug – Datenbank").

Zur Umsetzung der vorgeschlagenen ergonomischen Kriterien sowie zur Anwendung der Methoden und Werkzeuge im Gestaltungsprozeß wurde ein Vorgehensmodell (Phasenmodell) entwickelt, indem den einzelnen Phasen die umzusetzenden ergonomischen Kriterien sowie anzuwendende Methoden und Werkzeuge zugeordnet worden sind (vgl. Abb. 7.5).

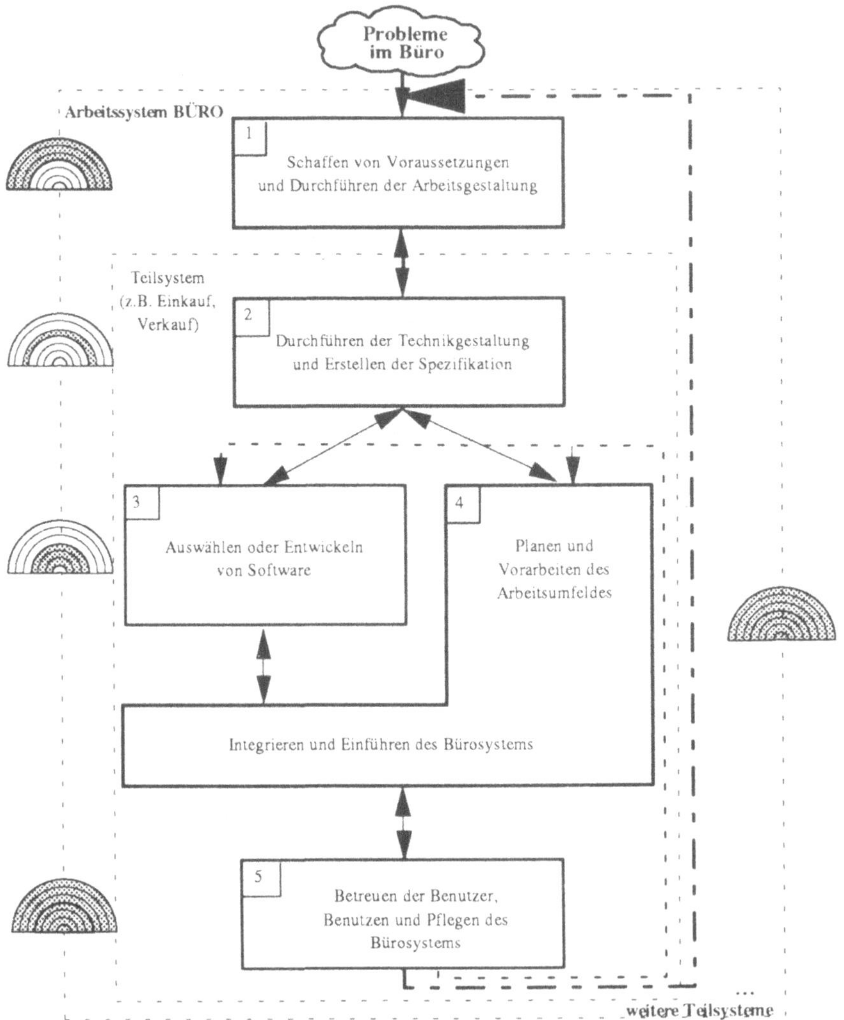

Abb. 7.5. Vorgehensmodell

Das Vorgehensmodell unterstützt die diesem Buch zugrunde gelegten Sicht-
und Vorgehensweisen zur ergonomischen Gestaltung. Es bildet eine Art Rahmenmodell, das ein strukturiertes und zeitlich gegliedertes Vorgehen ermöglicht, wobei
hier sowohl "traditionelle" als auch "neuere" Phasenmodelle des Software-Engineering eingebettet werden können.

Die zur Realisierung der Kriterien notwendigen Gestaltungsaktivitäten wurden
für jede Phase detailliert beschrieben. Dabei zeigte sich, das insbesondere den beiden ersten Phasen eine bedeutende Stellung im ergonomischen Gestaltungsprozeß
zukommt. Hier werden die wesentlichen Entscheidungen bzgl. der Organisations-
und Aufgabengestaltung getroffen und damit der verbleibende Gestaltungsspielraum für die nachfolgenden Phasen festgelegt. Im Sinne einer präventiven Arbeitsgestaltung bedürfen diese beiden Phasen einer sorgfältigen Planung und Ausführung, sollen die nachfolgenden Gestaltungsaktivitäten nicht zu reiner (ergonomischen) "Kosmetik" verkommen. Abschließend wollen wir noch auf die vieldisku-
tierte Streitfrage "Ergonomie" versus "Wirtschaftlichkeit" eingehen und darauf
hinweisen, daß zwischen beiden *kein* Zielkonflikt bestehen muß.

Ebene	Leistungsindikatoren	Kostenindikatoren
Isolierte Wirtschaftlichkeit	• erstellte Schriftgutmenge • erstellte Schriftgutarten • Schreibzeit • Verweilzeit des Schrift- gutes im Schreibdienst	• Personalkosten • Personalnebenkosten • Ausstattungskosten • anteilige Verwaltungskosten
Erweiterte Wirtschaftlichkeit	• Tätigkeitsstruktur • Durchlaufzeit	• Leerzeiten und Verteilzeiten • Überwälzungskosten • Fehlerhäufigkeit • Kosten der Vorlageart • Kosten des Eigentransportes • Fluktuations- und Krankheitskosten
Gesamtorganisatorische Wirtschaftlichkeit	• Flexibilitätsgrad (verschiedene Operatio- nalisierungen)	• Kosten der Flexibilität • Kosten der Inflexibilität
Gesamtgesellschaftliche Wirtschaftlichkeit	• Krankenstand der Schreibkräfte • Unterforderung und Monotonie • Zufriedenheitsgrad • Konfliktniveau • Qualifikationsgrad • Personalfreisetzung • Belastungsniveau	

Abb. 7.6. (Quelle: Ruch 1989)

Die Entwicklung von *gut* gestalteten Bürosystemen verursacht *kurzfristig* eine
Kostensteigerung durch eine Steigerung des Entwicklungsaufwandes, des Imple-
mentierungsaufwandes, durch die unzureichende methodische Unterstützung bei
der traditionellen Software-Entwicklung, durch zusätzlich notwendige Werkzeuge,
usw.

Langfristig hingegen kommt es zu einer Kostensenkung und zu einem Nutzen-zuwach[1] aus Steigerung der Motivation, Erlernbarkeit, Arbeitszufriedenheit, Akzeptanz, Kompetenz, Effizienz, Problemlösungskapazitäten, Individualisierung, Ausschöpfen der Funktionalität, Standardisierung, Wiederverwendbarkeit und der gesteigerten Marktchancen sowie durch Senkung der Fehlerhäufigkeit, der Schulungskosten, des Supportaufwandes, der Fluktuation, der Lohn- und Gehaltskosten, des Wartungsaufwandes und der Ängste / Widerstände der Mitarbeiter.

Zahlreiche Maßnahmen zur ergonomischen Gestaltung von Bürosystemen – wie neue Vorgehensweisen im Gestaltungsprozeß, geeignete Richtlinien sowie notwendigen Methoden und Werkzeuge- wurden in diesem Buch vorgestellt. Damit soll gewährleistet werden, daß in den vergangenen Jahren gemachte Fehler – vgl. die folgende Abbildung – nicht auch in Zukunft begangen werden.

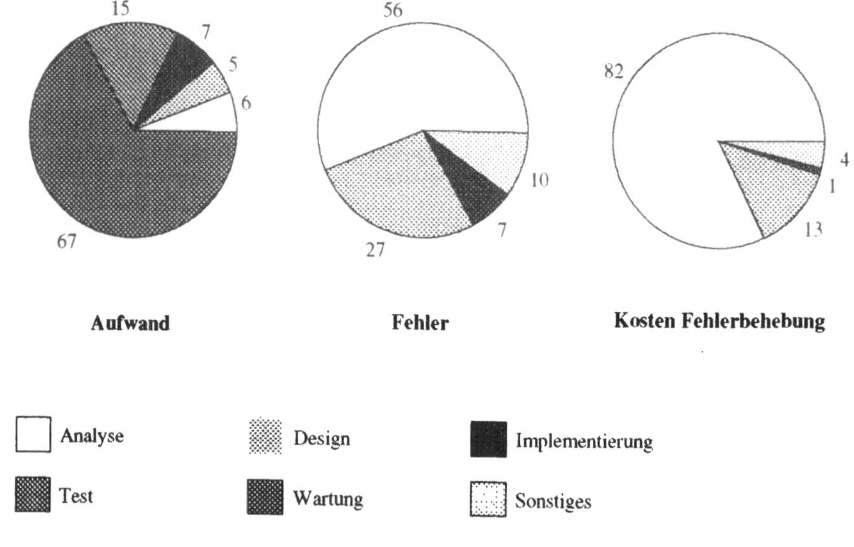

Abb. 7.7. Aufwand und Fehler in Entwicklungsphasen
(Quelle: in Anlehnung an Tavolato und Vincena 1984)

---

[1] Annahmen: erweiterte Wirtschaftlichkeitsbetrachtung, Betrachtungszeitraum von mindestens zwei Jahren.

Literaturverzeichnis und Bibliographie

Ackermann 1988 Ackermann D.: Empirie des Softwareentwurfs: Richtlinien und Methoden, in: Balzert 1988, S. 253-276

ADV 1990 ADV-Österreich: "EDV in den 90er Jahren: Jahrzehnt der Anwender – Jahrzehnt der Integration", 9. Int. Kongreß "Datenverarbeitung im europäischen Raum", 27.-30.3.1990, Wien, ADV, Wien, 1990

Allison 1989 Allison G., u.a.: Human factors tools for designers of information technology products, in: Hufit 12/1989, S. 24-55

Altrogge 1979 Altrogge G.: Netzplantechnik, Wiesbaden, 1979

Apple 1987 Apple: Human Interface Guidelines: The Apple Desktop Interface, Addison-Wesley, Sydney 1987

Aschersleben 1989 Aschersleben G., u.a.: Der Prozeß der Software-Gestaltung – Eine Bestandsaufnahme in Wissenschaft und Industrie, in: Maaß 1989, S. 244-253

Baethge 1986 Baethge M., Oberbeck H.: Zukunft der Angestellten, Campus, Frankfurt, 1986

Bahl-Benker 1986 Bahl-Benker A., Soosten-Höllings: Gestaltung von Büroarbeit beim Einsatz von neuen I und K – Techniken, (unveröffentlichter Entwurf, IGM – Aktionsprogramm Arbeit und Technik), 1986

Baitsch 1989 Baitsch C., Katz C., Spinas P., Ulich E.: Computerunterstützte Büroarbeit, ein Leitfaden für Organisation und Gestaltung; vdf-Verlag, Zürich, 1989

Balzert 1986 Balzert H.: Gestaltungsziele der Software-Ergonomie, Vortragsunterlagen, SEH 1986

Balzert 1988 Balzert H., u.a. (Hrsg.): Einführung in die Software-Ergonomie, De Gruyter, Berlin, 1988

Balzert 1988a Balzert H.: E/A-Geräte für die Mensch-Computer-Interaktion, in: Balzert 1988, S. 67-98

Balzert 1988b Balzert H.: Trends und Perspektiven der Software-Ergonomie, in: Balzert 1988, S. 345-374

Balzert 1989 Balzert H. (Hrsg.): CASE, Systeme und Werkzeuge, Reihe "Angewandte Informatik", Nr. 7, BI Wissenschaftsverlag, Zürich, 1989

Barker 1990 Barker R.: CASE-Method, Entity Relationship Modelling, Oracle Corp., U.K., 1990

Barkow 1986 Barkow G.: Prototyping kann zum Softwarechaos führen, in: Computerwoche, 11.4.1986, S. 28-32

Bauer 1990 Bauer M.: Sprachen der 4. Generation: Standortbestimmung, in: Computer Magazin, 1/2 1990, S. 52-56

Beck 1989 Beck A.: Perspektiven zur Mensch-Maschine-Funktionsverteilung, Beitrag zum Workshop "Soziale und Arbeitspsychologische Aspekte der Software-Entwicklung" im Rahmen der GI-Fachtagung "Software-Entwicklung" in Marburg vom 21.-23. Juni 1989

Beck 1990 Beck A., u.a.: Aufgaben und benutzerangemessene Gestaltung von Software (Abschlußbericht zur Vorphase des Projektes, Projektträger "Arbeit und Technik (AuT)"), Stuttgart, 1990

Becker-Töpfer 1985 Becker-Töpfer E.: Software-Ergonomie – Ein neuer Begriff in der gewerkschaftlichen Humanisierungsdiskussion ? in: WSI-Mitteilungen, August 1985, S. 474-481

Benda 1986 Benda H.: Leitfaden zur benutzergerechten Gestaltung der Dialogschnittstelle für Bildschirmarbeitsplätze von Sachbearbeitern in Büro und Verwaltung, Stollmann, Hamburg, 1986

Berger 1984 Berger U.: Wachstum und Rationalisierung der industriellen Dienstleistungsarbeit, Campus, Frankfurt, 1984

Bernasch 1987 Bernasch J.: Ein Modell zur Integration der Entwicklung und Wartung von Software, Arbeitspapiere der GMD Nr. 262, Sankt Augustin, 1987

Bertaggia 1989 Bertaggia N., u.a.: Product usability, in: Hufit 12/1989, S. 130-143

Bolliger 1989 Bolliger W.: Information Center, (Seminararbeit, Institut für Statistik und Informatik, Universität Wien), Wien, 1989

Bonitz 1987 Bonitz D., u.a.: Zur Analyse und Bewertung rechnergestützter Tätigkeiten im Bürobereich, Methoden der Arbeitsanalyse und Konsequenzen für die Arbeitsgestaltung, in: Schönpflug 1987, S. 297-306

Bonitz 1989 Bonitz D.: Verfahren zur Beschreibung und Bewertung von Arbeitstätigkeiten (VBBA), (Entwurf, Gesamthochschule Kassel), Kassel, 1989

Brockhaus Enzyklopädie 1986 Brockhaus Enzyklopädie, 19. Auflage, 1986

Brown 1989 Brown J.R., Cunningham S.: Programming the user interface, principles and examples, John Wiley & Sons, New York, 1989

Brown C. 1988 Brown C. M. L.: Human-computer interface Design Guidelines, Ablex Publishing Corp., Norwood, 1988

Bullinger 1987 Bullinger H.-J., Shackel B. (Hrsg.): Human-Computer Interaction – INTERACT'87, Elsevier Science Publ., North Holland, 1987

Bullinger 1988 Bullinger H.-J. (Hrsg.): Information technology for organizational systems – concepts for increased competitivness, (Proceedings of the first european conference on information technology for organizational systems – EURINFO'88, Athens, Greece, 16.-20.5.'88), North-Holland, Amsterdam, 1988

Bundesanstalt für Arbeitsschutz 1983 Bundesanstalt für Arbeitsschutz (Hrsg.): Wörterbuch zur Humanisierung der Arbeit, Wirtschaftsverlag, Dortmund, 1983

Burre 1989 Burre S.: Individuelle Datenverarbeitung und Bürokommunikation, in: Fuhrmann 1989, S. 91-108

Buschmann 1989 Buschmann E., u.a.: Der Software-Markt in der Bundesrepublik Deutschland, GMD-Studie Nr. 167, Sankt Augustin, 1989

Card 1983 Card S.K., Moran T.P., Newell A.: The psychology of human-computer interaction, Hillsdale, New York, 1983

CHI'88 Nichols J.A., Schneider M. (Hrsg.): Human factors in computing systems, Proceedings of the CHI 1988 conference, Elsevier Verlag, New York, 1988

CHI'89 Proceedings of the CHI 1989 conference, 1989

Chikofsky 1988 Chikofsky E.J., Rubinstein B.L.: CASE: Reliability engineering for information systems, in: IEEE Software, 1988

Chin 1988 Chin J.P., u.a.: Development of an instrument measuring user satisfaction of the human-computer interface, in: CHI '88 Proc., S. 213-218

Chorafas 1986 Chorafas D.: Fourth and fifth generation programming languages (Vol. 1 und 2), New York, 1986

Clegg 1988 Clegg C.W., u.a.: People and Computers – how to evaluate your companys new technology, Ellis Horwood, Chichester, 1988

Congress U.S. 1985 Congress of the U.S.: Automation of America's Offices 1985-2000, U.S. Government Printing Office, Washington D.C., 1985

Dannenberg 1987 Dannenberg M., Ziegler J.: A dialogue management tool for prototypings and development of interactive systems, HUFIT /16-IAO-11/87 ESPRIT, November 1987

Dannenberg 1989 Dannenberg M.: Werkzeug für Gestaltung graphisch interaktiver Benutzerschnittstellen, in: Scheibl 1989, S. 13.3-1 bis 13.3-10

DIN 66 234 Teil 2 DIN 66 234 Teil 2: Bildschirmarbeitsplätze, Wahrnehmbarkeit von Zeichen auf Bildschirmen, Mai 1983

DIN 66 234 Teil 3 DIN 66234 Teil 3: Bildschirmarbeitsplätze, Gruppierung und Formatierung von Daten, März 1981

DIN 66 234 Teil 5 DIN 66234 Teil 5: Bildschirmarbeitsplätze, Codierung von Information, Berlin, März 1981

DIN 66 234 Teil 8 DIN 66234 Teil 8: Bildschirmarbeitsplätze, Grundsätze der Dialoggestaltung, Februar 1988

DIN E 66 234 Teil 3 neu DIN 66234 Teil 3 neu: Bildschirmarbeitsplätze, Strukturierung von Bildschirm-Information, Entwurf vom 15.2.1989

DIN E 66 234 Teil X DIN E 66234 Teil X: Bildschirmarbeitsplätze, Funktionen zur Dialogsteuerung, Entwurf vom 12. 1989

DIN-Fachbericht 1987 DIN-Fachbericht 9: Bürosysteme – Anforderungen der Benutzer, Beuth, Berlin, 1987

Döbele-Berger 1985 Döbele-Berger C., Berger P., Kubicek H.: Handlungsmöglichkeiten des Betriebsrates, Saarbrücken, 1985

Döbele-Berger 1988 Döbele-Berger C., u.a.: Softwarenutzung am Arbeitsplatz und berufliche Weiterbildung, Gesamthochschule Kassel, Kassel, 1988

Docherty 1987 Docherty P, u.a.(Hrsg.): System design for human development and productivity: participation and beyond, North-Holland, Amsterdam, 1987

Dohr 1988 Dohr W., u.a. (Hrsg.): Datenschutzgesetz, Manz Verlag, Wien, 1988

Dumas 1988 Dumas J.S.: Designing user interfaces for Software, Prentice-Hall, London, 1988

Dunckel 1989 Dunckel H.: Arbeitspsychologische Kriterien zur Beurteilung und Gestaltung von Arbeitsaufgaben im Zusammenhang mit EDV-Systemen, in: Maaß 1989, S. 69-79

Dunckel 1989a Dunckel H., u.a.: Leitfaden zur kontrastiven Aufgabenanalyse – Manual, 2. Version, Berlin, 14.8.1989

Dunckel 1989b Dunckel H., u.a.: Leitfaden zur kontrastiven Aufgabenanalyse – Antwortblätter, 2. Version, Berlin, 14.8.1989

Dunckel 1989c Dunckel H., Volpert W.: Humankriterien für die Analyse und Gestaltung von Arbeitssystemen, Vortrag bei der IFIP-HUB Conf., TC 9, WG 9.1, 7. 1989, Berlin, 1989

Dürholt 1983 Dürholt Eva, u.a.: Qualitative Arbeitsanalyse, Neue Verfahren zur Beurteilung von Tätigkeiten, Campus, Frankfurt, 1983

Dzida 1978 Dzida W., Herda S., Itzfeldt W.: Factors of user-perceived quality of interface systems, GMD Bericht Nr. 40, St. Augustin, 1978

Dzida 1988 Dzida W.: Modellierung und Bewertung von Benutzerschnittstellen, in: Software Kurier 1988/1, S. 13-28

Eberleh 1988 Eberleh E.: Menüauswahl, in: Balzert 1988, S. 121-137

Eberts 1987 Eberts R.E., Brock I.F.: Computer-assisted and computer-managed instruction, in: Salvendy 1987, S. 976-1011

EDV 1990 EDV Studio Ploenzke: CASE Studie, Eine detaillierte Untersuchung von Software-Produktionsumgebungen, o.O., 1990 (?)

ETH-LAO 1986 ETH Zürich, Lehrstuhl für Arbeits- und Organisationspsychologie: Fragebogen zur Beurteilung von Dialog-Bildschirmsystemen, Zürich 1986

Evans 1987 Evans M.W.: Software quality assurance and management, John Wiley & Sons, New York, 1987

Facaoaru 1985 Facaoaru C., Frieling E.: Verfahren zur Ermittlung informatischer Belastungen Teil I: Theoretische und konzeptionelle Grundlagen, in: Zeitschrift für Arbeitswissenschaft, Nr. 39, 1985, S. 65-72

Facaoaru 1986 Facaoaru C., Frieling E.: Verfahren zur Ermittlung informatischer Belastungen Teil II: Aufbau und Darstellung eines Verfahrensentwurfs, in: Zeitschrift für Arbeitswissenschaft 40/1986, S. 90-96

Facaoaru 1988 Facaoaru C., Benedix J.: Anforderungs- und Belastungsermittlung mit Hilfe des Tätigkeitsanalyse-Inventar (TAI), Vortrag auf dem 36. Kongreß der Deutschen Gesellschaft in Berlin vom 3. – 6.10.1988

Fähnrich 1987 Fähnrich K.-P. (Hrsg.): Software-Ergonomie, Oldenbourg, München , 1987

Finkelstein 1989 Finkelstein C.: An introduction to information engineering, from strategic planning to information systems, Addison-Wesley, Sydney, 1989

Floyd 1987 Floyd Ch.: STEPS – eine Orientierung der Softwaretechnik auf sozialverträgliche Technikgestaltung, in: Informatik Forum 2/1987, S. 40-45

Floyd 1987a Floyd Ch. u.a.: Scanorama, Werkstattbericht Nr. 30, NRW, 1987

Floyd 1989 Floyd C., u.a.: Partizipative Entwicklung transparenzschaffender Software für EDV-gestützte Arbeitsplätze, (Institutsbericht), Berlin, 1989

Fontana 1987 Fontana G. u.a.: Leitfaden zur Umsetzung von Software-ergonomischen Maßnahmen bei der Entwicklung von dialogorientierten IV-Systemen (ASTEX), Bundesanstalt für Arbeitsschutz, Fb 519, Bonn, 1987

Frese 1989 Frese M., Brodbeck F.: Computer in Büro und Verwaltung, Springer-Verlag, Berlin, 1989

Friedrich 1987 Friedrich J., u.a.: Zukunft der Bildschirmarbeit, Bundesanstalt für Arbeitsschutz, Fb. 506, Dortmund, 1987

Friedrichs 1985 Friedrichs J.: Methoden empirischer Sozialforschung, 13. Aufl., Westdeutscher, Opladen, 1985

Frieling 1978 Frieling E., Hoyos C.: Fragebogen zur Arbeitsanalyse, Deutsche Bearbeitung des "Position Analysis Questionnaire" (PAQ), Hans Huber, Bern, 1978

Fuchs 1987 Fuchs K.-D., u.a.: Humanisierung in Büro und Verwaltung, Bilanzierung von Forschung und Forschungsanwendungen, Schriftreihe der Bundesanstalt für Arbeitsschutz Fa Nr. 11, Dortmund, 1987

Fuhrmann 1989 Fuhrmann S., Pietsch Th. (Hrsg.): Praktische Anwendungen moderner Bürotechnologien, Erich Schmidt Verlag, Berlin, 1989

Galitz 1985 Galitz W.: Handbook of screen format design, North-Holland, Amsterdam, 1985

Gardiner 1987 Gardiner M., Christie B. (Hrsg.): Applying cognitve psychology to user-interface design, John Wiley, Chichester, 1987

Gergely 1988 Gergely S.M., Gösch A.M.: HiSoft'89, Wirtschafts-Trend Verlag, Wien, 1989

Gewerkschaft der Privatangestellten 1988 Gewerkschaft der Privatangestellten (Hrsg.): Softwaregestaltung aus Arbeitnehmersicht, ÖGB-Verlag, Wien, 1988

Gibbs 1987 Gibbs N., Fairley R. (Hrsg.): Software Engineering Education, Springer, New York, 1987

Greutmann 1989 Greutmann T., Ackermann D.: Zielkonflikte bei Software- Gestaltungskriterien, in: Maaß 1989, S. 144-152

Greutmann 1989a Greutmann Th., Ackermann D.: Berücksichtigung verschiedener Kriterien in der Softwareentwicklung, in: Softwaretechnik-Trends, Sept. 1989, S. 27-31

Grochla 1982 Grochla E.: Grundlagen der organisatorischen Gestaltung, Poeschel, Stuttgart, 1982

Grudin 1989 Grudin J.: The case against user interface consistency, in: CACM, Okt. 1989, Vol. 32, Nr. 10, S. 1164-1173

Guimaraes 1987 Guimaraes T.: Prototyping: orchestrating for success, in: Datamation, 1.12 1987, S. 101-106

Gutzwiller 1988 Gutzwiller T., Österle H.: Anleitung zu einer praxisorientierten Software-Entwicklungsumgebung, Band 2, Angewandte Informationstechnik, Halbergmoos, 1988

Hacker 1987 Hacker W.: Software-Gestaltung als Arbeitsgestaltung, in: Fähnrich K. (Hrsg.): Software-Ergonomie, Oldenbourg, München, 1987, S. 29-42

Hacker 1989a Hacker W., u.a.: Bildschirmarbeit, arbeitswissenschaftliche Empfehlungen, 2. überarb. Aufl., Die Wirtschaft, Berlin Ost, 1989

Hancock 1989 Hancock B.: DEC Windows: "X"ing with a vengeance, in: DEC Professional, 2. 1989, S. 70-84

Hartmann 1988 Hartmann C.: Planungs- und Gestaltungshilfen für integrierte Techniken in Büro und Verwaltung, Bundesanstalt für Arbeitsschutz, Dortmund, 1988

Hartson 1985 Hartson R. (Hrsg.): Advances in human-computer interaction, Vol. 1, Alex Publishing Corp., Norwood, 1985

Hartson 1988 Hartson R., Deborah H. (Hrsg.): Advances in human-computer interaction, Vol. 2, Alex Publishing Corp., Norwood, 1988

Hartson 1989 Hartson R., Deborah H.: Human-Computer Interface Development: Concepts and Systems for its Management, in: ACM Computing Surveys, Vol. 21, No. 1, March 1989, S. 5-92

Hayes 1989 Hayes F., Baran N.: A guide to GUIs, in: Byte, 7. 1989, S. 250-257

Helander 1988 Helander M. (Hrsg.): Handbook of human-computer interaction, North-Holland, Amsterdam, 1988

Herrmann 1989 Herrmann Th.: Möglichkeiten und Grenzen selbstbestimmter Kooperation in vernetzten Systemen, in: Informatik Forum, 2. 1989, S. 61-63

Hirschheim 1986 Hirschheim R.: Understanding the Office: A social-analytic perspective, in: ACM Transaction on Office Systems, October 1986, S. 331-344

Hoffmann 1989 Hoffmann Th., u.a.: Handbuch zur Software-ergonomischen Gestaltung von Bildschirmen, VDI Forschungsberichte (Reihe 10: Informatik / Kommunikationstechnik, Nr. 103), VDI, Düsseldorf, 1989

Holl 1989 Holl F. (Hrsg.): Informations- und Kommunikationstechnik, Basiswissen für Arbeitnehmer, Band 1: Schnittstelle zwischen Mensch und Maschine, Software, Bund, Köln, 1989

Hölzenbein 1989 Hölzenbein E., u.a.: Integrierte Software im Vergleich, Dr. Alfred Hüthig, Heidelberg, 1989

Höring 1983 Höring K., u.a.: Interne Netzwerke, Decker's, Heidelberg, 1983

Howard 1987 Howard S., Murray D.M.: A Taxonomy of Evaluation Techniques for HCI, in: Bullinger 1987, S. 453-459

Hoyos 1988 Hoyos G., Aschersleben G.: Menschengerechte Gestaltung von Bürokommunikationssystemen: Entwicklung und Methoden zur Herstellung und Bewertung von Prototypen für Benutzeroberflächen, Institut für Psychologie und Erziehungswissenschaften, TU-München, 1988

HUFIT 12/89 HUFIT 12/89: Human Factors in Information Technology, ESPRIT Project No. 385, Final Report, 1989

IBM 1989 IBM: Systems application architecture, Common User Access, Basic Interface Design Guide, IBM, USA, 12. 1989

IBM 1989a IBM: Systems Application Architecture, Common User Access, Advanced Interface Design Guide, IBM, USA, 6. 1989

ISO 9241 Part 10 Version 2 ISO 9241 Part 10: Ergonomic Dialogue Design Criteria, Proposal, July 1990

Jahrbuch 1989 Jahrbuch für Sozialökonomie und Gesellschaftstheorie: Auswirkungen Neuer Technologien auf Betrieb, Wirtschaft und Gesellschaft, Veröffentlichung der Hochschule für Wirtschaft und Politik Hamburg, Westdeutscher , Opladen, 1989

Jansen 1989 Jansen K.-D., Schwitalla U., Wicke W. (Hrsg.): Beteiligungsorientierte Systementwicklung, Reihe: Mensch und Technik, Band 5, Westdeutscher ,Opladen, 1989

Karat 1988 Karat J.: Software Evaluation Methodologies, in: Helander 1988, S. 891-903

Katz 1987 Katz C., u.a.: Arbeit im Büro von Morgen, Verlag des Schweizerischen Kaufmännischen Verbandes, Zürich, 1987

Kauffels 1986 Kauffels F.: Lokale Netze, (2.Aufl.) Rudolf Müller, Köln, 1986

Kearsley 1988 Kearsley G.: Online Help Systems – Design and Implementation, Ablex Publishing Corp., Norwood, 1988

Kerst 1989 Kerst Ch.: Wandlungstendenzen betrieblicher Interessensvertretung, Die Rolle von Betriebsräten bei der Einführung neuer Technologien, Werkstattbericht Nr. 64, NRW, 1989

Kieser 1983 Kieser A., Kubicek H.: Organisation, (2. Aufl.) De Gruyter, Berlin 1983

Kiesmüller 1987 Kiesmüller T., u.a.: Arbeitsstrukturierung in typischen Bürobereichen eines Industriebetriebes (ASTEX), Bundesanstalt für Arbeitsschutz Fb 512, Bonn, 1987

Klinger 1986 Klingler D.: Rapid Prototyping Revisted, in: Datamation, 15. Oktober 1986, S. 131-132

Koch 1989 Koch M., Reiterer H., Tjoa A Min: Richtlinien für die Gestaltung von Büroinformationssystemen, Forschungsbericht i.A. des BMWF, Wien, 1989

Koch 1990 Koch M., Reiterer H., Tjoa A Min: Konzeption eines Handbuches zur ergonomischen Gestaltung von Bürokommunikationssystemen, in: ADV 1990, S. 686-695

Koch 1990a Koch M., Reiterer H., Tjoa A Min, Kolm P.: A Manual for Humanized Office Information Systems Design, Vortragsmanuskript für "The Fourth IFIP TC-9 World Conference on Human Choice and Computers", 9 – 12 July 1990, Trinity College, Dublin University, Ireland

Koch 1990c Koch M., Reiterer H., Tjoa A Min: Verfahren zur Überprüfung und Bewertung von Software im Bürobereich nach ergonomischen Kriterien, Ergebnisbericht zum Jubiläumsfondsprojekt Nr. 3463 der Österreichischen Nationalbank (ÖNB), Wien, 9. 1990

König 1989 König A.: Desktop als Mensch-Maschine Schnittstelle, Reihe: "Angewandte Informatik", Springer, Wien, 1989

Koslowski 1987 Koslowski K.: Unterstützung von partizipativer Systementwicklung durch Methoden des Software Engineering, GMD Arbeitspapier 242, Bonn, 1987

Kozar 1989 Kozar K.A.: Humanized Information Systems, Analysis and Design, Mc Graw Hill, Singapore, 1989

Kröger 1989 Kröger J.: Arbeitsanalytische Ansätze und Verfahren zur Erfassung von Arbeitsinhalten als Grundlage präventiver Arbeitsstrukturierung, in: Jahrbuch 1989 , S. 150-164

Krüger 1988 Krüger D., Nagel A.: Mischarbeit im Büro- u. Verwaltungsbereich beim Einsatz neuer Technologien, (2.Aufl.) Bundesanstalt für Arbeitsschutz, Dortmund, 1988

Lang 1988 Lang J., Peters H.: Erhebung ergonomischer Anforderungen an Software, die überprüfbar und arbeitswissenschaftlich abgesichert sind, TÜV Bayern, München, 1988

Lang G. 1989 Lang G.: Auswahl von Standard-Applikationssoftware, Springer, Berlin 1989

Lauter 1987 Lauter B.: Software-Ergonomie in der Praxis, Oldenbourg, München, 1987

Leitner 1987 Leitner K., u.a.: Analyse psychischer Belastung in der Arbeit, Das RHIA-Verfahren, Handbuch, Manual und Antwortblätter, TÜV-Rheinland, Köln, 1987

Leplat 1988 Leplat J.: Methodologie von Aufgabenanalyse und Aufgabengestaltung, in: Zeitschrift für Arbeits- und Organisationspsychologie, 1/1988, S. 2-12

Luczak 1987 Luczak H., Volpert W., u.a.: Arbeitswissenschaft: Kerndefinition – Gegenstandskatalog – Forschungsgebiete, RKW e.V., Eschborn, 1987

Lundeberg 1981 Lundeberg M., Goldkuhl G., Nilsson A.: Informations Systems Development, Prentice Hall Inc., Englewood, 1981

Maaß 1989 Maaß S., Oberquelle H. (Hrsg.): Software-Ergonomie '89 – Aufgabenorientierte Systemgestaltung und Funktionalität, Teubner-Verlag, Stuttgart, 1989

Maisberger 1987 Maisberger P.: Benutzer-Service Zentren: Der Weg zum mündigen Anwender, in: Office Management, April 1987, S. 22-32

Mambrey 1985 Mambrey P., Oppermann R.: Benutzerbeteiligung bei der Systementwicklung, Einschätzung der Möglichkeiten durch Experten, in: Angewandte Informatik, März 1985, S. 111-119

Martin 1984 Martin J.: An information systems manifesto, Prentice-Hall, 1984

Martin 1985 Martin J.: Fourth-generation languages, Vol. I, Prentice Hall, 1985

Martin 1986a Martin J.: Information engineering, Arthur Young, 1986

Martin 1988 Martin J., McClure C.: Structured techniques: The basis for CASE, revised edition, Prentice Hall, New Jersey, 1988

Martin E. 1980 Martin E., Ackermann U., Udris I., Oegerli K.: Monotonie in der Industrie, Schriften zur Arbeitspsychologie, Band 29, Bern, 1980

McClure 1989 Mc Clure C.: Case is Software automation, Prentice Hall, New Jersey, 1989

McMenamin 1988 Mc Menamin S.M., Palmer J.F.: Strukturierte Systemanalyse, Hanser, München, 1988

Moll 1987 Moll Th.: Über Methoden zur Analyse und Evaluation interaktiver Computersysteme, in: Fähnrich 1987, S. 179-190

Müller 1988 Müller G.: Offene Konflikte als Führungsaufgabe, in: Zeitschrift für Arbeits- und Organisationspsychologie, 4/1988, S. 168-173

Müller-Böling 1986 Müller-Böling: Akzeptanzfaktoren der Bürokommunikation, Oldenbourg, Wien-München, 1986

Mumford 1984 Mumford, Welter: Benutzerbeteiligung bei der Entwicklung von Computersystemen, Schmidt, Berlin, 1984

My User 1989 "My User interface ist the best because ..." (Panel), in: CHI'89, S. 223-225

Myers 1989 Myers Brad A.: User-interface tools: introduction and survey, in: IEEE Software, January 1989, S. 15-23

Necco 1987 Necco Ch.R., Gordon C.L., Tsai N.W.: The information center approach for developing computer-based information systems, in: Information & Management, Nr. 13/1987, S. 95-101

Neeb 1987 Neeb F., u.a.: Musterverträge für Software, Schriftreihe der Österreichischen Computer Gesellschaft, Band 38, Oldenbourg, Wien, 1987

Neumaier 1986 Neumaier H. (Hrsg.): Lokale Netze, Oldenbourg, 1986

Neumann o.J. Neumann K.: OPERATIONS RESEARCH-Verfahren, Hanser

Newman 1987 Newman W.: Designing integrated systems for the office environment, Mc Graw – Hill Book Company, New York, 1987

Nixdorf 1988 Nixdorf Computer: HIF-Regelwerk, Regeln zur Gestaltung von Benutzeroberflächen, unveröff. Vorabversion, Wien, 1.10.1988

Norman K. 1989 Norman K., Shneiderman Ben: Questionnaire for User Interaction Satisfaction, Vers. 5.0, Univ. of Maryland, HCI-Lab., College Park, USA, 1.1989

Nullmeier 1988 Nullmeier E., Rödiger K.-H.: Dialogsysteme in der Arbeitswelt, Bibliographisches Institut, Angewandte Informatik, Mannheim, 1988

Nullmeier 1988a Nullmeier E.: Gestaltung rechnergestützter Arbeitsplätze in Büro und Verwaltung, in: Nullmeier 1988, S. 109-121

Oetinger 1988 Oetinger R.: Benutzergerechte Software-Entwicklung, Springer Verlag, Berlin, 1988

Olle 1988 Olle W., u.a.: Information Systems Methodologies, Addison-Wesley, Great Britain, 1988

Online 1989 Online '89, 12. Europäische Kongreßmesse für Technische Kommunikation, 30.1.-3.2.1989, Hamburg, 1989

Open Software Foundation 1990 siehe OSF 1990

Oppermann 1988 Oppermann R., u.a.: Evaluation von Dialogsystemen, Der software-ergonomische Leitfaden EVADIS, Walter de Gruyter, Berlin, 1988

Oppermann 1988a Oppermann R.: Software-ergonomische Evaluationsverfahren, in: Balzert 1988, S. 323-342

Oppermann 1989 Oppermann R.: Gestaltung der Mensch-Maschine-Kommunikation, in: Informationstechnik IT 31, 3/89, S. 181-189

Ortmann 1989 Ortmann R.G., Weltz F.: Duale Anwenderbetreuung, in: Office Management, 9. 1989, S. 14-21

OSF 1990 OSF/Motif, Style Guide, Prentice Hall, New Jersey, 1990

Österle 1988 Österle H.: Anleitung zu einer praxisorientierten Software-Entwicklungsumgebung, Band 1, Angewandte Informationstechnik, Halbergmoos, 1988

Perry 1987 Perry W.E.: The Information Center, Prentice-Hall, Englewood, 1987

Peschke 1986 Peschke H.: Betroffenenorientierte Systementwicklung, Peter Lang, Frankfurt, 1986

Picot 1985 Picot A., Reichwald R.: Bürokommunikation, CW-Publikation, (2.Aufl.) 1985,

Piepenburg 1989 Piepenburg U., Rödiger K.-H.: Mindestanforderungen an die Prüfung von Software auf Konformität nach DIN 66234, Teil 8, (Werkstattbericht Nr. 61 der Reihe "Mensch und Technik – Sozialverträgliche Technikgestaltung, Ministerium für Arbeit, Gesundheit und Soziales), Druckerei Hartmann, Nordrhein-Westfalen, 1989

Pigel 1989 Pigel M.: Software-ergonomische Kriterien der Dialoggestaltung als Grundlage für die Entwicklung und Beurteilung von Schulungsprogrammen, Diplomarbeit TU-Wien, Wien, 1989

Platz 1985 Platz G.: Methoden der Systementwicklung, 2. Aufl., 1985

Pomberger 1987 Pomberger G., u.a.: Prototypingorientierte Softwareentwicklung, 2. Aufl., Institutsbericht Nr. 87.05 des Inst. für Informatik, Uni. Zürich, Zürich, 12. 1987

Raether 1989 Raether Ch.: Der Dialog-Manager, ein Werkzeug zur Entwicklung graphische-interaktiver Benutzerumgebungen. SE-Tool für die einfache Implementierung von verschiedenen Fenstersystemen, in: Online 1989, S. VI-27-01 bis VI-27-16

RAL 1985 RAL: Software Gütesicherung RAL-GZ 901, Deutsches Institut für Gütesicherung u. Kennzeichnung, Bonn, 1985

Ravden 1989 Ravden S., Johnson G.: Evaluating usability of human-computer interfaces, a practical method, Ellis Horwood, John Wiley, Chichester, 1989

Reisin 1988 Reisin F.: Evolutionär und Partizipativ, in: Computer Magazin 7-8/88, S. 44-48

Reisin 1989 Reising F.-M.: Gestaltbarkeit und Gestaltung von Methoden – zwei notwendige Bedingungen kooperativer Softwareentwicklung, in: Softwaretechnik-Trends, 9. 1989, S. 14-26

Reiterer 1986 Reiterer H.: Lokale Netze – Technische Grundlagen (Institutsbericht, Institut für Statistik und Informatik, Universität Wien), Wien, 1986

Reiterer 1990 Reiterer H.: Ergonomische Kriterien für die menschengerechte Gestaltung von Bürosystemen – Anwendung und Evaluierung, Diss. Uni. Wien, Wien, 1990

Rödiger 1986 Rödiger K.-H., u.a.: Verfahren zur Ermittlung von Regulationserfordernisse in der Arbeitstätigkeit im Büro (VERA/B), Berlin, 1986

Rödiger 1987 Rödiger K.-H.: Arbeitsorientierte Gestaltung von Dialogsystemen im Büro- und Verwaltungsbereich, (Dissertation, TU-Berlin), Berlin, 1987

Rödiger 1989 Rödiger K.-H.: Informatik und Verantwortung, in: Informatik Spektrum 10/89, S. 281-289

Ruch 1989 Ruch L., Spinas Ph., Ulich E.: Computerunterstützte Büroarbeit, Schweizerische Volksbank, Reihe "Die Orientierung", Nr. 95, Bern, 1989

Rudolph 1987 Rudolph E., Schönfelder E., Hacker W.: Tätigkeitsbewertungssystem – Geistige Arbeit (TBS-GA), Berlin (DDR), 1987 (im Vertrieb von Hogrefe-Verlag Göttingen)

Rupietta 1987 Rupietta W.: Benutzerdokumentation für Softwareprodukte, Reihe: Angewandte Informatik Band 3, B.I. Wissenschaftsverlag, Mannheim, 1987

Salvendy 1987 Salvendy G. (Hrsg.): Handbook of Human Factors, John Wiley & Sons, New York, 1987

Scheer 1990 Scheer A.-W.: EDV-orientierte Betriebswirtschaftslehre, Springer, Berlin, 1990

Scheibl 1989 Scheibl H.-J. (Hrsg.): Software-Entwicklungs-Systeme und -Werkzeuge, 3. Kolloquium Techn. Akademie Esslingen, 5.-7.9.1989, Eigenverlag, Ostfildern, 1989

Schmidt 1988 Schmidt K.P.: Rahmenprüfplan für Software, Arbeitspapiere der GMD Nr. 312, St. Augustin, 1988

Schmidt K. 1979 Schmidt K.H., Kleinbeck U.: Deutsche Fassung des "Job Diagnostic Survey" (JDS), (unveröffentlichtes Manuskript, Institut für Arbeitspsychologie an der Universität Dortmund), 1979

Schmidt K. 1985 Schmidt K.H., u.a.: Ein Verfahren zur Diagnose von Arbeitsinhalten: Der "Job Diagnostic Survey" (JDS), in: Zeitschrift für Arbeits- und Organisationspsychologie, Nr. 4, 1985, S. 162-172

Schmitt 1989 Schmitt G.W.: Auswahl von Software-Entwicklungswerkzeugen: Analyse und Koordination der Unternehmensanforderungen, Investitionsentscheidung, Einführungsstrategie, in: Online 1989, S. VI-5-01 bis VI-5-11

Schöb 1989 Schöb W.: HP New Wave: Entwicklungs- und Anwendungsumgebung für Informationssysteme von heute und morgen, in: Online 1989, S. VI-26-01 bis VI-26-13

Schönpflug 1987 Schönpflug W. (Hrsg.): Software-Ergonomie '87 – Nützen Informationssystem dem Benutzer?, Teubner, Stuttgart, 1987

Schulz 1988 Schulz A.: Software-Entwurf – Methoden und Werkzeuge, Oldenbourg, München, 1988

Siemens 1987 Siemens: Gestaltungsleitlinien für Benutzeroberflächen, Schriftreihe "Produktergonomie", 1987

Siemens 1989 Siemens: Benutzeroberflächen in Fenstertechnik, Schriftreihe "Blaue Broschüren", Nr. 84, Erlangen, 1989

Siemens 1989a Siemens: Benutzeranforderungen an Dialogsysteme, Schriftreihe "Blaue Broschüren", Nr. 83, Erlangen, 1989

Simes 1985 Simes D.K., Sirsky P.A.: Human Factors: An Exploration of the Psychology of Human Computer Dialogues, in: Hartson 1985, S. 49-103

Simonsmeier 1988 Simonsmeier W.: Der Case-Markt im Aufbruch, in: Computer Magazin 7-8/1988, S. 41-44

Smith 1986 Smith L.S., Mosier J.: Guidelines for Designing User Interface Software, MITRE, Bedford, 1986

Sneed 1983: Sneed H.: Software-Qualitätssicherung für kommerzielle Anwendungssysteme, Köln, 1983

Sommerville 1989 Sommerville I.: Software-Engineering, Addison Wesley, 1989 (3. Aufl.)

Spinas 1983 Spinas Ph., Troy N., Ulich E.: Leitfaden zur Einführung und Gestaltung von Arbeit mit Bildschirmsystemen, CW-Publikationen, Zürich, 1983

Spinas 1987 Spinas Ph.: Arbeitspsychologische Aspekte der Benutzerfreundlichkeit von Bildschirmsystemen, ADAG Administration & Druck, Zürich, 1987

Spinas 1989 Spinas Ph., u.a.: Interner Projektbericht des Lehrstuhls für Arbeits- und Organisationspsychologie (LAO), ETH-Zürich, 1989

Spitta 1989 Spitta T.: Software Engineering und Prototyping, Springer, Berlin, 1989

Stallings 1984 Stallings W.: Local Networks, Macmillan Publishing Company, New York, 1984

Staufer 1987 Staufer M.: Piktogramme für Computer, Reihe: Mensch Computer Kommunikation Band 2, Walter de Gruyter, Berlin, 1987

SUN 1989 Sun Microsystems: Open Look Style Guide, 1989

SUN 1989a Sun Microsystems: Open Windows 1.0 User's Guide, o.O, 1989

Sweeney 1987 Sweeney M.: Methodologies employed in the Psychological Evaluation of H.C.I., in: Bullinger 1987, S. 367-373

Sydow 1989 Sydow J.: Zur Wahrnehmung organisatorischer Gestaltungsspielräume beim Einsatz neuer Bürotechnologien, in: Jansen 1989, S. 17-36

Tavolato 1984 siehe Ruch 1989

TBS 1988 Technologieberatungsstelle Oberhausen (Hrsg.): Vernetzung und Integration von EDV-Systemen – Auswirkungen auf Beschäftigte, Handlungsmöglichkeiten für Betriebs- und Personalräte, Oberhausen, 1988

Teagan 1988 Teagan M., Young L.: The Dynamics of Prototyping, in: Computerworld; Wien, 8.August 1988, S. 53-55

Thurner 1987 Thurner R.: Technologie der Software-Wartung, in: Wix 1987, S. 145-172

Tjoa 1990 Tjoa A Min, Kolm P., Koch M., Reiterer H., Gärtner J.: EDV im Büro, Handbuch zur menschengerechten Gestaltung, OCG-Sonderschriftenreihe Bd. II, Wien, 1990

Töpfer 1987 Töpfer A., Lechelt F.: Bürokommunikation, Moderne Industrie, Landsberg/Lech, 1987

Triebe 1987 Triebe J.K., Wittstock M., Schiele F.: Arbeitswissenschaftliche Grundlagen der Software-Ergonomie, Schriftreihe der Bundesanstalt für Arbeitsschutz, S 24, Dortmund, 1987

Tullis 1986 Tullis Th. S.: Display Analysis Program (Vers. 4.0), User's Guide, Abadejo, USA, 1986

Tullis 1988 Tullis Th. S.: A System for Evaluating Screen Formats: Research and Application, in: Hartson 1988, S. 214-286

Tullis 1988 Tullis Th. S.: A System for Evaluating Screen Formats: Research and Application, in: Hartson 1988, S. 214-286

Tullis 1988a Tullis Th. S.: Screen Design, in: Helander 1988, S. 377-411

Ulich 1983 Ulich E. Subjektive Tätigkeitsanalyse als Voraussetzung autonomieorientierter Arbeitsgestaltung, in: Dürholt 1983, S. 182-196

Ulich 1986 Ulich E.: Aspekte der Benutzerfreundlichkeit, in: Remmel W., Sommer M. (Hrsg.): Arbeitsplätze morgen. Bericht des German Chapter of the ACM, Band 27, Teubner, Stuttgart, 1986, S. 102-121

Ulich 1988 Ulich E.: Arbeits- und organisationspsychologische Aspekte, in: Balzert 1988, S. 49-66

Ulich 1989 Ulich E.: Arbeitspsychologische Aspekte der Aufgabengestaltung, in: Maaß 1989, S. 51-65

VDI 5005 Verein Deutscher Ingenieure.: VDI-Richtlinien, Bürokommunikation, Software-Ergonomie in der Bürokommunikation, VDI 5005 (Entwurf), Beuth, Düsseldorf, November 1988

VDI 5015 Verein Deutscher Ingenieure: VDI-Richtlinien, Bürokommunikation, Technikbewertung der Bürokommunikation, VDI 5015 (Entwurf), Beuth, Düsseldorf, 1987

Vetter 1987 Vetter M.: Aufbau betrieblicher Informationssysteme mittels konzeptioneller Datenmodellierung, Teubner, Stuttgart, 1987

Vetter 1988 Vetter M.: Strategie der Anwendungssoftware-Entwicklung, Teubner, Stuttgart, 1988

Vinek 1981 Vinek, G. Tjoa A Min, Rennert: Datenmodellierung – Theorie und Praxis des Datenbankentwurfes, Physica-Verlag, Würzburg, 1981

Vogt 1989 Vogt E., Heisterberg W.: IBM System Anwendungsarchitektur, in: Scheibl 1989, S. 4.1-1 bis 7

Vollmer 1981 Vollmer G.: Fragebogen zur Arbeitsanalyse (FAA), in: Personal, Mensch und Arbeit, Heft 1/1981, S. 23-26

Volpert 1986 Volpert W.: Kontrastive Analyse des Verhältnisses von Mensch und Rechner als Grundlage des System-Design, IfHA-Bericht 11, TU-Berlin, Berlin 1986

Voss 1989 Voss H.: Software für Projektmanagement im Vergleich, Eine vergleichende Studie über 54 Softwareprodukte, Stand 5/89, PSI GmbH, Berlin, 1989

Wagner 1989 Wagner V.: Entwicklung von offenen Benutzeroberflächen mit dem UIMS (User Interface Management System), in: Online 1989, S. VI-25-01 bis VI-25-16

Weiser 1987 Weiser M., Shneiderman B.: Human Factors of Computer Programming, in: Salvendy 1987, S. 1398-1415

Weltz 1987 Weltz F., Ortmann R.G.: Betreuung der Anwender beim Einsatz neuer Bürotechnik, ein Aufwand der sich rechnet, in: Office Management 4/1987, S. 6-14

WIFI 1986 Wirtschaftsförderungsinstitut (WIFI): Das Arbeiten mit kreativen Methoden, WIFI, Wien, 1986

Wittstock 1984 Wittstock M., Schiele F.: Konzeptionelle Überlegungen zu Kriterien für die Gestaltung von Mensch-Maschine-Schnittstellen, in: Wittstock M., u.a.: 4. Mensch-Maschine-Kommunikationstagung, 19.-20.11.1984, Berlin, awfi, Nr. 85.1, Berlin, 1984, S. 58-104

Wix 1987 Wix B., Balzert H. (Hrsg.): Softwarewartung, Reihe Angewandte Informatik Band 2, B.I. Wissenschaftsverlag, Mannheim, 1987

Wöcherl 1988 Wöcherl H.: HdA und Qualifizierung, Rückblick und Perspektiven, Bundesanstalt für Arbeitsschutz, Dortmund, 1988

Woschinski 1989 Woschinski S., Warner A.: Information zur Studie: Softwareentwicklungswerkzeuge im Vergleich, Stand: Juli 1989, Fa. PSI, Aschaffenburg, 1989

Woschinski 1989a Woschinski S., Warner A.: Softwareentwicklungswerkzeuge im Vergleich, 6. Aufl., Stand: 7.1989, Fa. PSI, Berlin, 1989

Woschinski 1989b Woschinski S., Warner A.: Softwareentwicklungswerkzeuge Beispiele und Beschreibungen, 6. Aufl., Stand: 7.1989, Fa. PSI, Berlin, 1989

Zehnder 1986 Zehnder C.: Informatik-Projektentwicklung, Teubner, Stuttgart, 1986

Zoeppritz 1988 Zoeppritz M., Rohr G.: Interaktionssprachen, in: Balzert 1988, S. 139-141

Zwerina 1987 Zwerina H., Benz C., Haubner P.: Kommunikations-Ergonomie, Benutzerfreundliche Anwenderprogramme in Maskentechnik, München, 1987

Borislava Bumbarov, Peter Mitterstöger

Computergestützte Entscheidungsprozesse

Management by Decision Quality

(Springers Angewandte Informatik)

1991. 10 Abbildungen. VI, 108 Seiten.
Broschiert DM 62,–, öS 435,–
ISBN 3-211-82263-1
Preisänderungen vorbehalten

Der Computer als Assistent des Managements in betrieblichen Entscheidungsprozessen, als Garant für Entscheidungsqualität, das ist die thematische Klammer beider Teile des Buches, wobei im 1. Teil eine völlig neue computergestützte Methode vorgestellt wird, wie man Teamentscheidungen rationaler, transparenter und effektiver gestalten kann, und im 2. Teil konkrete, praxisbewährte Produkte für die computergestützte Unternehmensplanung, -entscheidung, -führung verglichen werden. Während der 1. Teil den Einsatz des Computers in Besprechungen, Meetings und Konferenzen zeigt (computergestützte Moderation), gibt der 2. Teil eine Entscheidungshilfe für die Auswahl von konkreten Planungs- und Entscheidungsinstrumenten in der betrieblichen Praxis. Der 1. Teil stellt das Thema aus der Sicht des Entwicklers (Autors) der computergestützten Moderation dar, im 2. Teil wird die Brille des Anwenders aufgesetzt (ausführliche Fallstudie). Das Ziel des Buches ist es, Manager, Unternehmensplaner/berater für den Einsatz der EDV bei betrieblichen Entscheidungsprozessen zu motivieren.

Springer-Verlag Wien New York

G. Gottlob / Th. Frühwirth / W. Horn (Hrsg.)

Expertensysteme

(Springers Angewandte Informatik)

1990. 41 Abbildungen. X, 232 Seiten.
Broschiert DM 49,–, öS 348,–
ISBN 3-211-82221-6

Preisänderungen vorbehalten

Das vorliegende Buch gibt einen umfassenden Überblick über das wohl
aktivste Forschungs- und Anwendungsgebiet der Artificial Intelligence –
über Expertensysteme. Basierend auf den Erfahrungen aus mehrjähriger
Vorlesungstätigkeit stellt das Autorenteam neben grundlegenden Kon-
zepten auch die theoretischen wie praktischen Aspekte ausführlich dar.
Eine kompetente Einführung in die Prädikatenlogik wird gegeben. Als
Novum verdeutlicht dieses Buch die unterschiedlichen Schlußweisen
und Komponenten von Expertensystemen durch ausführbare Prototypen in der logischen Programmiersprache Prolog. Dem praktischen
Aspekt wird weiters durch einen Überblick über im industriellen Einsatz
stehende Expertensysteme Rechnung getragen. Nicht zuletzt behandelt
dieses Buch die neuesten Entwicklungen wie Experten-Datenbank-
systeme und Ergonomie und Gestaltung von Benutzerschnittstellen für
Expertensysteme.
Das Buch eignet sich damit nicht nur als Unterlage und Referenz für
Vorlesungen auf dem Gebiet der Expertensysteme, vielmehr wendet es
sich auch an den interessierten Informatiker und Programmierer in
Studium und Praxis.

Springer-Verlag Wien New York